资本"主义"

市场、投机和政府如何推动创新经济发展？

威廉·H.詹韦　　　著
（William H. Janeway）

俞林伟　　　译

上海财经大学出版社

图书在版编目(CIP)数据

资本"主义"：市场、投机和政府如何推动创新经济发展？/(美)詹韦
(Janeway,W.H.)著；俞林伟译.—上海：上海财经大学出版社，2017.6
书名原文：Doing Capitalism in the Innovation Economy
ISBN 978-7-5642-2758-6/F·2758

Ⅰ.①资…　Ⅱ.①詹…②俞…　Ⅲ.①经济学-研究　Ⅳ.①F0

中国版本图书馆 CIP 数据核字(2017)第 117020 号

□ 责任编辑　温　涌
□ 封面设计　张克瑶

ZIBEN "ZHUYI"

资本"主义"

——市场、投机和政府如何推动创新经济发展？

威廉·H.詹韦　著
(William H. Janeway)

俞林伟　译

上海财经大学出版社出版发行
(上海市中山北一路 369 号　邮编 200083)
网　　址:http://www.sufep.com
电子邮箱:webmaster @ sufep.com
全国新华书店经销
江苏苏中印刷有限公司印刷装订
2017 年 6 月第 1 版　2017 年 6 月第 1 次印刷

710mm×960mm　1/16　24.75 印张　273 千字
印数:0001—2500 定价:58.00 元

图字:09—2015—158 号

2017 年中文版专有出版权属上海财经大学出版社

经济创新肇始于科学发现,在投机泡沫中走向繁荣。在过去的250多年里,一个接着一个的科学与技术探索和试错驱动着经济增长:这既包括产业上游的基础研究和科学发现,也包含产业下游的应用性实验,正是这些创新开创了新的经济空间。威廉·H.詹韦(William H. Janeway)凭借他的专业经验,结合他近40年的风险投资职业生涯以及他关于资产泡沫在技术创新中的角色和政府在创新过程中的作用等理论思考,为读者提供了一条了解经济创新的捷径。

　　尤其是在今天,政府对经济的参与者予以诸多限制以及仅允许少数人享有使用公开股权市场的权利,从而导致经济创新受到抑制。本书将鼓励和帮助我们重新开启经济创新的进程。

纪念费迪南德·埃伯斯塔特(Ferdinand Eberstadt)
和海曼·明斯基(Hyman Minsky)

致 谢

如果没有理查德·桑内特(Richard Sennett)的鼓励和帮助,仅凭我一己之力,这本书直到现在可能还仅仅是一个构想。2009年春,桑内特建议我把博士论文和近40年来的诸多文章编撰成一个合集。他答应通读一遍,并提供建议,看看是否可以将各种公开发表的论文、私人笔记或部分公开演讲整理成一本书。他有非凡的能力将抽象的实践转化为激励人心的文学形式,就像他在许多工作中展现的那样,他能够游刃有余地敏锐观察人们如何生活和工作,以及利用常识解释人们的生活。因此,这是一个难以拒绝的提议。

桑内特第一次浏览我的初稿时,既给了我很多鼓励,也对这本书提了一些要求。就像其他书稿一样,我从落笔开始就从许多学者的著作中汲取了很多营养,我多次引用巴里·艾肯格林(Barry Eichengreen)[1]、卡洛

---

[1] 巴里·艾肯格林(Barry Eichengreen),加州大学伯克利分校经济学院教授,是国际货币体系演变历史研究的奠基人之一。——译者注

塔·佩雷斯(Carlota Perez)①的观点。无论是战略分析还是对现实事件的解释,他们都给了我很多启发和指引,甚至后面几个章节,我按照他们的想法改变了原有的论述方向。卡洛塔·佩雷斯慷慨地允许我重绘图表,参见图 9.1 和表 9.1。

在我撰写书稿的整个过程中,从开始到结束,克里斯托弗·博曼(Christopher Beauman)、马克·布莱思(Mark Blyth)、克雷格·卡尔霍恩(Craig Calhoun)、罗曼·弗里德曼(Roman Frydman)、艾拉·卡茨内尔森(Ira Katznelson)、亨利·克雷歇尔(Henry Kressel)、保罗·里奇(Paul Ricci)、若泽·施可曼(Jose Scheinkman)、蒂尔·斯库尔曼(Til Schuermann)、凯瑟琳·斯廷普森(Catharine Stimpson)不断地给予我建设性的意见和建议。通过学习和借鉴他们在不同领域的知识和分析方法,我非常幸运地得到了答案、修改意见和提醒,所有这些都使我能够集中精力聚焦于书稿中的主要观点。

我必须感谢剑桥大学纽纳姆学院金融历史研究中心的 D.马里斯·科夫曼(D'Maris Coffman),他的文章使我对一般金融历史有所了解,尤其是他在构筑图 7.1 框架方面所提供的帮助。

在撰写和修改手稿的过程中,我发现,首先通过描述和分析两种完全不同的学术观点,然后再来阐述我的想法,或许是一种更好的选择。尤其是在第 4 章探讨风险投资角色演进时,受益于麻省理工学院斯隆管理学院的安托瓦妮特(Antoinette)教授以及纽约大学斯特恩高学院和剑桥大学贾吉商学院的亚力山大·永奎斯特(Alexander Ljungqvist)的企业财务课程。这个有些宽泛的主题在书的第二部分得到了深化,当然我在书的前面几个章节先简单阐述了这个话题。两个不同领域的人聚在一起推动国家在信

---

① 卡洛塔·佩雷斯(Carlota Perez),剑桥大学研究员,技术创新经济学派学者。——译者注

息技术上的实践，真的是一件非常有意思的事，不管最终结果如何。我尤其感谢蒂姆·奥莱利（Tim O'Reilly），他给我参加"富营"（Foo Camp）和SciFoo论坛的机会，当然还有他本人给予我的启发和鼓励。我还要感谢马克·安德森（Mark Anderson），在他一年一度的"未来展望峰会"上，我们多次公开讨论有关观点。

尤其要感谢我的家人。我和这本书都要感谢我的太太韦斯利（Wesley），以及我儿子查尔斯（Charles）和我兄弟迈克（Michael）。动笔之前，我就经常同他们三个人讨论并一直延续到书稿完成。我要感谢他们毫无怨言的无尽支持。

当我还在频繁修改手稿的时候，剑桥大学出版社的克里斯·哈里森（Chris Harrison）毅然做出了决定，由"理论家—实践者"拼凑起来的书得以出版，我感谢他一直以来的帮助和支持。最后，我要感谢我的责任编辑梅格·考克斯（Meg Cox），他远远超出了责任编辑的角色，他从一个普通读者的角度给了我很多反馈意见。

虽然书稿写作过程中得到了那么多帮助和支持，但我确定的是，书中所有的错误、遗漏、不妥之处都由我承担全部责任。

关于创新经济

经济创新肇始于科学发现,在投机泡沫中走向繁荣。在过去的 250 多年里,一个接着一个的科学与技术探索和试错驱动着经济增长:这其中既包括产业上游的基础研究和科学发现,也包含产业下游的应用性实验,正是这些创新开创了新的经济空间。所有这些活动在过程中必然产生大量的损失:以失败而告终的研究项目,没有什么实用价值的科学发现,以及风险投资在商业上的亏损。但是在这个过程中,经济创新不断地改变着市场经济的结构,从农田灌溉系统到互联网,都需要大量的投资去构建网络,而它们在使用中的价值在部署之初是根本难以想象的。经济创新的每一步都需要大量资金投入,而且很难直接与经济回报挂钩。

在上游,当机械地改进让位于具有重大经济意义的发明时,那些当初提供的慷慨资助已经在 19 世纪末的第二次工业革命中催生出一批伟大的公司。这些公司得到政府不同形式的支持或者说至少是授权,并使它们占据了核心技术中最具利润的位置。但是伴随着时间的推移,上一代已经占据的似乎难以撼动的市场地位却逐渐失去竞争优势或败下阵来。一批熟悉政治的美国企业家以合法的理由成功参与了在国家安全和人类健康等关键领域的直接科学投资。[1]

那些能够带来经济创新的基础设施网络可以由政府来规划、实施和投资:美国的州际高速公路系统就是一个杰出的典范。它们也可以由推动者和投机者的自愿合作来规划、建造和提供资金:英国最早的铁路系统就是这么一个案例。在每个单一的案例中,经济回报预期是次要的,因为没有尽头的高速公路穿越美国西部不毛之地不仅具有竞争战略的乘数效应,而且相对于紧随其后的英国铁路热潮,具有破坏性竞争的意义。

在下游,经济创新为资本投机所驱动。纵览资本主义历史,只要存在资金流动的每一个市场经济的角落,资产泡沫总是不断地涌现和幻灭。投机标的所涉及的范围也远远超出我们的想象:从郁金香、金银矿藏到拥有未知财富的新兴国家的债务等不断轮回,直到房地产以及代表公司所有权的股票出现。金融资产价格的真正核心是,它无法同它潜在的由相关的经济资产所产生的现金流相分离——过去、现在和可能的未来都是如此。金融资产的投机者能够而且经常能够获利,甚至在他们投资项目失败的时候也是如此。不可避免的是投机活动最终崩溃:信贷资金的加入刺激了投机并传染给银行系统,导致更具灾难性的经济后果,最终产生更广泛和更迫切的公共救济需求。

有时,重要的是,投机的金融标的是一项基础性的技术创新——农田灌溉系统、铁路、电气化、汽车、飞机、电脑和互联网,这些装置大规模地转化为市场经济,在当它形成之时就如影随形的泡沫之上,真真切切地缔造

---

[1]　D.M.Hart, *Forged Consensus: Science, Technology and Economic Policy in the United States, 1921－1953*(Princeton University Press,1998),pp.145－234.

了"新经济"。无论是在上游还是在下游,市场约束机制的缺乏始终是这个过程的本质问题。与之相反,新古典主义经济学的核心教条是:市场经济增长不是依靠效率而是依赖约瑟夫·熊彼特(Joseph Schumpeter)所谓的破坏性创新作为经济增长引擎的作用。[1] 比这更重要的信念是,容忍经济创新过程中无法避免的损失。[2] 所以政府应该成为生机勃勃的经济创新活动的中坚力量,无论是为上游能够带来科学发现的基础研究提供资金,还是当大量资金堆积的投机泡沫破裂的时候,政府提供政策和资金支持以保持市场经济的连续性。

我读这段历史的感悟是,经济创新是由政府、市场经济、金融资本三者之间持续不断地相互影响又互为依存的关系所驱动的。[3] 在过去的数个世纪里,政府和市场经济在资源配置以及收入和财富分配上有不同形式的合作和竞争。同时,金融资本被认为在不断演化的政治和市场改革进程中从未间断其剥削本质,虽然它同样身处这个进程之中。无论是繁荣阶段还是衰退时期,它似乎都是那样。

政府、市场经济和金融资本都是大而抽象的概念,让我试着分别谈谈它们的本质。

就政府而言,我把它定义为一个政治实体,它有足够的强制性的权威

---

① 　J.A.Schumpeter, *Business Cycles: A Theoretical*, *Historical and Statistical Analysis of the Capitalist Process*(London: McGraw-Hill, 1939), chaps.1－3 and Schumpeter, *Capitalism*, *Socialism and Democracy*, 4th edn.(London: Allen & Unwin, 2010[1943]), part II: "Can Capitalism Survive?"

② 　For a comprehensive analytical review of the literature on technological innovation as an evolutionary process, see G.Dosi and R.R.Nelson, "Technical Change and Industrial Dynamics as Evolutionary Processes", in Innovation, B.H.Hall and N.Rosenberg(eds.), *Handbook of the Economics of Innovation*, 2 vols.(Amsterdam: North-Holland, 2010), vol.1, pp.51－127.

③ 　For a set of relevant case studies that stops short of offering a comprehensive framework, see.R. Sylla, R.Tilly and G.Torella, *The State*, *the Financial System and Economic Modernization* (Cambridge University Press, 1999).

可以对游戏的其他参与方制定规则。根据定义，它能够抑制其他参与者，但这也是问题所在，它会强化自身权威或者至少倾向于对自己有利。政府是垄断利润和特权的源头，但是它必须深入经济和金融资源以维护自身和追求的目标，无论是战争征服还是国防，或者是经济发展和社会保障。抽象地说，政府的权威来自上帝指令或人民赋予，或者来自两者之间的其他来源。但是，无论它的权力源自什么，政府作为一个实体化的组织，其由精英官员和大量个体雇员具体运行，不可避免地受经济或资本利益所驱使，几乎没有例外。如果有的话，它是政府作为一个整体非常有价值的观点。

就市场经济而言，我把它定义为一个使商品和服务的生产和交换成为可能的组织。它存在于商品市场、贸易集市、商队集散地和行进途中。任何有商品价值的地方都发现有交换，而不仅仅是使用。市场经济的要义是有规律的和可控制的：在理想情况下，微观层面的竞争者之间能够持续感受他们自身生产函数的报酬递减规律、灵活应对交易伙伴的需求弹性，以及满足最终消费者效用最大化。

在这个乌托邦模式下，市场经济成了一般均衡理论和新古典经济学的天下。在凌乱的历史现实中，这是一个"价格公平"和"互相利用"的世界，这是一个国家强加纳税义务和政府许可垄断的世界。按照亚当·斯密（Adam Smith）的理解，所有人试图规避残酷的竞争。他们通过创新获得市场支配地位和剩余经济价值，公司从超越竞争中赚取利润。但是，许多指望垄断利润的公司似乎都失败了，无论是试图通过密谋控制市场，还是从传统市场框架之外寻求政府干预。

即使在难以维持整个国家保持市场均衡的情况下，市场经济依然是一个连续的世界，金融资本则是一个非连续的、机会主义的世界。两者紧紧地联系在一起，对市场经济来说，这不仅仅是一个交易的世界，它总是并且到处都是一个信贷的世界。交易和以交易为目的的商品生产必须获得一天又一天、一月又一月的贯穿全年的资金支持。那些最早从事信贷业务的人，有的可能已经成为资本大鳄，他们通过控制金融资本流动性来获得市场经济的剥削利润，他们对市场经济的影响是颠覆性的。无论他们投资新的贸易关系的开放，还是培育创新产品和构筑长途运输以及现代通信网络，金融资本都是通过将一个稳定市场带入新的、更加激烈的竞争环境来获取利润。正如费尔南德·布罗代尔（Fernand Braudel）对资本和市场经济之间关系所总结的那样："资本主义没有投资……这个市场或者任何生产和消费，它仅仅是使用它们。"①

从这个生机勃勃和持续变动的政治、经济和金融力量结构——"三方玩家游戏"——中浮现出这么一个世界：政府投资于基础性研究，并引导投机资本去为将技术转换成为产品投入资金。这些技术设施开发建设提高了我们每个人的生活水平，因为它们不断地在提升市场经济的生产效率。但是，"三方玩家游戏"也需要为金融系统的泡沫和危机承担责任，泡沫的溢出效应也将威胁就业人口和他们的雇主，并被迫采取政治措施予以补救和援助。在另一个版本中，用西奥多·罗斯福（Theodore Roosevelt）的话来说就是，我们处在一个"为富不仁"的世界，那些投机资本善于利用政治进程来保护和维系对市场经济的剥削。

在过去的250年里，经济创新从政治偏好、经济动机和资本投机的十字路口涌现出来。因此，未来之地既不同于令人难忘的过去，也不同于正在经历的现在。人类生存的一个最重要的共识是：我们所有的人参与其中。无论你是作为一个个体还是作为集体中的一个成员，这个"三方玩家

① F.Braudel, *Afterthoughts on Material Civilization and Capitalism* (Baltimore, MD: Johns Hopkins University Press, 1977), p.75

游戏"所导致的问题是难以避免的，那就是不可削减的不确定性。我们只能承受"三方玩家游戏"所带来的全部后果。正如托马斯·霍布斯（Thomas Hobbes）所说："未来正向我们走来，但是如同一部虚构的小说。"[①]

我们自己的未来根植于我们难以分辨的过去。在 1937 年，约翰·梅纳德·凯恩斯（John Maynard Keynes）试图向与他同时代的经济学家解释新的就业理论，但他所强调的主题是如此晦涩难懂，如同我们生存的宇宙，洞悉宇宙显然超出了我们的能力范围。这种不确定性的论调导致经济和金融的所有决策理论开始滑坡。凯恩斯写道：

> 由于对"不确定性"的认知……我并不是说不去区分什么是可以被认知的而哪些几乎没有可能……在这个意义上我使用的术语是指：欧洲战争的前景是不确定的，或者是 20 年之后铜的价格和利率，或者是一项新的发明是否过时，又或者是私人财富拥有者在 1970 年社会系统中的地位。这些事情是没有科学依据的，基于任何形式的概率计算也无济于事。我们根本不知道。[②]

历史学家约翰·刘易斯·加迪斯（John Lewis Gaddis）继承和扩展

---

① T.Hobbes, *Leviathan*, ed.R.Tuck (Cambridge University Press, 1993[1664]), p.14.

② J.M.Keynes, The General Theory of Employment, *Quarterly Journal of Economics* (February 1937), in E.Johnson and D.Moggridge (eds.), *The Collected Writings of John Maynard Keynes*, vol.14 (Cambridge University Press and Macmillan for the Royal Economic Society, 1973 [1937]), pp.112—113.Following Keynes's insight, the Cambridge economist Tony Lawson has explored in depth the difference between the ontological properties of the world and the theoretical properties of the models we construct in the hope of understanding how the world works.See, for example, T.Lawson, Reorienting Economics (New York: Routledge, 2003) and T.Lawson, The (Confused) State of Equilibrium An Explanation, *Journal of Post Keynesian Economics*, 27(3) (2005), 423—444.

了凯恩斯的论述。他说,我们的世界是连续性和突发性的集合体:

> 不同于过去,关于未来的问题是,我们对它知之甚少。因为它存在于现在的另外一个相反方向,我们可以指望的是,从过去到未来有一定的连续性,但是它们可能遇到不确定的突发事件。有些连续性足够强大,即便发生突发事件也不足以使其偏离方向,时间仍将继续前行;万有引力将使我们飞入太空;人类还是会有出生、衰老、死亡。当涉及行为人个体的选择时,预测变得更加困难,尽管我们已经意识到,个体选择也是一种偶然性。[1]

我浸润在经济创新的世界超过 40 年。我的体会是,这个游戏中的任何一个玩家都没有能力单独对冲一个似乎难以预测的东西,那就是对冲危机。我们必须协作和集体行动,以确保现金流和对环境变化有足够的控制能力。现金流将为我们赢得时间去发现,到底发生了什么,保持控制就是允许参与者利用这些时间去修正问题参数。我对现金流和保持控制的体会,痛苦地贯穿于我的创业投资生涯。在那时,把商品和服务出售给付费客户去获得充沛的经营性现金流是一项需要重新学习的商业技能,有了现金流,我们就可以在不确定的资本市场中获得自主性并且从容地投资于公司未来的增长。到那时,对风险的有效控制的佐证就是,有能力通过解雇首席执行官或在风险蔓延的情况下进行出售,或进行资本重组,从而使公司调整方向以迎接可供选择的更好机遇。

作为金融危机的亲历者,我观察到,规模如此巨大而且具有系统性重

---

① J.L.Gaddis, *The Landscape of History：How Historians Map the Past*（New York：Oxford University Press, 2004）, p.56.

要地位的玩家都在追求等效策略,从杰米·迪蒙(Jamie Dimon)构筑的 J.P.摩根"资产负债表堡垒"(fortress balance sheet),到 2008 年危机时中国已经累积的大约 3 万亿美元的外汇储备①,这些都作为一种结果,反馈到全球经济金融不稳定状态之中。在极端情况下,当那些保持行动自由的人们发现他们对自己都感到恐慌的时候,那些恐慌情绪驱动的对现金和控制的要求将威胁到所有人的流动性。但在正常情况下,人们对现金和控制的要求已经在市场竞争和经济效率的客观要求的逼迫下,从认知局限中解脱出来。

自英国建立首个工业经济时代以来,重商主义——由国家政策直接保护和补贴的出口导向型增长——曾多次成功地推动经济发展。② 作为"国民经济"的先知,弗里德里希·李斯特(Friedrich List)在 1841 年写道:

> 英国人把一切都留给了自己,宣称所谓的自由放任,伦敦"钢院商站"(steelyard)的商人依然在伦敦进行贸易,比利时人依然为英国人织布,英格兰依然是汉萨德人的羊圈。③

由于他的远见卓识,李斯特早就意识到,战略竞争优势已经转向那些超越生产成本的其他因素:

---

① 原文如此。实际上 2008 年底中国外汇储备约为 2 万亿美元。——译者注

② For a succinct summary of the success of mercantilist policies, from the Meiji Restoration in Japan through contemporary China, see D. Rodrik, *The Globalization Paradox: Why Global Markets, States, and Democracy Cant Coexist* (New York: Norton, 2011), pp.143—156.

③ F.List, *The National System of Political Economy*, trans. Sampson S. Lloyd (New York: Augustus M. Kelly, 1966[1841]), p.25. The Hansards, also known as the merchants of the Steelyard, were representatives of the trading cities of the Hanseatic League, which dominated English commerce prior to the seventeenth century.

国家目前的状态是所有科学发现、发明、改进、完善以及所有
先辈积累的结果。它们构成人类精神资本，每个独立国家能够生
产的商品就是它们已经掌握的那些先辈的造诣和运用自己学识
加以提高的部分。①

因此，李斯特的《政治经济学的国民体系》(*The National System of Political Economy*)一书，"或许也可以称为'国家创新体系'"。②

它们比那些相对贫穷的国家可以实施更多可量化的重商主义项目，强化产业在全球市场的竞争能力，并且相对富裕的国家通过投资和资助科学发现及技术发明来维持其有利地位。在民族国家的私人企业层次上，它们利用从经济活动中产生的剩余资金购买保险来应对那些不可预测风险，那种必须依赖别人的金融支持才能延续经济生活连续性的压力也就大大降低了。

因此，在上游和下游，在平常时期或者危机时期，生机勃勃的经济创新不断挑战主流经济理论和金融理论的传统观点。经济学家早就认识到，在理论上，市场失败使国家干预合法化。③ 而且市场难以分配足够多的资源给科学发现和技术创新，这也被视为一个典型的"市场失败"的例子。④ 作

---

① F.List, *The National System of Political Economy*, trans.Sampson S.Lloyd (New York：Augustus M.Kelly, 1966[1841]), p.140.

② L.Soete, B.Verspagen and B.ter Weel, Systems of Innovation, in Hall and Rosenberg, *Handbook*, vol.2, p.1161.

③ W.J.Baumol, *Welfare Economics and the Theory of the State*, 2nd edn.(Cambridge, MA：Harvard University Press, 1969) and A.C.Pigou, *The Economics of Welfare*, 2 vols.(New York：Cosimo Classics, 2010 [1920]).

④ The foundation texts are R.R.Nelson, "The Simple Economics of Basic Scientific Research," *Journal of Political Economy*, 67 (1959), pp.297—306 and K.J.Arrow, Economic Welfare and the Allocation of Resources for R&D, in K.J.Arrow (ed.), *Essays in the Theory of Risk-Bearing* (New York：American Elsevier, 1971[1962]), pp.144—163.

为国家干预的根本原因是，市场无法保证充分供给。当然还有超越经济因素的原因——国家发展、国家安全和征服疾病，这些都是客观需求。在更深层次上，新古典主义经济学在理解经济创新在漫长历史时期如何演进上是如此不着边际，其核心目的是去界定在一个充分竞争的市场中实现有效均衡的资源配置的相关条件。① 但是，过度迷信新古典主义经济学原理将产生严重的后果。

那些认为国家在资源配置上十分有效的人，不仅抑制了经济创新活动中对固有的"熊彼特浪费"（Schumpeterian waste）的容忍度，他们还鼓励对包括处于失业状态的人力资本和物质资本等那些无谓损失予以容忍，他们认可凯恩斯在这些现象上的英勇表现，我称之为"凯恩斯浪费"（Keynesian waste）。在20世纪30年代，凯恩斯试图建立一个新的宏观经济学理论，以迎合国家干预在具体项目上获得量化数据支持的需要。在那个时期，他认为那些未经使用资源的边际生产效率为负数，比如技能萎缩和机器生锈。因此，他认为任何能够提供增量消费和任何形式的就业都是不错的选择。但是，凯恩斯在这个项目上失败了。很明显，当充分就业再次回来，那些充满想象的国家投资将产生更严重的经济浪费后果，或许只有全面战争动员才能消化。

在战后经济时代，由于"小政府"资本主义在"大萧条"问题上触礁，"三方玩家游戏"模式转向"大政府"资本主义时代，影响世界的第一次全球性危机在2007年爆发。尽管凯恩斯在分析"小政府"资本主义内在不稳定性上最富有见解，但他的后凯恩斯主义继任者海曼·明斯基（Hyman Min-

---

① For a relevant alternative approach that takes both time and uncertainty seriously, as discussed in Chapter 12, see R. R. Nelson and S. G. Winter, *An Evolutionary Theory of Economic Change* (Cambridge, MA: Belknap, 1982).

sky)在"大政府"资本主义所产生的内在不稳定性上提供了最具预见性的分析。

话说25年前,明斯基就已经准确地预见:那些所谓的为了保护市场经济免受侵害而过于活跃的中央银行,其本身就是预示着金融危机的征兆,即使"大政府"只在紧要关头维持市场经济的连续性以及提供低风险资产去满足投资者需求也是如此。[①] 他不能期望:一旦"大政府"出手保护金融资本家使他们免受金融危机的冲击,是那些从不过问他们偿还能力的超级机构救了他们,尽管危机本身就是他们的过激行为对市场经济造成冲击造成的。

现在"凯恩斯浪费"相对于大萧条时期而言明显处于更低水平,那些世界上的富有国家看起来已经决定不再重新演绎历史上最著名的经济和金融政策败笔。在美国,这不仅仅停留在政治辩论上,政府干预力量在不合法的状态下扮演一个经济演员的角色,持续了整整一代人之久。为了延长他们已有的成功,他们将最终体会"大政府"在近期和不远的将来最终解体的后果。在近期,我们将放弃经济增长、工作和收入,从更长的周期来看,我们将失去经济创新的领导地位。

这些体会来源于我长期作为一名金融经济学理论家和实践者的两栖生活,与此同时,我也经常想起明斯基25年前所提醒我的事。书的前半部分,都是我在生机勃勃的经济创新中受到启示的教育故事。它展现了作为一名风险投资实践者在金融投资与新兴技术交叉前沿具体实践的一些体会。在书的后半部分,我结合两种现象,深入浅出地提出了作为一个理论家的观点:对于参与经济创新资本游戏的人来说,金融泡沫和国家参与都

---

① H.P. Minsky, *Stabilizing an Unstable Economy* (New Haven, CT: Yale University Press, 1986), pp.21,52.

意味着机会和奖励。

　　首先，金融泡沫已经成为在基础性、充满不确定性领域大规模筹集资本的工具。其次，第二次世界大战之后的美国政府，延续纷繁复杂的经济和金融不确定历史去追求国家目标，美国政府建立了技术创新的平台，让我和我的风险投资家朋友们能够在上面长期舞蹈。超越金融经济学的常规边界，这些投机的金融家和国家之间的相互作用恰恰体现了，这个"三方玩家游戏"是最富有效率的。考察它如何形成以及如何运转，将有助于我们重新点燃经济创新最为重要的引擎。

CONTENTS

目　录

第一篇

学习这个游戏

①

学徒期

1970 年我来到华尔街,当时我尚未完成剑桥大学的博士论文,因为我知道那并不是我最想做的事。在 1965 年和 1966 年的夏天,在剑桥大学第一年,我曾作为一名实习生在参议院金融委员会工作,这个诞生于约翰逊总统"伟大社会"(Great Society)建设时期的行政管理机构正面临灾难性的崩溃。我从这种体会中走出来,并对"波托马克热"(Potomac Fever)①产生了永久性的免疫。

在 1968 年和 1969 年,我在伦敦法院巷的公共档案办公室从事朝九晚五的工作,对工党政府 1929～1931 年的经济政策进行了一些研究,那时我想,我应该会从剑桥回到美国,继续从事经济学的学术研究工作。因此在接下来的圣诞假期,我的面试之路从我的母校普林斯顿

---

① "波托马克热"(Potomac Fever),波托马克是指美国东部的波托马克河(Potomac River),它是马里兰州和西弗吉尼亚州、弗吉尼亚州和华盛顿哥伦比亚特区的界河,这里指代投身华盛顿政治的热情。——译者注

大学开始,辗转到了耶鲁大学、哈佛大学和麻省理工学院,但是学术研究的就业市场已经被铺天盖地的研究生所淹没。由于越南战争的影响,在疲软的就业环境下,他们从事学术研究的热情似乎愈演愈烈。对于每一所学校的经济系毕业生来说,那都是一个非常难得的就业机会。面试的结果是一致看好,但是每一个就业机会似乎都带着相同的忠告,如果我从事政治领域的政府和历史研究可能会比经济更加得心应手,虽然他们都说,这只是他们的个人建议。

经济学作为一门学科,那时正在加快转向形式化的方法、数学模型和定量技术。没有掌握这些工具的从业者,以及无法引入定量分析和严谨数学理论的研究课题都将被撂在一边。1994 年,那时保罗·克鲁格曼(Paul Krugman)正沉浸在伟大的发展经济学家阿尔伯特·赫希曼(Albert Hirschman)关于边缘化问题的研究上,他回忆起 15 世纪非洲地图是如何开始演化的这段历史,那时关于距离和海岸线的表述都不够准确,但是内部细节丰富;有些是符合事实的,比如对伟大城市廷巴克图(Timbuktu)①的记载;有些则明显是虚构的,比如“男人的嘴巴长在他们的腹部”等:

        随着时间的推移,地图制作技术和用于绘制地图的信息质量都有稳步提高。非洲的海岸线首先予以勘查,然后通过不断提高准确性加以标注。到 18 世纪,标注的海岸线从一定意义上来说,同现代地图已经没有根本的区别。沿着海岸的

---

①   廷巴克图(Timbuktu),现名通布图(Timbuctu),是西非马里共和国的一个城市,位于撒哈拉沙漠南缘、尼日尔河北岸,历史上曾是伊斯兰文化中心之一。——译者注

城市和居民位置同样已经十分准确地得以标注。

　　另一方面，内容上也进行了清理。那些神秘的、超自然的生物不见了，保留下来的是真实的城市和河流。从某种意义上说，欧洲人对非洲变得比他们之前更加一无所知了……

　　在 20 世纪 40～70 年代，同样的事情发生在经济学上，严谨性和逻辑性标准的提高带来了某些事物认知水平的大幅提高，但也导致那些短期内技术上的严谨性尚不能达到的领域变成了空白。这是我们所不愿意面对的，其实那些研究领域内容已经十分丰富，尽管不完美。[①]

　　我的研究议题，极端金融危机时期政治学和经济学的交叉领域，正是这些空白之一。保罗·克鲁格曼（Paul Krugman）和我都发现这个领域存在研究价值，当我们还在剑桥大学经济系的时候就已意识到了这一点。[②]

　　我之所以把剑桥作为学术生涯第一站，就是因为被凯恩斯（Keynes）的强大磁场所吸引，虽然他于 1946 年逝世了。他的遗产是为经济问题提供了不同的方法。在他的《就业、利息和货币通论》（下简称《通论》）序言中，凯恩斯写道："这本书的创作，对于作者来说经历了长

---

　　① P.Krugman,The Fall and Rise of Development Economics (1994).Available at http://web.mit.edu/krugman/www/dishpan.html.

　　② More than thirty years later, I came to appreciate that there had been an opportunity to carve out an academic career that integrated economic theory, financial analysis and political history when I read the most significant work yet published on the sources and dynamics of the Great Depression: B. Eichengreen, *Golden Fetters: The Gold Standard and the Great Depression, 1919 — 1939* (Oxford University Press, 1992).

期的斗争，以摆脱他所受教育的'古典'经济学框架的困扰。"①到了 60年代后期，古典范式重新上升，现在正式穿上了数学的外衣，作为新古典经济学。但是，在理查德·卡恩（Richard Kahn）——凯恩斯最重要的一个学生——的指导下，出于对凯恩斯主义的坚定信念，我逐渐领会到凯恩斯主义经济理论和政策背后深邃的哲学内涵，他所代表的是一份难以替代的经济学宣言。他的论述开启了对经济学家执迷于此的蒙昧世界的完全不同的理解。

我现在总结我在 40 年前所理解的东西，新古典主义经济学似乎就是关注如何分析理性代理人、如何赋予更多相关信息，当然或多或少也关注有效配置稀缺资源。在新古典主义的浩瀚书海中，时间只是一个表示事件发生顺序的历史指数序列。反过来说，凯恩斯经济学则是探讨这样一个问题：那些没有了解以及不能充分了解未来的人如何做出他们的决定以及这些决定的相互作用，而且还要分析谁来承受他们所决定的这些后果。在凯恩斯看来，过去的时间是充满疑问的历史，而未来的时间是不确定性和机遇的世界，资本主义经济的核心是对不确定未来的投资决策组合。如同凯恩斯在《通论》中强调的："明显的事实是，我们开展预期收益预测的知识基础是十分不确定的。"②

自 20 世纪 50 年代中期伊始，"两个剑桥的战争"戏剧般上演。到20 世纪 60 年代后期，如同克鲁格曼事后总结的那样，战争结束了，毫无

---

① J.M.Keynes, *The General Theory of Employment*, *Interest and Money*, in E.Johnson and D. Moggridge（eds.）, *The Collected Writings of John Maynard Keynes*, vol.7（Cambridge University Press and Macmillan for the the Royal Economic Society, 1976[1936]）, p.xxiii.

② J.M.Keynes, *The General Theory of Employment*, *Interest and Money*, in E.Johnson and D. Moggridge（eds.）, *The Collected Writings of John Maynard Keynes*, vol.7（Cambridge University Press and Macmillan for the the Royal Economic Society, 1976[1936]）, p.149.

疑问麻省理工学院和哈佛大学赢得了战争。即使对于一个在老剑桥从事研究的学生来说，这个事实也非常清楚。但我的解释是，保罗·萨缪尔森（Paul Samuelson）用新古典主义综合学派的名义，以他的巧妙手法融合了凯恩斯主义的革命性成果。理性代理人在追求经济效率上取得的成功，是假定在任何时间，一切可利用资源可以都得到充分利用，凯恩斯主义宏观经济政策之所以被采用，就是政府试图努力去实现这种假设的情况。在新古典主义综合学派重建经济学基础的过程中，凯恩斯革命性的成果只是一个便于使用的注脚。

新剑桥的"混蛋凯恩斯主义者"（Bastard Keynesians）——凯恩斯的学生琼·罗宾逊（Jan Robinson）充满挑衅地这样称呼他们，他认为他们穿上了凯恩斯主义的外衣，但是抛弃了凯恩斯思想的真正核心。大约在我离开学术界 15 年后，海曼·明斯基（Hyman Minsky）这样总结他关于萨缪尔森所谓成就的"诉状"："新古典主义综合学派正在将资本主义描述成为一个没有资本家、没有资本以及没有金融市场的经济。"①

1969 年初，我回到剑桥大学决心完成我的毕业论文，以便获得我的博士学位，即使它和主流经济学不是十分吻合。那时我只知道我不想回到功能失调的华盛顿，在 26 岁的年纪，我也十分确定我不想再念书了。然后，我就阴差阳错地进入了凯恩斯在《通论》最为精辟的第 12 章极富见地描述的世界：金融市场的世界，即华尔街的世界。在剑桥大学的 4 年时间里，我谈不上有多喜欢学术研究，但它令我在看问题的前瞻性上比别人具有一定的优势。

① H.P. Minsky, *Stabilizing an Unstable Economy* (New Haven, CT: Yale University Press, 1986), p.120. Paul Davidson, the doyen of post-Keynesian economists, has developed this critique with vigor; see P. Davidson, *John Maynard Keynes* (New York: Palgrave Macmillan, 2007).

更为明显的是,我在精神上似乎仍然生活在1929~1931年的世界里,一个金融系统和市场经济相互依存的时代,只是在极度紧张的时候偶尔需要国家干预。我对那个时代的研究超越了对宏观经济政策环境的分析,我也没有去研究具体的政策内容,而是聚焦于经济泡沫以及泡沫如何崩溃等经济学问题,后来我也开始关注股票市场的繁荣,它在1929年大崩盘之前达到顶峰。1931年的金融危机引发了经济的衰退,从而使股市进入大萧条,这是我们所有人经历的1998~2000年互联网泡沫和2007年开始的全球金融危机的电影预告片。

因此,我已经配备了特殊的、概念性的隐喻性历史框架。1970年,我磕磕绊绊地进入埃伯斯塔特公司(F.Eberstadt & Co.)①,那时投资银行遍布华尔街,它只是其中一家。这些特殊的、概念性的观念和体会一直影响着我超过40年的职业生涯,在关键时刻就更加证明我的职业生涯同这些观念联系在一起。他们也驱使我去观察和关注经济及金融的演进规律,即使在相当长的时期我始终徘徊在主流学术大门之外,我很痛惜凯恩斯逝世之后,经济和金融领域中在知识和制度之间划了一条难以沟通的鸿沟。

从老华尔街到新华尔街

1970年,华尔街已经由在1929年危机和大萧条阴影中成长起来的

① 埃伯斯塔特公司是以创始人费迪南德·埃伯斯塔特的名字命名,这是他成名于华尔街之后于1931年成立的投资银行公司。他更为有名的一段历史是,1948年他受他早年的公司合伙人、时任海军部长詹姆斯·福莱斯特(James Forrestal)委托,统筹起草《埃伯斯塔特报告》,从而奠定了美国战后国家安全体制的基础,也是一个国家资助基础科学研究的重要制度安排。——译者注

那一代人所掌管。1937 年，纽约证券分析师协会成立，但是哈佛商学院只有 3 名毕业生想去华尔街工作。纽约证券交易所的前主席理查德·惠特尼（Richard Whitney）因为窃取客户资金被关进了监狱。[①] 33 年之后，1937 年的那代人开始执掌权力。他们几乎没有意识到，正是在 1970 年，全国证券交易商协会同意设立纳斯达克交易所，以努力推动纽约证券交易所尚不能胜任的股票交易自动化。

1970 年，华尔街的结构反映了 3 个制度性的事实。首先，在那一年之前，纽约证券交易所的所有成员都必须是普通合伙企业，并且以他们的全部资本金承担财务上的无限责任，并被限制使用外源性资本融资。其次，纽约证券交易所保持了一份固定的经纪佣金清单，并要求所有成员企业按此向他们的客户收取。最后，1933 年的《格拉斯—斯蒂格尔法案》（Glass-Steagall Act）将商业银行和投资银行区别开来，这是《格拉斯—斯蒂格尔法案》最重要的、标志性的政策安排。1970 年，我选择放弃完成博士学业的机会，开始在摩根士丹利公司的实习生涯，这几乎意味着放弃我所追求的剑桥大学博士学位，而当时它几乎是唾手可得。那时摩根士丹利大约只有 250 名雇员，公司股本大约是 750 万美元，40 年后对应的数字分别是 62 500 万名员工和 2 220 亿美元。[②]

由于竞争强度依然不够，当时的商业银行家们依然十分迟钝，他们依然仅仅从事吸收存款和发放贷款业务。他们第一次意识到，那是一

①　Adam Smith, *The Money Game* (New York: Random House, 1967), p.10.

②　R.Chernow, *The House of Morgan: An American Banking Dynasty and the Rise of Modern Finance* (New York: Atlantic Monthly Press, 1990), pp.585—586 and Morgan Stanley, Form 10-K for the year ended December 31, 2010, pp.1, 42. Available at www.morganstanley.com/about/ir/shareholder/10k2010/10k2010.pdf.

个新的机会，是约翰逊政府试图保护美元以应对越南战争资金需求，这对商业银行产生了不利影响。作为对美国金融保护的直接反应，"欧洲美元"市场在伦敦诞生。由于美国支出平衡赤字的不断扩大，离岸市场美元大量堆积。除美国以外，从世界其他地方都可以借到美元。美国商业银行争相提供贷款支持，因为那里不受美国国内立法和相关监管约束。

华尔街的投资银行家被统称为他们客户的代理人，无论是企业客户、机构客户还是个人客户。他们帮助客户买卖证券及其他金融资产，承销新发行的股票和债券，并就企业战略和并购交易提供建议。他们由定义清晰的不同层次构成。在金字塔的顶端是穿白鞋（white-shoe）的企业咨询公司，以华尔街投资银行领导集团为首的优质承销商主办管理人：摩根士丹利公司、第一波士顿公司（First Boston）、库恩雷波公司（Kuhn，Loeb）、狄龙雷德公司（Dillon，Read）。这些公司虽然为数不多，但是同行之间恪守排名并且在每次公开发行股票的招股说明书上向全世界公开这些公司之间的排序。

个人客户导向的公司以美林集团（Merrill Lynch）为首，通过遍布全国的经纪人网络来分销新发行证券以及平衡存量证券的供给和需求。它们被称为传讯室，因为它们的分支机构依靠电报和电话线与交易大厅保持联系。高盛（Goldman Sachs）、所罗门兄弟（Salomon Brothers）、贝尔斯登（Bear Stearns）等从事大宗交易的公司则完全依靠自己的智慧和勇气，它们为了吸引客户，当然也是为了自身利益，把风险敞口留给自己。因此，它们必须非常谨慎，因为一旦产生坏账，就必须用自己的钱来买单。起初它们并不被尊重，当然后来高盛公司和其他几家越来越不同了,高盛公司通过希德尼·维斯伯格(Sidney Weinberg)超过 30 年的努力争取到越来越多的尊重,并且弥补了 20 世纪 20 年代股市泡沫时侵害客户留下的污点。高盛同时与上百位商业伙伴开展积极的业务合作,当然也是因为纽约证券交易所委员会鼓励通过其他手段相互竞争,而不是仅仅依靠价格。

就像罗恩·彻诺(Ron Chernow)在《摩根财团》一书中所指出的,华尔街传统的宗教隔离已经坍塌,但是依然可见。[①] 华尔街领先的咨询公司中多是信奉新教的欧洲裔美国人(White Anglo-Saxon Protestant, WASP)[②],不过库恩雷波公司(Kuhn, Loeb & Co.) 是个例外,而且欧洲裔美国人在过去的那种优势已经明显减弱,现在从事大型投资交易的几乎都是犹太人。美林集团的销售军团因为"我和我的人民"都是爱尔兰裔而广为人知,在他们的邮件收发室外面几乎不可能见到意大利裔的美国人。职业女性在现有的企业中几乎是不存在的:穆里尔·西伯特(Muriel Siebert)是第一位获得证券交易所席位的女性,在 20 世纪 60 年代牛市的高峰,她在自己的交易席位上创立了她自己的公司,并取得了一定的成就。

华尔街的文化是经纪人"大"而顾客"小"的时代遗留下来的产物。典型的故事需要追溯到大萧条之前,每一位新入行者都听过这个故事。有人告诉我,故事是这样的:1928 年,一个男子和他的妻子从印第安纳州的波利斯市来到纽约,到市中心的一座摩天大楼的办公室去拜访他

---

① Chernow, *House of Morgan*, p.581.

② White Anglo-Saxon Protestant(WASP),是指"信奉新教、拥有盎格鲁撒克逊血统的白人"。本义是指美国当权的精英群体及其文化、习俗和道德行为,译者认为本书作者是泛指信奉新教的欧洲裔美国人。——译者注

的老同学。这位老同学领着他们到窗前欣赏外面的景致:"那是赫顿先生的游艇;那是狄龙先生的游艇;那儿,那儿是海盗船,是摩根先生的游艇。""嗯,"访问者追问道,"但是客户的游艇在哪里?"①

　　1967年底,《金钱游戏》(*The Money Game*)一书出版,该书可以看做牛市大战之后的总结,从表面上看它是一种文化,其本质是上一代遗风的延续,那是证券交易委员会由来已久的影响导致的结果。投资银行虽然致力于为新老客户提供更好的经纪人服务,但是通过一张收费清单又回到了另一个时代。《金钱游戏》的作者真名是乔治·古德曼(George Goodman),他曾是一名罗德学者(Rhodes Scholarships),"亚当·史密斯"(Adam Smith)是他的化名,他在书中试图强力擦掉旧的华尔街文化印痕。

　　第二次世界大战之后,美国的金融体系因为机构投资者的崛起而发生改变。机构投资者自古以来就是存在的,比如银行的信托部门、保险公司的投资部门、经纪人聚集其客户资金设立的封闭式信托投资基金。第二次世界大战之后,储蓄的制度化驱使金融体系发生改变,首先是固定收益养老金计划的广泛出现以及税法修正案的推动,受益对象不再区分是私人还是公共部门的雇员;同时,新成立的开放式基金为赢得私人客户投资者而竞争,他们逐渐从危机和萧条的阴影中走了出来。这是大宗交易公司越来越大的缘由,谁给客户提供流动资金,谁将拥有

---

① Forty years later I discovered a chronicle of pre-Second World War Wall Street whose title demonstrates the persistent power of the joke: *Where Are the Customers Yachts? or A Good Hard Look at Wall Street*. In his introduction to the 2006 edition, Jason Zweig backdates the story all the way to Newport, Rhode Island, on a summer day, probably in the 1870s. J. Zweig, Introduction to F. Schwed Jr., *Where Are the Customers Yachts? or A Good Hard Look at Wall Street* (Hoboken, NJ: John Wiley, 2006 [1940]), p.xv.

交易规模。

与机构股票市场的蓬勃发展相对应的是第二次世界大战之后出现的债券市场的长期熊市。这是其中一个重要因素,更重要的原因则是普遍的恐慌和大多数经济学家的传统思维,"军事动员"这种人为需求的终结并未将世界带回萎靡不振的环境之中。相反,经济增长所带来的利润和收入诞生了一个普遍繁荣的黄金年代。

同以往那些所谓的伟大战争——比如拿破仑战争、美国内战和第一次世界大战——有所不同,在美国,包括英国和整个欧洲都是如此,第二次世界大战之后由于通货紧缩的影响,战争带来的通货膨胀并未如期而至。首先,这是得益于更为明智的公共财政技术安排的直接结果。随着冷战的爆发,无论是美国还是英国,都选择了依靠广泛的配给制和直接工业控制转移资源去满足战争需要,同时保护自愿和强制储蓄免受不受约束的价格上涨的侵蚀。① 其次,政府致力于充分就业和公共部门规模的快速增长,以兑现关于社会和冷战背景下国家安全的承诺。因此,通货膨胀一直是持续的、渐进的,直到做出朝鲜战争这个错误的决定之后。

1959 年,为了赢得未来,比尔·唐纳森(Bill Donaldson)、丹·勒夫金(Dan Lufkin)和迪克·詹雷特(Dick Jenrette)这三个年轻人决心创办一家公司去实现一个伟大的想法,公司取名为唐氏公司(Donaldson, Lufkin & Jenrette Securities Corporation, DLJ)。第二次世界大战之后,

---

① Arguably, the single most productive contribution to the formulation of public policy ever made by Keynes was through his 1940 pamphlet How to Pay for the War: A Radical Plan for the Chancellor of the Exchequer, whose precepts were substantially followed in Britain and the United States. J.M.Keynes, *Essays in Persuasion*, in Johnson and Moggridge, *Collected Writings*, vol.9, pp.367—439.

普通股牛市吸引越来越多的投资者，意图治疗大萧条创伤。

但是，证券公司不得不按照纽约证券交易所的规定收取固定佣金，因此证券公司之间的业务竞争需要动用一些非经济因素，其中比较突出的是同窗关系和"3Bs"伙伴（booze, babes and baseball tickets, three Bs，即一起喝酒、泡妞和参加棒球运动所建立的友谊）。唐氏公司则是力图通过基于基础性投资研究的股票选购建议报告来开展商业竞争，这是新的也是很有必要的做法。这是第一家把自己定义为研究型经纪商的公司，之后被许多其他公司模仿。1972 年，《机构投资者》(Institutional Investor)杂志创立了一个美国研究机构年度分析师排行榜。当然，《机构投资者》杂志的存在本身就是一个金融市场新的结构的象征。

1973 年秋到 1975 年春，古老的华尔街进入一个快速的并且不可逆转的转变过程。第一次冲击来自 1973 年 9 月的石油禁运。通货膨胀和利率骤升到一个和平时期从未体验过的水平。1974 年夏天，正当华尔街需要帮助并且需要政府了解它所做事情的时候，"水门事件"已经使华盛顿瘫痪，尼克松深陷泥潭。"水门事件"调查委员会正在进行弹劾总统的最后努力，而道琼斯工业指数 3 次试图在标志性的 1 000 点企稳的努力均宣告失败，最终滑向 500 点。

1973 年秋天开始的熊市为结构性改革创造了契机，使得华尔街转向下一个时代。但是这些改革的根本原因是，作为投资银行家，相对于他们的客户 AT&T、杜邦公司、通用电气、通用汽车、IBM 而言，华尔街的证券公司已经成为相对弱小的机构。这些客户拥有足够的实力进入他们所处的资本市场，尤其是在商业票据市场，这些大型商业公司创立了一个新的资本市场，便于他们相互拆借剩余资金。

证券经纪业务转型改革发生在 1975 年 5 月 1 日：五一国际劳动节。纽约证券交易所暂停了它的固定佣金计划，会员企业可以自由地和它的客户商议。对于绝大部分公司来说，同养老基金进行谈判最为容易：无论养老基金要求什么佣金费率，证券公司只能直接说"Yes"。因此，经纪佣金从一般规模的每股 20 美分开始直线下降，10 000 股以上规模客户佣金趋向于零。

7 年之后，美国证券交易委员会公布了 415 号法案，从而将公司融资改革确立下来。该法案允许合格的发行人暂缓注册，也就是说，发行人可以先把记名证券搁置起来待售，直到有价位合适的需求产生，这样可以避免发行人先行支付证券公司承销费用。所有这些政策提案都减少了华尔街作为经纪人的报酬，却为他们转变为更为主要和积极的角色提供了强大动力。

华尔街自 1970 年开始的演变历程，进一步证实了一条亘古不变的定律：所谓历史规律就是诸多意外结果之结果。[①] 1975 年开始，资本市场逐步解除管制，却真正实现了原先管制的目的。管制解除使交易效率大大提高，其中最显而易见的事例就是，经纪人佣金大幅减少而交易量大幅增加；但这同时也大大降低了可以公开获取的研究性信息的质量，当来自经纪人佣金的支持减少，基础投资研究就从由经纪人资助的开放式公共产品转变为养老基金、共同基金和对冲基金经理人等购买方的私有产品。

此外，这一转变也彻底改革了金融市场的制度结构。无比苛刻的

---

① R.K.Merton, The Unanticipated Consequences of Purposive Social Action, *American Sociological Review*, 1(6) (1936), p.903.

机构投资者要求经纪人执行最低价格,几乎是成本价,这就衍生出众多更大、更机智也更顽强的对手,这些对手作为委托人所赚的钱,比他们做代理人能赚到的要多得多。同样,面临来自主流理论家和实践家的压力,监管机构将资本市场竞争从大崩盘后的镣铐中解脱出来。摆脱了无限责任的束缚,同时又或多或少地得到了存款保险或美联储作为最后贷款人所提供的清算保障,华尔街的银行得以在风险回报领域占有一席之地,这些都是金融资本主义历史上从来没有过的情况。得益于先进的电脑技术和现代金融理论,这些银行可以自由建构一个证券衍生产品的无限网络。在这个网络中,每个参与者都有机会建立起系统的架构,以免发行人和购买者的交易链条在某一环节断开,从而免于失败。

华尔街的改革进程其实是一种循序渐进的资产证券化,由一个资产类别逐步推及另一个资产类别。其中最早开始的是 1980 年前后的抵押贷款改革。金融工具原先只掌握在最初债权人的手里,现在却已成为可交易的证券;因此,他们的交易价格就取决于泡沫和破产的博弈,而这些博弈是所有证券市场的特点。作为他们所投资的市场的委托人,新华尔街的参与者完全依靠其对交易市场中流动资金的推测来采取行动。也就是说,他们不得不依赖于资本市场的流动性:以可预见的、先后一致的价格将任何资产转换为现金的能力(即资金流动性)和给其资产定价的市场的交易必须保持连续性(即市场流动性)。

以下是一个实践和理论如何教学相长的实例。理论宣称,假以时日,我们可以利用向华尔街公司购买他们出售的金融工具的统计特性(它们的平均收益和波动、不同证券之间收益的相关性和波动的相关性,尤其是它们的流动性),而且在可预见的范围内,现金将始终充裕。而我作为一个风险投资实践者的经历告诉我,现金和控制权——可以保证在爆发金融危机时获得足够的现金来赢得了解意外情况的时间,并获得充分的控制能力来有效利用时间——是防备经济和金融风险不可避免的不确定性的双重措施。但凡可以,大型银行及其监管机构都选择了理论而非实践;并且当市场向它们发起挑战时,它们也得到了艾伦·格林斯潘(Alan Greenspan)领导的美联储的确认,就像在 1987 年股市崩盘、亚洲金融危机、俄罗斯拖欠债务和长期资产管理公司对冲基金暴跌,以及 2000 年网络泡沫破灭时那样。[①]

这种观念使得 1929 年的天量交易金额在 80 年后被赶上,甚至是超越。大型金融机构表现得就好像,它们何时需要现金,市场上都有足够的现金供它们使用一样。历时三代人之后,在 2008 年,它们终于发现,只有国家才能发放它们赖以生存的现金,大型金融机构的那些银行家和代言人便开始强烈抨击资本主义制度。

费迪南德·埃伯斯塔特的转变

华尔街从一个报酬优厚的私人代理机构俱乐部转变为一个盈利能力极强的交易商队伍的过程,与我和我的同事费迪南德·埃伯斯塔特

---

① Perry Mehrling has published a deeply insightful analysis of the parallel development of the theoretical economics and finance views of how markets work, and of the abandonment of the practitioners money view, which emphasizes problematic access to liquidity as the hinge on which markets turn. P. Mehrling, *The New Lombard Street : How the Fed Became the Dealer of Last Resort* (Princeton University Press, 2010).

被迫从投资银行代理人转变为风险资本委托人的过程具有异曲同工之妙。在这两个例子中，竞争压力逼着已经享有垄断利润的人做出创新，它们的垄断利润来自其在某卡特尔组织的成员身份。但是，一个本质的不同是，费迪南德·埃伯斯塔特并没有强大到可以免于失败。我们知道，我们将依赖于通过获取我们的客户以及客户所拥有的现金来支撑下去。因此，我们学着做我们必须要做的事情，以便有资格获取这些现金。

我经历了并在某种程度上领导了 1975 年五一国际劳动节之后 10 年间，公司向研究性证券公司转型的过程。埃伯斯塔特公司拥有充裕的资金，因此足以使其应对新的时代。该公司由著名的投资家费迪南德·埃伯斯塔特于 1931 年建立，那时，大崩盘刚刚转变为大萧条。20 世纪 20 年代初，最早的"华尔街之狼"克拉伦斯·狄龙（Clarence Dillon）将埃伯斯塔特先生招进狄龙·瑞德投资银行公司，让其在为德国工业融资的项目中担任主要负责人，那时德国刚刚经历第一次世界大战失败和 1922 年的恶性通货膨胀。20 世纪 20 年代末，牛市峰值迫近，埃伯斯塔特向狄龙建议增加他的合伙股份，以便更好地反映出他对公司盈利的贡献。据埃伯斯塔特称，当时狄龙的回答是，"你在这里干得不开心，是吗？"

因此，在 1928 年，埃伯斯塔特获得自由，继而在杨格计划①〔Young Plan，以当时的通用电气主席欧文·杨格（Owen Young）命名〕的起草工作中起到了主导作用。杨格计划是一项合作但不切实际的计划，意在

---

① 杨格计划（Young Plan）是第一次世界大战后战胜国为代替道威斯计划而实施的德国支付赔款计划。因由美国银行家杨格主持制定，故名。根据该计划，战胜国将降低德国的赔款额，并取消对德国的经济管制。——译者注

将 1919 年凡尔赛和平会议上确定的德国赔款负担减少到可操作的范畴内。埃伯斯塔特完成这一无偿的任务之后回到了华尔街,但时机之差难以想象。1930 年,他把一大笔资金投入一家名为奥得斯的大型电讯经纪公司(Otis and Company),可惜这家公司在不到两年后倒闭,留给合伙人以无限责任。埃伯斯塔特穿过华尔街,用 15 000 美元和一些旧家具开了自己的公司,决心再也不给别人机会让他损失钱,这些家具都是埃夫里尔·哈里曼(Averell Harriman)等朋友送给他的。

第二次世界大战期间,埃伯斯塔特回到政府部门工作,最初担任陆军和海军军用物资委员会主席,后来担任战时生产委员会副主席。在担任战时生产委员会副主席期间,他指挥实施了原材料管制计划,该计划构思高明、操作有效,通过控制三种关键进口物资——钢铁、铝和铜——的市场配置来调动美国整个产业服务于战争的积极性。战后,埃伯斯塔特关于美国国家安全机构的报告直接促成了国家安全委员会的建立和 1947 年《国家安全法》的通过,而美国国防部就是依据这个法案成立的。

在我父亲关于如何调动工业界的积极性促成同盟国胜利的一书《为生存而战》(*The Struggle for Survival*)中,埃伯斯塔特成了罗斯福总统之外唯一的英雄人物:

> 他是非常熟悉工业运作方式的投资专家;他是真诚同情工人诉求和贡献的企业巨子;他是拥有学术成就和敏锐智慧、直率而有魄力的魅力人物;他是能够掌握千头万绪并制定出

全面可行政策的高级官员。①

关于埃伯斯塔特这个人,我非常了解。我从小就认识他,他一生都是我的导师。他给我灌输了这样的思想:华尔街和华盛顿曾经并将永远处于相互依赖之中。那些秉承鄙视"政府干预任何经济或金融活动"这一观点的自由论银行家是如此不切实际,就像有些政治家不理解每项公共政策都不可避免要接受金融市场的直接或间接考验一样。

埃伯斯塔特和我父亲一起鼓励我,将博士论文聚焦在应对经济危机的经济政策上。埃伯斯塔特举例说明了金融资本主义和那些控制国家机器的人之间的博弈。依托于他公司的平台,他把市场经济和金融资本之间的游戏玩得风生水起。但是另一方面,我可以说,我从来没有为埃伯斯塔特工作过,也从没有接受过他的独裁统治。

直到埃伯斯塔特 1969 年以 79 岁高龄去世,他仍在领导他的公司和合伙人队伍。直到生命最后时刻,他都坚持每天开晨会,让每个合伙人汇报过去 24 小时自己做的事情以及下一个 24 小时的计划。这不是一个有利于新一代企业领导者的成长环境,事实也确实如此。很多跟随他多年的合作伙伴都离开了他,去追求自己的事业。幸运的是,在他临死前,他同意调整其公司的资本结构,这起码使他的公司在他死后依然有机会生存下来。

尽管他控制欲很强,但是由于他的天分,埃伯斯塔特留下了 3 个"压箱之宝"。第一个宝贝是,该公司的投资银行团队投资了多家新兴

---

① E.Janeway, *The Struggle for Survival*: *A Chronicle of Economic Mobilization in World War II* (New Haven, CT: Yale University Press, 1951), p312.

企业,埃伯斯塔特称那些新兴企业为"蓝筹股宝宝"。他的投资银行团队为这些新兴企业提供战略建议,并代表这些新兴企业去进行企业兼并与收购的谈判。第二个宝贝——"化学基金"(Chemical Fund)——堪称一个奇迹。这是 1929 年金融危机后创办的第一个共同基金,也是第一个专注于科技行业成长型企业的基金。该基金最初投资化学品研发,后来逐步扩展到药物、信息技术和软件。如同我们所期待的那样,这也是第一家资产过 10 亿美元的共同基金。到 20 世纪 70 年代中叶,"化学基金"的管理费就已满足支付该公司的日常运营支出的需要。第三个宝贝,也是最不起眼的一个,就是投资银行业务。这个业务是从"化学基金"分离出来的,行业定位和侧重点与"化学基金"所聚焦的领域类似。

当然也有部分高级合伙人选择留在埃伯斯塔特,但是后来证明,这些合伙人无力保住前两大宝贝,更别说进一步做大规模了。到了 20 世纪 70 年代,该公司原有的所有投资银行业务的客户事实上都被挖走了。而"化学基金",这个长期持有战后代表成长与创新动力的杜邦和辉瑞、IBM 和施乐等企业并创下杰出投资纪录的基金,跟随这些公司及其他"靓丽 50,一次选择"(Nifty Fifty one-decision)股①的悬崖式下跌,跌入了 1973~1975 年的熊市深渊。

这家公司的未来,实际上最后取决于两个人奋斗。在 20 世纪 60 年代初,匹克·沙利文(Pike Sullivan)、艾德·吉尔斯(Ed Giles)和埃伯斯塔特的女婿一起负责公司的研究业务。埃伯斯塔特的女婿由于看不到公司成功的希望而选择了离开,但沙利文和吉尔斯在公司最需要他

---

① 美国股票历史上一个非正式用语,"靓丽 50,一次选择"(Nifty Fifty one-decision)股是指 20 世纪 70 年代纽约证券交易所 50 只备受追捧的优质成长股。之所以被称为"一次选择",是因为这些股票通常"一旦买入,就会长期持有",也就是几乎不用考虑卖出。——译者注

们的时候选择留了下来,并成为埃伯斯塔特最年轻的合伙人。沙利文创办了公司的销售和交易业务并直接负责经营,虽然他不善言辞,但是他有惊人的选股天分。他采用一个非常简单的分析架构:将世界及其内容分割为一个2×2的矩阵:一个维度是从"简单"到"复杂",另一个维度是从"现实"到"未来"。不管是投资管理还是企业管理,管理的奥秘都是要最大限度地保持在简单且现实的象限中,并竭力避免那些复杂而又遥远的事情。

吉尔斯加入埃伯斯塔特担任的首个职位是"化学基金"的行业分析师,后来他被吸纳作为专业研究事业部的合伙人。他深刻把握这个产业的发展趋势,并与丰盈、充沛的市场需求结合起来,而这也决定了他们手中证券的价值和他们作为行业研究人员的工作处境。他和沙利文不一样,吉尔斯习惯于就全球化学行业或某个复杂的细分市场展开讨论,并在每个阶段讨论结束时他都会问:"你听明白了吗?其实,并不是那么简单!"他打造了一支令人望而生畏的研究团队。

原有公司高层因为业务失败而先后离职,沙利文和吉尔斯得以有机会彻底改造埃伯斯塔特。他们改革的核心思想是加强公司的研究业务。1979年,他们走出了决定性的一步:他们把"化学基金"卖给了威达信集团(Marsh & McLennan),它是普特南(Putnam)共同基金集团的母公司。[①] 那些随着"化学基金"离职的员工都收到一笔赔偿金,即用威达信集团的股票来全额替换他们在埃伯斯塔特所拥有的股权。而那些被

---

① 威达信集团(Marsh & McLennan Companies,证券代码:MMC)是一家全球性的提供专业服务的国际集团公司,在全球范围内拥有55 000多名雇员,公司提供风险、战略与人力资本方面的咨询和解决方案服务。旗下包括达信保险(Marsh)、美世公司(Mercer)、奥纬咨询(Oliver Wyman)、佳达再保险(Guy Carpenter)、普特南投资(Putnam Investments)等机构。——译者注

邀请留下来选择从头开始冒险的人，则收到了部分现金和新埃伯斯塔特公司的股票。新埃伯斯塔特公司则成为第一家被明确定义为基于专业研究的投资银行公司。

这个理念非常简单。既然机构客户支付给我们的佣金不足以支撑我们的专业研究费用投入，那我们就只能发掘其他的收益来源。我们可以采用三种比较现实的收入模式，但是这三种收益来源都需要借助于科研团队定位的转变，即从交易平台获取佣金，转向从企业客户那里收取费用。公司转向为客户提供战略、兼并与收购，以及公司融资的专业建议。而且我们把公司业务聚焦于"知识密集型"产业，这就意味着，客户的目的就是利用投资银行家这个小团体中行业分析师的知识和洞察力，公司除了深入了解化学、医药健康和新兴信息技术行业，别无其他选择。当华尔街的大型公司都不让其分析师与企业客户过往太密，以免这些分析师说出什么不恰当的观点而破坏公司与客户之间的关系时，埃伯斯塔特的商业模式却是，让分析师告诉我们的客户应该去哪里和做什么。

在老埃伯斯塔特公司尚无多少声誉的 6 年里，我曾经作为一个实习生在投资银行部门学习基本业务知识。20 世纪 70 年代初，那家公司业务很多，为我提供了关于公司估值、债券股票公开发售以及兼并与收购交易和敌意收购等方面的全面的知识。其中最基础的知识来源于日常的工作：非上市公司的估值，一种稳定可靠的收费业务。

我学着去探寻殊途同归的其他解决之道。首先，一个可行的项目肯定拥有可以预测的潜在现金流，并以某个利率来贴现。当然这个利率要能够恰当地反映对应的风险系数，与其可感知的业务稳定性、综合竞争力和市场收益率相一致。从新金融理论角度来看，这定义了一个"基本原则"，而且这个基本原则似乎只产生了一个数字，似乎所有利益相关方都会同意这个原则。而在实际操作中，还可以采用其他方法。人们可以确定几个相互比较的上市公司，然后通过引进参照指标，比如市盈率和市净率来做出相应调整，以便反映每个公司的具体情况。最后，人们可以通过假定出售这个项目，并适当考虑到"在不受任何交易强制力限制的情况下，一个自愿的买家会付给一个自愿的卖家多少"，以此来评估这个项目最终能够获得的收益净值。

每一层次的判断能力都深深根植于这些不同的估值方法，过去如此，现在也是这样。今天金融世界已经彻底告别过去并大大超越 20 世纪 70 年代初的想象，但是这些方法依然处于核心地位。这些估值方法一直依赖于主观判断，即使现在我们已经拥有数据库和强大的计算能力。

这些估值方法被广泛、经常地应用在法律领域，特别是涉及资产处理或支付税金的时候。我认识到，大家共同的职业目标就是把评估结果的误差控制在 10% 以内。如果误差过大，这种误差会影响到法律意义上的客观性；而如果误差过小，这种精确度甚至会引起怀疑。在我认真思考"有效市场假说"理论，即所谓可以依靠市场价格来准确反映公平和真实价值难以成立之前，实践早已使我不再相信单一且可以被证实的公允或真实价值。[1]

---

[1]　For rigorous, analytical assaults on the Efficient Market Hypothesis that cover thirty years, see S.J.Grossman and J.Stiglitz, On the Impossibility of Informationally Efficient Markets, *American Economic Review*, 70(3) (1980), pp.393—408 and H.Pesaran, Predictability of Asset Returns and the Efficient Market Hypothesis, in A.Ullah and D.E.Giles (eds.), *Handbook of Empirical Economics and Finance* (Boca Raton, FL: Chapman and Hall/CRC, 2010), pp.281—312.

很幸运，我在职业生涯初期就开始以怀疑的态度来看待这些所谓的"基本原则"——现代金融理论和新古典经济学等类似理论的核心元素。这些"基本原则"持有两个令人怀疑的发展方向。在金融资产方面，价值的"锚点"围绕着价格波动这一假设本身就是一个问题，所谓"锚点"取决于各自并不一致的判断和预测。同样的问题也存在于那些所谓实体经济的实物资产上，而且如果这些资产是基于一些创新的产品或服务，那么误差可能更大。

当然，从个案上来说，相对连续并且可预测的，或者完全无法掌握的，各种情况都有。一个极端情况是，在 1970 年，美国电话电报公司（AT&T）扮演合法垄断者的角色，控制着一项不可缺少的服务的发展步伐和新技术的推广进度。由于其收入和现金流都一直平稳增长，该公司完全能够预测他可以从新投资中获得的收益，其股东则可以依据公认的、严格执行的股利支付政策来预测他们能够获得的利润。更有可能出现的一种情况是，大量的创业者在未知的或不可知的经济和金融市场冒险求生。

后来我在华平投资集团工作，我这样要求我的团队：你们可以试着建立一个新兴公司的财务模型，以便检验其逻辑上的一致性；但如果你们试图重复几次这样的计算就来确定预期收益率，那我是无法批准这笔交易的。这种模型的参数是如此随意、随性，基于未来预期的现金流的净现值可以随意调节产生。

我们要理解，在看似确定的、安全的交易中，一个被广泛应用的所谓"基本原则"其实只是并不确定的建构，这是非常重要的战略观点。从系统的角度来看，我们必须意识到，随着时间的推进，任何经济发展和成长过程都必将走向失败并带来损失。熊彼特提出的创造性破坏,只能在不断试错中推进。我们发现,透过幸存者的偏见和成功者的傲慢,经济进化似乎包含着达尔文自然选择过程的同样隐喻。毫无疑问,我们都是基于将未来收益、成本和一个期望价值与一个预计的资本成本相比较。熊彼特很清楚地指出,失败带来的损失具有不可避免的不确定性,而且这是资本主义运作方式的一个方法:

> 我们只需要设想这样一种情况,这个人是怎么想的……只有当他认为所有开车的人都有意愿改为开飞机出行时,才会有人考虑建立一个生产廉价飞机的新工厂。我们无法获知这项事业的全部重要因素……无论是预测失误还是风险,都远远超出我们可以认知的范围。①

20世纪70年代中期,所有这些似乎都与专业研究业务无关。这在今天是难以想象的,在埃伯斯塔特这样的投资银行,养了大量像我这样的人。虽然我那时是一个实习生,后来成为正式员工和一名投资银行家,我依然坚持撰写文章或发表演讲,始终关注越来越令人担忧的国内和国际政治经济。特别是在1973~1974年的那个冬天,当华尔街普遍将"水门事件"看作一个党派之争的政治事件时,我就其经济后果写了大量文章和发表演讲。我的论点是,尼克松丧失权力将使政府没有能力承担政府的担保责任,由此发生了第一次石油危机所产生的金融和

---

① J.A.Schumpeter, *Business Cycles: A Theoretical*, *Historical and Statistical Analysis of the Capitalist Process* (London: McGraw-Hill, 1939), vol.1, p.100.

经济危机。这是在 1931 年就已经出现过的政府与市场之间的经济博弈,我在剑桥的时候对这个博弈进行了深入的研究,我的见解是,现在这个情形又出现了。如果这次只是一个影子或者只是警告,那么这种先兆最终变成现实已有先例,它一定会在未来再次呈现。当被指掌控国家的人丧失权力时,金融资本主义市场的参与者对这个市场的信心就会削弱:2008 年秋天,我们又一次接受了这个教训。

1975 年前后,我在这个领域的研究引起了艾德·吉尔斯(Ed Giles)的注意。他请我定期就政治经济发表研究报告并出版发行,作为公司送给机构客户的礼物。用这种"走偏门"的形式,我得以有机会与公司里"那些聪明的家伙"合作,因为我早前从事的投资银行业务已经逐渐衰败。一直到 1970 年我们拆分这家公司之前,我与研究团队主要成员之间的合作日益紧密,共同发掘能够产生投资银行业务的机会。公司拆分之后,我还和吉尔斯、沙利文一起为新公司开发新的商业模式而努力。

我们在新埃伯斯塔特公司创立了许多新的业务,其中最具经济意义的是我们称为"获得风险投资之后再次面向机构定向增发"的业务,即把新兴企业还未上市的股票卖给机构投资者。事实证明,这项业务非常成功,而首次公开募股的市场状况却很糟糕。理解市场的这个变化非常重要。上市公司股权市场为投资者提供充足的流动性,使得投资者可以通过把股份重新出售到市场上来纠正其投资失误。但是,任何市场的流动性都是非常不稳定的和脆弱的。它们随时面临两种不同的威胁:市场的偏见、鱼龙混杂的股票质量。这些都被认为是交易的重要风险。

如果市场观点严重片面,而投资者也一致认为已发售的股份或整个市场都只会朝着一个方向发展——这种情况会导致经济泡沫或市场危机,那么投资者必须要支付的溢价或能够拿到的折扣都会很大。在市场极端恐慌的情况下,就像 2008 年秋天,折扣可能会变得无限大。就像凯恩斯在《通论》中写道的:"最好我们能够知道未来的情况。但是,如果不能的话,观点应该有所分歧,这一点很重要。"①恰恰因为没有人能够确切地知道,所谓基于真实信息的真正价值是多少,所以如那些持不同观点的人所要求的那样,市场就有了流动性,买方和卖方自然也给出了符合他们不同观点的价格。因此,从一个基础层面来理解,正是不确定性解释了为什么金融市场存在于现实之中。

而关于第二种威胁,也是多次重现,即各种类型的证券包括政府债务违约,此时都被认为具有极大的交易风险。其中与我自己的职业和创新经济发展联系最紧密的是,某些时期新公司的普通股被认为不适合进入公开市场。一般来说,如果人们对感知到的风险非常抵触,也就是熊市占主导时,首次公开募股的窗口就会关闭。1973 年石油危机之后的市场情况就是如此,这种情况一直延续到 20 世纪 70 年代后期。在那些年里,虽然拥有风险投资背书的公司很多,但能够成功上市的依然极少。仅有的几家公司都是大名如雷贯耳的:克雷研究公司(Cray Research,1976)②、天腾电脑公司(Tandem Computers,1977)③和联邦快

---

① Keynes, *General Theory* (1936), p.172.

② 克雷研究公司(Cray Research Inc.)是西摩·克雷(Seymour Cray)在 1972 年以自己名字命名的公司。这家公司的第一个产品,Cray-1 超级计算机,成为当时速度最快的计算机。该公司至今依然是超级计算机领域的领军企业。——译者注

③ 天腾电脑公司(Tandem Computers)是由包括来自惠普的工程师詹姆斯·特雷比格(James Treybig)在内的一群人于 1974 年创立的,是最早从事容错服务器制造的厂商,它的创新架构称为 Nonstop(无停止),1997 年它被康柏公司收购。由于康柏公司在 2002 年又被惠普公司收购,天腾电脑公司等于回到了老东家。——译者注

递公司(Federal Express,1978)。

大概在同一时期,我们在埃伯斯塔特公司发现,我们可以募集一定规模的资金——以 1980 年美元计价的 1 亿美元,其价值是现在的 2.5 倍,用于投资那些在正常情况下可以上市的新兴企业。1980 年,我现在所在的华平投资公司募集了第一个 1 亿美元规模的风险投资基金,当时通过传统首次公开募股取得的收益仅达到 1 000 万美元。而这些钱可都是真金白银啊,而且这项业务的基础是埃伯斯塔特公司与我们最优质的机构客户所建立的相互信任的关系:从州立农业保险公司到美国各地的私人投资咨询公司,从瑞士银行的高端私人银行客户到日内瓦私人银行协会的成员,再到苏格兰投资信托公司。反过来,这些关系反映了潜在的经济利己主义:由于这些投资者对我们公司的整体收入如此重要,它们知道,我们无法承受给它们带来亏损的严重后果。

"获得风险投资之后,再次面向机构定向增发"业务,其发展情况动态体现了股票发行市场的均衡。一方面,通过投资一个公司,我们可以证明该公司接受风险投资之后的情况。作为一个营利性公司,该公司正在通过业务运营产生或即将产生正现金流。我们推荐客户购买的股票充分说明了这一点:相对于表现平平的普通股,风险投资家通常更愿意拥有无限发展潜力的原始股。当然,这种交易方式对创业者和发行人的风险投资支持者都很有吸引力。另一方面,我们客户支付的价格反映了当时资金的不足和流动性的缺乏。

我们早期的一个成功案例是一家名为"国际医学工程与设计"(International Medical Engineering and Design,IMED)的医疗设备公司,该公司在基于计算机的静脉注射泵领域占据领导地位,这种基于计算机的注射泵可以精确控制流体和药物的静脉注射。当我们将股份出售给客户时，这家公司年收入已经达到 3 500 万美元并且仍然以每年 30% 的速度增长，与此同时，这家公司还拥有超过 20% 的营业利润率。我们评估这家公司的价值为 5 000 万美元，在市场条件稍好的情况下，这个价值可能只是一家同类上市公司市值的一半或更少。仅仅两年以后，华纳·兰伯特制药公司（Warner-Lambert）就以 4.65 亿美元的现金买下了它。

埃伯斯塔特的"获得风险投资之后再次面向机构定向增发"业务，后来被市场追随者争相效仿。2010 年之后情况尤为明显，其中最显著的实例就是，其充斥在消费互联网领域，这个领域的多数公司为私募股权基金所持有。被动投资者购买的未经美国证券交易委员会注册的二级市场股票，同我们 30 多年前的创新在一段时间内是相似的。其中一个显而易见的联系就是，缺少活跃的首次公开募股市场。而最基本的差别就在于估价：这些股票的购买者都在支付溢价，就好像他们相信这些股票一定会上市，从而拥有较好的市场流动性，而这种流动性只能由公开股票交易市场来提供。这些定向增发的购买者未必会收获不好的结果，但如果结果真不是那么好，那也不足为奇。我从老华尔街获得的实习经验是，当我们拥有流动性的时候，避免失误是可能的，虽然必须要承担一定的损失。当流动性缺乏的时候，无论是出于合同或法律原因，还是由于市场条件向不利的方向发展，重新获得流动性是一项艰辛的工作，用《神曲》（The Divine Comedy）中的人物维吉尔（Virgil）的话来说，"就像到地狱转了一圈"。对此，我是深有体会的，虽然那时我还只是一名实习生。

2

计算机的发明

　　最初在埃伯斯塔特公司实习时，我在作为一名政治经济学家的同时，也在努力学习成为一名投资银行家。就在那个时期，我注意到了计算机。换句话说，我对计算机如何兴起非常感兴趣。计算机的发明是"第二次世界大战"之后黄金时代的一个意想不到的成果。从 1973 年秋天开始，受赎罪日战争（Yom Kippur War）[①]所引发的石油禁运和能源危机的影响，政治和市场进程都被打断，这种影响在美国尤为显著。理解创新经济在艰难的金融市场如何运行既是挑战，又很有必要。

　　到 20 世纪 70 年代，萨缪尔森新古典综合学派的宏观经济学被普遍误解为凯恩斯主义的延续，大家很自然地把它同"大政府"主义的经

---

　　① 1972 年，叙利亚和埃及发动了针对以色列的"赎罪日战争"（Yom Kippur War），当时的油价按照现在的美元购买力来计算，大约折合每桶 3.50 美元。美国等西方国家对以色列表示支持，而欧佩克则第一次通过石油禁运和大幅减产来对抗这些支持以色列的国家，因此石油价格急速上扬。截至 1974 年底，价格涨至每桶 12 美元。——译者注

济政策框架联系在一起。基于在哈佛大学的研究成果以及数据资源有限公司(Data Resources, Inc., DRI)支持建构的美国经济模型,奥托·埃克斯坦(Otto Eckstein)在这一领域起到了先导作用。这个模型可以同迈克尔·埃文斯(Michael Evans)的大通计量经济研究所(Chase Econometrics Institute)以及劳伦斯·克莱因(Lawrence Klein)的"沃顿模型"相媲美。每个大型中央银行都有自己的模型,财政部也是如此。这些模型都来源于简·丁伯根(Jan Tinbergen)的学术研究,他因其研究成果而赢得了诺贝尔经济学奖。这些模型都试图采用统计学方法来解释不同变量之间的一致性,也都利用不同时间序列之间的相互关系来试图建立系统行为的可预测模式。

从20世纪30年代末计量经济学的产生开始,凯恩斯就对其整套程序提出了异议,尽管他此前曾拥护国民收入统计学的发展,而这些模型实际上就是由这些统计数字所构成的。[①] 丁伯根为自己所研究的计量经济学的应用价值辩解道:

> 方程组的建立迫使我们清楚阐明经济生活各个范畴的假设,并用统计学来检验这些假设。一旦阐明,该系统就能使我们明确区分各种各样的问题变量,而且还能得出明晰的结论。原则上,我们可以清晰定位观点的差异;例如,我们可以找到

---

① R.Frydman and M.Goldberg correctly point out that Keynes's critique was shared by F.A. Hayek, R.Frydman and M.Goldberg, *Beyond Mechanical Markets: Asset Price Swings, Risk, and the Role of the State* (Princeton University Press, 2011), p.250.

产生差异的基本方程式。理论与现实之间的差异也可以衡量。①

作为回应,凯恩斯指出了若干技术问题,他认为这些问题阻挡了我们试图从统计相关性里得出因果关系的努力。然后,他又将视角转向更为核心的结构性问题:行为关系在不同时期的不稳定性。该问题从最根本的层面上否定了丁伯根的研究,并且使计量经济学最终无法服务于丁伯根所谓的第二个目的:检验可供选择的经济理论的有效性。50年后,匹萨任(Pesaran)和史密斯(Smith)评价丁伯根和凯恩斯之间的论辩如下:

> 既然没有既定的原因来使人们相信,经济关系会随时间的推移稳定下来,而且估计方程也容易受结构变化的影响,人们就只能同意凯恩斯的观点,即在逻辑层面上,计量经济学推论与其他形式的推论一样,是经不起推敲的。②

在实践中,凯恩斯自己也曾强调,当面对不确定性时:

> 一般来说,我们心照不宣地同意采用惯例。惯例的本

① J. Tinbergen, *An Econometric Approach to Business Cycle Problems* (Paris: Herman & Cie, 1937), p.73, cited in H. Pesaran and R. Smith, Keynes on Econometrics, in T. Lawson and H. Pesaran (eds.), *Keynes Economics: Methodological Issues* (London: Croom Helm, 1985), p.136.

② J. Tinbergen, *An Econometric Approach to Business Cycle Problems* (Paris: Herman & Cie, 1937), p.147.

质……在于假定目前的形势将会无限期持续下去,但我们到目前为止已有明确的理由来期待改变。①

在凯恩斯之前大约 150 年,大卫·休谟(David Hume)就宣称,在"正常"年代,对持续性惯例的依赖为行为关系的那种显而易见的稳定性奠定了基础,虽然在激烈的制度转变时期,如经济泡沫或金融危机时期,我们可以观察到凯恩斯所说的这种基础的"不稳定性"(precariousness)。② 因此,匹萨任和史密斯得出结论:"这并不意味着计量经济学是没有用的。"事实上,正是计量经济学模型"在做出决策和制定政策时的非常实用的有效性",才使它们在战后几十年里得到不断发展。③

但是,在 1973~1974 年的冬天,凯恩斯对"结构性的稳定性承诺"的持续攻击,终于有人产生了共鸣。④ 因为能源危机将这些模型的所有关键变量——利率、通货膨胀率、失业率和汇率——从 25 年来一直观察的那些范围里偏离出去了,汇率是随着布雷顿森林国际金融体系的解体而产生的,所谓的国民经济数据,收集的无非就是这些范围的数据。而那些从这一时期的数据所定义出来的函数关系则成为空中楼阁,这些函数关系构成了这些模型的本质,但它们却与实际观察到的结果相背离。

① J.M.Keynes, *The General Theory of Employment, Interest and Money*, in E.Johnson and D. Moggridge (eds.), *The Collected Writings of John Maynard Keynes*, vol.7 (Cambridge University Press and Macmillan for the Royal Economic Society, 1976[1936]), p.152 (emphasis in original).

② D.Hume, *An Enquiry Concerning Human Understanding* (Oxford University Press, 2007[1777]), pp.4.19, 4.21.

③ Pesaran and Smith, *Keynes on Econometrics*, p.137.

④ Keynes, *General Theory*, p.146.

在我为埃伯斯塔特公司的机构客户撰写的一系列论文中，我将此定义为"数据库问题"。计量经济模型所反映的经济统计数据应该步步紧趋地模拟代理人与机构客户、库存与现金流、货物与服务、货币与信用之间潜在的复杂网络，并不断予以更新。但是，自 1973 年以来，世界经济就被这些模型排斥在外，我们似乎存在于数据库之外。一旦自变量被移动到一个之前从来没有观察过的水平上，那么无论给定的因变量与可能相关的自变量之间的关系是否依然不变，得出的结果肯定是漏洞百出。就此再也别提计量经济模型在经济学中的地位了，它们已经彻底失去了原先被寄予的厚望，它们无法胜任作为预测政治经济现象的实用工具。

基于中介的模拟模型

我一直坚持寻找能够评估全球经济不稳定性的替代工具，这促使我在 1975 年来到马萨诸塞州东剑桥肯德尔广场旁边的仓库。在那里，我找到了一群学术"难民"，他们的领军人物之一是名为纳撒尼尔·马斯（Nathaniel Mass）的年轻学者。他们曾经是杰·弗莱思特（Jay Forrester）的学生，弗莱思特的成名最初源自其领导了麻省理工学院的开创性的"旋风"（Whirlwind）计算机项目。后来，他又开发了一种方法来表现复杂系统的行为，这种方法既能捕捉到放大最初运动的积极反馈效果，又能捕捉到抑制这些运动的消极反馈效果。

20 世纪 60 年代末，弗莱思特与德内拉·米都斯（Donella Meadows）、丹尼斯·米都斯（Dennis Meadows）等人合作，将其系统动力学应用于经济系统,这个合作的成果就是并不受好评而且可以说是完全失败的《增长的极限:罗马俱乐部关于人类困境项目的研究报告》。[①] 弗莱思特的设计思路是,结合能够表现系统行为模式的简约模型来呈现复杂的系统,并且以工程师的行事方法来实施这个项目。但是,应用于《增长的极限》中的系统行为科学模型太过简单,并且缺乏价格机制。其实他们没有考虑资源需求量的增加、人口增长和日益上涨的收入,因为消费增长和供应增加提供的价格信号,会促使需求转向其他替代商品,或者更多投资转向替代商品的生产也会导致供应增加。因此,不一定会导致资源匮乏。

这个团队的年轻成员们遭到了来自不同派别的经济学家的攻击,他们也被上了真正的一课。现在,脱胎于麻省理工学院的经济工程系开始由下到上、一点一点地建构一个国家经济模型,将金融机构的价格机制和行为数据都囊括进来。其目标是,通过追踪金融机构的集体行为来模拟货币经济行为。此外,他们依据能够观察的数据、能够控制的器具和其自身限制性条件,对这些机构进行了切实的描述。这一做法区别于新古典经济学的还原论,因而显得更具吸引力。这就是人们现在熟知的基于中介的模型的雏形:这是一个全面的替代方法,能够帮助我们理解市场经济的发展历程。[②]

当我知道马斯和他的同事正在致力于推进这个项目时,一个非常

① D.H.Meadows, D.L.Meadows, J.Randers and W.W.Behrens Ⅲ, *The Limits to Growth: A Report for the Club of Rome's Project on the Predicament of Mankind* (New York: Universe Books, 1974).

② J. M. Epstein, *Generative Social Science: Studies in Agent-Based Computational Modeling* (Princeton University Press, 2006) and J.D.Farmer and D.Foley, The Economy Needs Agent-Based Modeling, *Nature*, 460 (2009), 685—686.

宏大的想法在我脑海中浮现出来。我意识到,计算机的数据处理能力远远大于他们,无论是运算、统计分析还是批量数据处理能力。计算机可以起到模拟引擎的作用,分析解决人工计算无法解决的复杂问题,也可以表现出人工计算所无法表现的复杂的系统行为。我的第一个反应就是,我要促成他们与系统动力学国家建模项目团队建立密切合作,并且我还要促使这个项目的成员,从主要关注生产要素转向更为关注金融市场和政府行为。

1977 年春,我试图为我们的客户展示基于金融中介的模型与基于系统相关性的计量经济模型之间的区别。计量经济学衍生出了预测模型,该模型能够准确预测经济和金融变量。但是,前几年的经验表明,当经济状况不稳定时,这样的工具很不可靠。相反,麻省理工学院基于中介的模拟项目却是一种崭新的探索,该模型清晰的微观结构可能会使我们在未来的金融机构行为中,追踪到那些非线性、不均衡的结果。

确实,相比于预测模型,基于金融中介的模型无法立即投入使用,但我们却有机会追随个人行为和系统性突发现象,从这一点来讲,这个模型是新颖又有吸引力的。在我看到这一愿景的 30 年之后,多因·法默(Doyne Farmer)和邓肯·福利(Duncan Foley)也表达了同样的想法:

> 要理解这个模型的好处,我们可以将其与气候模型进行比较。我们要将其与气候而非天气比较,因为我们认为,要想使这种模型应用于短期预报,可能还需很长的路要走(虽然这并非不可能)。我们认为,这种模型的主要用途将是构建经济气候的模型:例如,当经济处于商业周期的某个特定点时,中

央银行的哪些行动是有效的？[1]

我希望基于中介的模型可以发展成为一个成熟的研究方法，但这一希望在经济学界遭遇了挫败，虽然该模型在流行病学和气候研究领域十分流行。最近，由于人们——无论是宏观经济学界圈内人士还是圈外人士——对宏观经济学理论极其不满，因此这一模型又引起了经济学界的注意。宏观经济学界在学术上遭遇失败，是因为没有考虑这样一种可能性，即金融资本主义的过度行为可能会冻结市场经济。[2] 让我们回到 20 世纪 70 年代，马斯（Mass）及其团队将他们的项目从麻省理工学院独立出来，贸然将他们的模型作为一种宏观经济预测工具来加以运用，他们的结局是完全在预料之中的：推行一种优秀方法与打动潜在客户完全是两回事，因为这些客户的评价标准仅仅是该模型在预测短期国内生产总值和市场利率等变量方面的准确性。

麻省理工学院系统动力学应用于国家经济模型的失败，并没有阻挡我学习和掌握更多计算机应用知识的决心。我尽可能地去学习相关学科的知识，包括半导体物理学、数字逻辑和软件工程及相关的商业活动，我不仅关注 IBM 这样的庞然大物，也关注波士顿西北方向 128 号公路附近帕洛阿尔托南部土豆种植区。[3]

在这个过程中，我发现了一段历史，这段历史在当时是鲜活的，但

---

[1] Farmer and Foley, The Economy Needs Agent-Based Modeling, p.686.

[2] See, for example, the discussion of the work of Giovanni Dosi and colleagues in Chapter 12 of this book.

[3] 帕洛阿尔托是美国加利福尼亚州的一个城市，距离旧金山 50 公里左右，斯坦福大学即位于此。这里也是闻名世界的"硅谷"，PayPal、谷歌、脸谱（facebook）等科技公司都在这里孕育诞生。——译者注

现在早已被遗忘。该历史可能反映了在美国政府（或，事实上，任何一个其他政府）与市场经济之间的博弈史上最富有成效的合作。了解美国政府对基础科学和相关技术的空前投资是如何促进计算机和数字技术的诞生，也就掌握了数字经济的全部真谛。当然，你也得了解风险投资行业，这主要是指专注于信息技术的风险投资行业是如何产生的。其次，你还得了解风险投资和金融市场如何合作，从而在过去几十年里成功打造出数字经济。

政府在科学和技术领域的投资

第二次世界大战期间，美国效仿英国，动员科技力量来为战争服务。除了投资开发和获得先进技术产品——比如雷达和原子弹等——之外，美国政府还投资可以带来技术创新的科学研究基础设施。战争结束以后，曾效命于罗斯福总统的万尼瓦尔·布什（Vannevar Bush）——美国科学研究与发展局的创立者和前局长——给杜鲁门总统递交了一份计划书，要求继续投资一个公共基金，用于在科学领域"无尽的前沿"上的投资，布什论述道：

> 政府应当承担起新的责任，趁我们这个国家还年轻并且生机勃勃。我们要促进新的科学知识的传播与科学智力的开发。这些责任是政府应当关注的领域，因为它们深切影响到我们的健康、工作和国家安全。政府应当鼓励开拓新的领域，这是一种现代的发展方向，也符合美国的基本国策。多年以

来,美国政府很明智地支持农业学院的研究工作,而且成果显著。现在,我们应当开始支持其他领域的发展。①

布什明确主张投资基础研究,认为这是"能够促进知识的实际应用而必须提供的'科学资本'"②;他还认为,应该将科学研究的成果广泛应用于工业,甚至应用于更为广泛的民用领域。

由于人们一直在争论政治参与的程度和方式,布什对国家投资基础科学这一长期项目的设想一直拖了5年没有实现。公共部门这一几乎真空的领域被企业性质的法定机构所控制,这本应是由国家科学研究与发展局所掌管的领域。新成立的原子能委员会承担了原子能研究工作;国家卫生研究院拓展了其名称的内涵,接管了美国科学研究与发展局对生命科学研究的项目资助;海军研究院成了新成立的国防部的先锋队,支持微电子与数字计算方面一揽子科学和技术项目的开发。1950年,朝鲜战争的爆发最终促成了国家科学基金会的成立,该基金会是布什所设想的网罗一切的国家研究基金会一个相对折中的形式。③

国家科学基金会在政府授权下开展广泛的自然科学与社会科学研究,但海军研究院办公室仍然还在支持微电子与数字技术领域的研究,

①　V.Bush, *Science, the Endless Frontier: A Report to the President on a Program for Postwar Scientific Research* (Washington, DC: US Office of Scientific Research and Development, 1960[1945]), pp. 8-9.

②　V.Bush, *Science, the Endless Frontier: A Report to the President on a Program for Postwar Scientific Research* (Washington, DC: US Office of Scientific Research and Development, 1960[1945]), p. 9.

③　For a thorough analysis of the competing priorities, rationales and policy entrepreneurs out of which the Cold War consensus emerged, see D.M.Hart, *Forged Consensus: Science, Technology and Economic Policy in the United States, 1921-1953* (Princeton University Press, 1998), pp.145-205.

国家科学基金会对基础研究的投入促成了大量信息技术创新成果从国防部涌现出来。来自苏联的威胁在 1945 年已经形成,在 1950 年的越南战争和 1957 年苏联成功发射人造卫星之后,这种威胁似乎更为强大。在此背景下,美国军队致力于重塑其在战时的角色,即作为信息技术研究的主要资金提供者和信息技术产品的主要消费者。[①] 确实,使国防部各种各样的下属部门成为信息数字技术的主要购买者比国家直接投资更为有效,因为前者既为产品生产提供了相当规模的实质性投资,又通过要求提供第二供应来源和专利技术交互使用,鼓励研究机构分享专利技术。[②]

基拉·法布里奇奥(Kira Fabrizio)和大卫·莫厄里(David Mowery)是这样总结联邦政策基本要素的:

> 信息技术行业在 1945 年几乎还不存在,却在战后成为联邦政府研究与开发及国防采购的重点。此外,这些研究与开发项目和采购项目的方式对相关国防和民用设施技术的开发速度及从事这些技术开发的行业产生了巨大的影响。[③]

---

① The role of the Cold War in legitimizing novel state interventions is evident in the names of two signal acts of legislation that passed during the Eisenhower administration with overwhelming bipartisan support: the National Interstate and Defense Highways Act (1956) and the National Defense Education Act (1958).

② D.C.Mowery andN.Rosenberg, *Technology and the Pursuit of Economic Growth* (Cambridge University Press,1989),pp.126－128,143－146.

③ K.R.Fabrizio and D.C.Mowery,The Federal Role in Financing Major Innovations: Information Technology During the Postwar Period, in N.R.Lamoreaux and K.L.Sokoloff (eds.), *Financing Innovation in the United States*, 1870 to the Present (Cambridge,MA:MIT Press,2007),p.283.

这个领域的资金投入的规模是非常可观的：从 1953 年到 1978 年，联邦政府对信息技术的投入占国家研究与开发支出 50% 以上，超过了其他所有经济合作与发展组织（OECD）国家在这个领域的投入总和。[①]正如我在华平投资的合作伙伴亨利·克雷塞尔在回忆录中描述自己在 1960 年前后加入美国无线电公司萨尔诺夫实验室（Sarnoff Laboratory）下属数字研究公司时所描述的："早些年时那些真正有远见的人，都在后来的美国国防部门参与数字研究计划项目。"[②]

20 世纪 80 年代的计算机产业

到 1980 年，计算机行业已进入稳步发展时期。IBM 控制着整个行业的商业数据处理工作。"七个小矮人"[③]即 BUNCH，包括巴勒斯公司（Burroughs）、通用自动计算机公司（Universal Automatic Computer，Univac）、美国计算机服务公司（National Computer Services，NCR）、数据控制公司（Control Data company，CPC）和霍尼韦尔公司（Honeywell），此外还有美国通用电气公司和美国无线电公司的电脑部，它们都明白，IBM 不仅仅是一个竞争对手，IBM 定义并管理着它们赖以生存的环境。那

---

① K.R.Fabrizio and D.C.Mowery, The Federal Role in Financing Major Innovations: Information Technology During the Postwar Period, in N.R.Lamoreaux and K.L.Sokoloff (eds.), *Financing Innovation in the United States*, *1870 to the Present* (Cambridge, MA: MIT Press, 2007), p.283.Mowery and Rosenberg, *Technology and Economic Growth*, p.125.

② H.Kressel, *Competing for the Future: How Digital Innovations are Changing the World* (Cambridge University Press, 2007), p.13.

③ 在 20 世纪 50 年代末至 70 年代，IBM 凭借其 360 系列大型机占据了美国大型机行业的 70% 份额，美国媒体把这个行业现象称为"一个蓝色巨人"和"七个小矮人"。——译者注

时数字设备公司（Digital Equipment Corporation，DEC）①是小型计算机行业的领军企业。在这个行业的发展高峰时期，约有 200 家公司致力于为各种各样的小公司和大公司分支机构提供生产管理和财务报表软件。

所有的计算机公司都呈现出纵向一体化，即核心的处理引擎是依据专利设计而建造的，而专利操作系统及经常与之捆绑在一起的应用软件和外围设备都是在这个专利设计体系中运行的。这样做的目的就是，要为客户管理复杂事务提供系统解决方案，因为客户的重要需求是持续的技术更新，而他们拥有的专业人员极其缺乏。但这样做的代价是，抑制创新和绑定客户。这种做法的利润空间很大，但它是不可能持续的。

计算机行业用了 20 年的时间，才从一个纵向集中的行业演变为一个横向多层次的、分布式的行业。行业的发展方向也呈现多样化，其中之一就是计算机辅助设计、生产管理和工程软件。从事这一领域的技术人员希望计算机能够稳定承担复杂的工程计算。与专业服务器联网的工程工作站成功挑战并战胜了小型计算机：太阳微系统公司（Sun Microsystems）打败了数字设备公司。尤为重要的一点是，竞争胜利者所采用的软件技术是开放标准。即使这些软件是由特定供应商定制的，但是这些软件供应商依然面临持续创新的压力，因为软件界面和接口是大家达成一致并且允许互相接入的。因此，不同软件供应商的产

---

① 数字设备公司（Digital Equipment Corporation）由肯尼斯·奥尔森（Kenneth Olsen）创立于 1957 年，它是仅次于 IBM 的全美最大的计算机制造公司之一。它认为，"每家每户都拥有一台电脑是不可能的"。该公司于 1998 年被康柏公司以 96 亿美元收购。

品可以整合为一个工作系统。

Unix 操作系统是美国电话电报公司（AT&T）的贝尔实验室开发出来的，但美国司法部在 1956 年与其签署反垄断和解协议之后，AT&T 公司同意不参与新兴商业计算机市场的竞争，不销售与计算机有关的任何产品，以免司法部起诉它违反《反垄断法》，那么全世界就都有权使用 Unix 操作系统了。以太网络协议是由施乐公司的帕洛阿尔托研究中心研发出来的，并在数字设备公司和英特尔公司的支持下成功发展为一个开放标准，与 IBM 的专利产品形成竞争。这些使用开放标准的新玩家所获得的利润空间明显小于那些根基稳固的竞争者，但它们的发展前景是乐观的，而且它们的发展速度还在不断加快。

在一些技术应用利基市场，"客户端计算机"开始流行，这个目标市场的规模是由不同类别的工程师的"席位"数量来确定的。当该技术发展成熟，且多用途微型计算机能够匹敌和超越 IBM 大型计算机时，客户端—服务器计算机系统就会进入更大的商业市场，也就是 IBM 的传统领地。我不知道经历了多少晦涩深奥的学术训练，才有机会欣赏到经济和投资领域那些革命性的璀璨时刻。

从人工智能学到的真实体验

我对计算机的应用创新始终保持着浓厚的兴趣，这一兴趣引导我去接触人工智能那令人沮丧的前沿科学。1980 年前后，我在埃伯斯塔特公司工作时候的同事菲尔·梅耶（Phil Meyer），由于石油产业的繁荣，从电子行业跳槽到复杂的油田设备和供应行业。他发现，斯伦贝榭油田服务公司(Schlumberger)的主席珍·里布(Sean Riboud)聘请了斯坦福研究所的整个人工智能研究团队。菲尔认为,既然斯伦贝榭公司对人工智能感兴趣,那我们也理应如此。因此,菲尔千方百计地学习一切关于人工智能知识,他那股专注的干劲十足,如同他担任投资分析员的时候一样。里布的直接目的是显而易见的,斯伦贝榭公司最具盈利能力的核心业务就是通过安装在油井上的专利仪器来获取数据,使分析师能够估算出找到碳氢化合物的可能性,并评估潜在的可开采规模。这些数据都是由专家进行人工分析的,如果他们的部分工作能够实现自动化,那么分析过程中的效率和斯伦贝榭的利润都会有所增长。

菲尔认为,斯伦贝榭的项目预示了一个潜力更为巨大的市场,这一观点十分睿智。因此,他拖着我一起去探索广阔的人工智能学术领域和产业世界。麻省理工学院的人工智能实验室成立于 1970 年,由帕特·温斯顿(Pat Winston)管理,我们拜访的第一站就是这个实验室。我们选择从麻省理工学院开始是比较合理的,因为麻省理工学院很早就开始涉猎这一领域,而且我们已经与它的全球产业联盟计划建立了联系。但是,从事人工智能的研究机构非常广泛,包括众多学术型和产业型实验室,并且来自实验室前雇员创立的新兴企业数量也在不断增多。他们的项目包括初步的机器学习,学习的内容既涉及具体的物质世界,也涉及显然更为神秘的抽象世界。这些机构的研究重心几乎都放在用于特定领域辅助决策的"专家系统"软件项目上,包括从匹兹堡大学的医疗诊断到 BBN 技术公司 (BBN Technologies)[①]船舷推进管理

---

① 作者用的是公司以前名字:Bolt,Beranek and Newman Inc.。该公司于 1946 年由麻省理工学院的 2 位教授和 1 名学生共同创办并以 3 人名字命名,曾在 1978 年为美国众议院特别委员会调查肯尼迪遇刺事件,因提供声学技术分析而闻名世界。——译者注

系统等。这一领域的研究人员有自己选定的编程语言,即 LISP①,并要求工作站作相应调整以适应运行 LISP 语言,这为该行业增加了某种神秘的吸引力,并让人们对其更加神往。

一年多来,我们造访了所有的实验室和新兴企业。在这个过程中,我们既没有损失自己的钱,也没有损失客户的钱,这是因为我们遇到了西海岸的一位传奇人物。此前,我们不断听到消息说,他激烈批判智能研究项目,而且他在计算机科学领域非常权威。在霍华德·奥斯丁(Howard Austen)的建议下,他成为菲尔聘任的一名博学而可靠的顾问。一天傍晚,我推开了一栋位于帕洛阿尔托市佩基米尔路辅路上的不大且极普通建筑的大门。幸运的是,他们接纳了我,他们把我领到一间会议室。在那里,我见到了一个高个子、留着胡须的男子。他就是约翰·希利·布朗(John Seely Brown),人们通常称其为 JSB。他好像早就知道我要来拜访似的。那时候,JSB 是一名独立科学家,还不是施乐公司帕洛阿尔托研究中心(Xerox Palo Alto Research Center)的主任,但他却已经在整个信息技术领域享有盛名,无论是对信息技术的基础研究,还是针对应用的认识问题。在接下来的两个小时里,我们逐渐意识到我们在讨论什么问题,而且似乎找到了我们所讨论问题的答案。

JSB 与我达成共识,认为从语言的语法规律中获取语义信息——即"意义"——是不可能的。可以预期的是,专家系统只能复制最简单的智力行为,也就是那些符合明确规则的行为。相对而言,真正的专业知

---

① LISP 是一种通用高级计算机程序语言,名称源自列表处理(List Processing)的英语缩写,由来自麻省理工学院的人工智能研究先驱约翰·麦卡锡(John McCarthy)在 1958 年基于 λ 演算所创造,采用抽象数据列表与递归演算来衍生人工智能。——译者注

识就是,首先从一个喧闹的世界中感知有区别的信号模式,然后根据经验来解释这些信号模式。也就是说,意义是相对语境而言的,而阅读语境绝对是一生的事情。计算机能够追踪复杂系统中各个要素的演变过程,并估算不断扩充的数据集合之间的相互关系,这使得计算机在拓展人工智能应用范围方面越来越有用。但是,如果期望计算机自动化能够替代人工智能,那么这种期望注定是要落空的。

JSB 通过非正式途径让我进入帕洛阿尔托研究中心参观。在那里,我操作了"施乐之星"(Xerox Star),即第一台能够运行图形用户界面的个人电脑,这也是世界上第一台由鼠标控制的个人电脑。我还有机会扮演一只天真的豚鼠,凭直觉来操作"圣杯",即数码复印机,该复印机将使施乐公司的核心业务发生转变。在这个数码革命的前沿阵地,智能客户端电脑分布在各个网络之中,并且具备调用专用服务器的能力。

施乐公司学会如何从帕洛阿尔托研究中心在建筑、技术和数字系统的应用方面的卓越创新中获得回报,那是几年以后的事了。[①] 因为在复印机市场上,施乐公司的专利为其带来了丰厚的利润,这就意味着,任何新兴业务都无法与当前业务的收益状况相抗衡。所以,当总部拒绝提供资金将这些发明转换为有商业价值的创新时,公司就只能眼睁睁地看着企业家们离开去成立他们自己的创业企业。这一实例有力诠释了创新者窘境:降低一个拥有资金盈余的公司的盈利能力,用这些现

---

① For the history of Xerox's failure to exploit PARCs innovations, see D.K.Smith and R.C.Alexander, *Fumbling the Future: How Xerox Invented, then Ignored, the First Personal Computer* (San Jose, CA: Excel, 1999).

金去资助那些科研基金以及新兴项目在商业上的创新。[①]　对于华平投资来说,此时正是我们介入的最佳时机,我们就是从这种创新者的无力感中获得巨大的利润。10 多年之后,这些创业企业甚至可以挑战 IBM 最具垄断利润的核心业务。而施乐公司最终只能通过持有衍生业务风险投资基金的少量股权,从帕洛阿尔托研究中心的创新中获得部分收益。

　　1983 年 3 月,埃伯斯塔特公司赞助了一个在麻省理工学院召开的关于人工智能的学术研讨会。我的其中一项任务就是说服 JSB 参加。研讨会上,我承诺 JSB,可以保留他对该行业的怀疑态度。在这次讨论会上,他发表了关于人工智能高端和低端这两个发展方向的演讲,至今仍让我记忆犹新。高端路径就是使计算机能够像人类一样思考。如果这个高端路径失败了,正如 JSB 所预料到的那样,我们依然可以通过不断提升人机交互方式这一低端路径来获得利润。3 年之后,德雷福斯兄弟(Dreyfus Brothers)出版了《心智超越机器》(*Mind over Machine*)一书,声称这是第一代人工智能研究的最终成果。[②]

　　我在帕洛阿尔托研究中心学到了关于信息技术的最为前沿的创新知识。20 多年以后,要想验证我们最初的人工智能研究方向是否正确,或许并不是一个明智的决定。我们为此付出了极大的代价。正如 JSB 所预想的,在人工智能上"浪费"掉的努力,将有助于在未来 30 年甚至更长的时间内,将计算机技术融入人类的工作和社会生活中。当 JSB 介绍我和保罗·里奇(Paul Ricci)认识时,保罗·里奇还是帕洛阿尔托

---

　　①　The canonical text on the subject is C.Christiansen, *The Innovators Dilemma*: *When New Technologies Cause Great Companies to Fail* (Cambridge, MA: Harvard University Press, 1997).

　　②　H.Dreyfus and S.E.Dreyfus, *Mind over Machine* (New York: The Free Press, 1986).

研究中心的一名年轻的成员。2000 年 9 月,他离开了施乐公司。那时,他已经担任施乐集团营销副总裁,即将成为施乐投资的一个子公司——扫描软件有限公司(Scansoft Inc.)——的首席执行官。扫描软件公司拥有施乐的光学字符识别技术,也就是将纸质文本扫描成数字格式,因此,该公司正努力扩大盈利规模,并试图成为一家独立上市公司。保罗加入之后,成功帮助公司从经营业务中产生了正现金流,虽然发展得并不是很快,但逐渐夯实了公司发展的基础。在那时,他就认为发展自动语音识别技术的时机已经成熟,虽然这项技术要达到商业成熟,似乎还需要 10 年的努力。

　　自动语音识别是人工智能研究的一个领域,但按部就班的研究方法没能在该领域得出令人满意的结果。保罗的豪赌取得了巨大的成功,因为语音识别研究与开发工作正致力于使用更强大的计算机来分析和识别更为细微的相关性,并将日益成熟的统计技术应用到越来越庞大的数据分析中。换句话说,研究人员打破了语音识别的准则,即把计算机当作计算机来使用,而不是当作令人讨厌的、无法胜任的人类大脑模拟器。国防部和其他政府机构资助很多类似领域的研究,因此这项技术走向成功并不令人意外。①

　　2002 年,保罗第一次找到在华平投资工作的我,请我考虑支持他的项目。我带着学术兴趣听他叙述,并将我的怀疑克制到最低限度。但

---

　　①　The Defense Advanced Research Projects Agency (DARPA) remains an active funder of advanced speech recognition and natural language understanding through a number of programs, including Global Autonomous Language Exploitation (GALE), Multilingual Automatic Document Classification, Analysis and Translation (MADCAT), Robust Automatic Transcription of Speech (RATS), and the Spoken Language Communication and Translation System for Tactical Use (TRANSTAC). See "Our Work" on the DARPA website www.darpa.mil/our_work.

是，两年后，保罗已经实现了语音识别相关技术的突破；扫描软件公司语音识别的准确性也开始呈阶梯式增长，并从该技术的广泛应用中获得可观的收益。此外，保罗很清楚，商业成功的关键因素不仅仅是识别引擎的准确度，更重要的是客户满意度。保罗不像技术"怪杰"那样几十年都专注于技术，他意识到，要想把自动语音识别从实验室好奇心和科幻小说幻想转变为大规模的商业解决方案，就必须认真地把人类工程学系统纳入生产过程并控制产品质量。

2004年3月，华平投资收购了施乐公司对扫描软件公司的剩余全部股权，那时它的年收入是1亿多美元。在2011年公司收入逼近15亿美元时，我们接着投资了几个战略性收购项目。其中一个项目就是斯坦福研究院对这个领域的贡献，即纽昂斯通信公司（Nuance Commu-nications）①，这家公司比扫描软件公司更配得上语音识别领军企业的称号。因为纽昂斯在众多主要市场中占据了领导地位：移动设备的语音控制、企业客服中心自动化、通用听写或针对某些特定领域的应用，比如医学记录的听写。随着统计方法延伸至自动语音识别技术，纽昂斯开始用电脑控制自然语言理解，这不仅适用于数码转述，也适用于所有人际交往媒介。

---

① 纽昂斯通信公司（Nuance Communications, Inc. NASDAQ：NUAN）是一家语音及图像解决方案提供商，是全球最大的专业从事语音识别软件研发及销售的公司，背后支撑苹果Siri工作的语音识别技术便是由它提供；此外公司还研发多款图像软件、输入法软件等产品。该公司的服务范围包含自主语音呼叫查询、医疗诊断记录听写、语音在线搜索、语音导航等。——译者注

首次公开募股市场的回归

在 20 世纪 80 年代,从帕洛阿尔托研究中心到纽昂斯,在某个特定领域的纷繁复杂的一系列技术革新表明:在技术前沿领域,人类的探索通过间断性的转变而保持着某种连续性。早在我和保罗重逢之前,那时我还在埃伯斯塔特公司从事研究性投资银行工作,资本市场环境重大改变的第一个前兆在 1980 年秋悄然来到,那时候,基因泰克公司(Genentech)①和苹果公司的股票获得巨大成功,预示着首次公开募股缺席的状态结束了;而在首次公开募股缺失的市场中,我们的公司业务获得了长足发展。沃克尔(The Volcker)的信贷紧缩政策通过两位数的利率遏制了通货膨胀,但这一政策也推迟了市场的繁荣;但是,到 1982 年秋天,首次募股市场的繁荣已经成为贴在墙上的共识,或者说,相关消息已充斥着我们的耳朵。

此前一年,我们投资了雏菊系统公司(Daisy Systems)②,这家公司是基于计算机的电子工程软件的先驱。雏菊系统的领投人是一位杰出的风险投资家,他叫弗莱德·阿德勒(Fred Adler)。阿德勒拥有超乎常人的分析能力和明确的目标,他从贫穷的犹太人聚居的纽约布鲁克林

① 基因泰克公司(Genentech),全称为美国基因工程技术公司,由风险投资家罗伯特·斯万森(Robert A.Swanson)和 DNA 重组技术先驱赫伯特·玻意尔(Herbert Boyer)于 1976 创立,被认为是全球生物技术行业的创始者。1977 年,公司制造出荷尔蒙生长抑制素,之后取得了一系列里程碑式的创新。2009 年 3 月,瑞士罗氏制药集团出资约 468 亿美元全额收购了该公司。——译者注

② 雏菊系统公司(Daisy Systems Corporation)于 1981 年在加利福尼亚州山景城成立,是一家计算机辅助工程公司,被誉为电子设计自动化(Electronic Design Automation,EDA)行业的先驱。1988 年,该公司与其他公司合并之后更名,之后又连续被其他公司兼并收购。

区一路奋斗到哈佛大学法学院,再到纽约最好的爱尔兰天主教律师事务所工作。依托这样的背景,他致力于成为一名扭转企业经营形势的艺术家,他曾掌管一家女装折扣连锁店,后来开始执掌硅谷的半导体公司,并且这家公司得到了硅谷风险投资精英的投资支持。弗莱德办公室里的刺绣靠垫上写着他的座右铭,即"公司的幸福源自正的现金流"。

弗莱德在 1969 年迈出了决定性的一步,即成为一名风险投资家,通过调动资金来支持一名杰出的工程师——埃德·卡斯特罗(Ed de Castro)。卡斯特罗离开了数字设备公司,成立了数据通用公司(Data General)。数据通用公司是 20 世纪 60~70 年代涌现的小型计算机公司中的最优秀的公司之一。到 1980 年,弗莱德已经在纽约建立了一家资本充足的风险投资公司,该公司的投资从以色列延伸至硅谷。当我向他提议参与雏菊系统(Daisy Systems)第二轮定向增发时,雏菊系统已经是非常具有发展潜力的投资项目之一。我还特别建议使用和前一年几乎一样的估值水平,虽然那时已经有迹象表明,首次公开募股的窗口终将打开。我的理由是,回报我们的机构客户是安全的做法,这些客户是长期的股权投资者,他们了解这个公司,而且拥有该公司的股票。如果从这个角度来考虑,从假想的未来的首次公开募股中获得一定折扣是比较恰当的。但是,在 11 月一个寒冷的晚上,当我回家路过哥伦布圆环(Columbus Circle)时,我从投币电话里听到弗莱德告诉我,"桑迪·罗伯森刚刚告诉我,他会投资雏菊系统,条件是在詹韦的基础上加10%"。那时我就知道,这个行业的游戏规则已经改变了。

弗莱德和雏菊公司还是选择了埃伯斯塔特公司,虽然有人出价更高。但是,这个行业的游戏规则确实已经改变了。当首次公开募股的市场热度不断加温，甚至出现了投机过度时，机构和银行家似乎醒悟过来了。银行家在风险投资生态系统"四个骑士"——亚历克斯·布朗（Alex Brown）、汉布雷克特 & 奎斯特（Hambrecht & Quist）、罗伯逊·斯蒂芬斯［Robertson Stephens，桑迪·罗伯逊（Sandy Robertson）的公司］和罗斯柴尔德（Rothschild）、温特贝格 & 托宾（Unterberg & Towbin）——的引导下进行投资。即便是大型公司，如摩根士丹利和高盛，也都被新的业务机会吸引，它们投资公众股权市场上具有风险投资基金参股的信息技术和生物科技领域的领军企业。所有人都认为，将研究分析师与投资银行家结合在一起是取得业务成功和销售股票的方法。

在 15 年前还处于边缘的、几乎不受重视的业务，即将新公司的股份兜售给追求风险的投机性散户投资者，现在却成了最有价值的核心业务。我们在 20 世纪 70 年代末的创新，基于研究的投资银行业务也已经成为日常业务，就像心跳一样，尽管传统观念认为银行家是主要角色，他应该告诉分析师去做什么，以及往哪个方向发展。

到 1984 年，作为"卖方"市场的产物，专业投资研究的两个可能的发展方向显然是相互排斥的——要么商品化，要么被滥用。作为机构投资者的收益来源，专业投资研究向着商品化的方向发展。到 20 世纪 80 年代中期，机构大宗股票的佣金率已经从其之前的固定水平下跌了50% 以上，跌破了每股 10 美分（"一支舞 10 美分"），佣金真的是要跌到地板价了。由于无法从佣金交易中获得垄断补贴，证券公司研究经费无法支撑下去了：如果投资报告同时向其他人兜售，哪个机构还会买呢？用经济学家的行话来说，卖方研究的成果是非排他性、非竞争性的产品；一旦该产品公布出来，所有竞争者都在同时使用，因为研究报告无法获得版权或专利法所提供的保护。

那就不难理解，为什么佣金率一下跌，华尔街证券公司研究部门的人才就开始寻求能够将他们的知识转化为货币价值的领域。到 1980 年，计算机行业的两个最优秀的分析师也开始走这条路。吉迪恩·高德纳（Gideon Gartner）离开了奥本海默公司（Oppenheimer），开始从事他非常成功而知名的信息业务，为企业客户提供信息技术并购决策的咨询服务；而本·罗森（Ben Rosen）则离开了摩根士丹利，开始从事向特定客户寄送行业简报和举办行业会议业务，并在 20 世纪 80 年代与其他人合作，成立了非常成功的新型风险投资公司。

另一条路，也就是通往滥用的那条路，这条路早在互联网泡沫真相揭露前 15 年就已经十分清楚了。公司顾问业务给我们的一个启示就是，经济刺激确实威胁到了分析报告的客观性。除了担任埃伯斯塔特公司的董事长和研究主管，艾德·贾尔斯还是化学行业迄今为止最好的投资分析师。20 世纪 70 年代中期，他从地方信托部门聘请了一流的分析师。他们和一家名为"大力士"（Hercules）的化学公司建立了密切的关系，从中获益良多。有一天，这位杰出的分析师来到贾尔斯的办公室，告诉他，大力士化学公司业绩没有达到所预测的水平。于是，贾尔斯就把大力士化学公司的首席执行官找来，后者的回答是："艾德，别去管它。你是董事长，我也是董事长。会有人替我们操心业绩的事。"①

研究性投资银行业务中存在多种利益冲突。在第一次见到我们感兴趣的公司的管理层时，我们一般都会首先解释说，"我们不确定我们

---

① After 2000, the major banking firms' abuse of our innovative alignment of research analysts with investment bankers would become notorious during the dotcom/telecom bubble and result in the "Global Settlement", which established a regulatory wall between the two.

是否会向自己的机构客户提议投资你们的公司,其实我们自己也考虑和他们一起买入一些你们的股票,我们也会给公司提供兼并收购战略建议"。我们的确有意证明,我们比其他金融公司更了解他们的业务情况。我经常说:"利益冲突是存在的,也是难免的。孩子和成人的区别就是,成人知道怎样来处理冲突。"但是,或许并不意外的是,当风险在泡沫中急速增加时,很多资深的银行家和分析师都表现得像个孩子。但是,在那个时候,我们早就赢得了胜利,并且卖掉了我们的股份。

3

投资于未知

在埃伯斯塔特公司,我们在从这种双重灾难逃离到注定要失败的研究业务之前,曾尝试向上游业务转型,我们试图逐渐将我们的角色从投资银行业务转向风险投资业务。1981 年,我曾聘请杰克·莱斯索翰(Jack Lasersohn)加入我们的投资银行团队。杰克在耶鲁大学法学院读书时,成绩名列前茅。他还曾是斯温·摩尔·克雷弗斯(Cravath, Swaine & Moore)律师事务所的合伙人。但后来,他认为自己需要一份更具创业属性的事业,可即便是华尔街最负盛名的律师事务所,也无法为他提供这样一个机会。

杰克曾是耶鲁大学物理学本科生。他对计算机和数学计算十分着迷,决定以更直接的方式参与这个行业的发展。我们应市场的持续要求,建立了一个传统有限合伙企业,以便服务于那些希望在参与我们的定向增发业务时能够直接做出独立决策的客户。与此同时,杰克是负责风险资本投后管理的合伙人。作为公司管理合伙人,他不仅有权广泛接触各种风险机会,而且不完全局限于我们公司投资的范围。

我们业务重心的转移也并非完全出于自愿,我们作为投资银行家支持的每家公司也并非都运作得像 IMED 和雏菊系统公司那么好。出于我们向机构客户做出的承诺,当这个公司运作不良时,我们别无选择,只能进行干预。就像我经常对我们的投资者说的:"如果我们失去了其中一家公司,我就会出现在急诊室中,拇指放在颈动脉上,全身是血。"

在这种情况下,我们所面临的挑战是,突破目前受雇者的角色,以风险投资家的身份行事。这不是一项简单的任务,尤其是当我们出售的普通股和我们的客户买进的普通股都既没有优先权也没有董事会席位的时候。这时,我们与机构客户建立的关系为我们在这个关键时刻提供了必要的影响力。在我们开始创立自己的风险投资基金之前,我们的客户就已经拥有雄厚的财力,他们投入基金的数额已经远远超出了他们当初所承诺的数目,而且他们的财力超过了任何一个风险资本家,甚至超过了所有风险资本家财力的总和。当然在实际操作中,只有在我们的积极支持和推荐下,我们参与风险投资的企业才能获得这些基金的资金支持,这就使我们能够通过代理方式成为风险投资委托人。

所以,我学习风险投资业务的方法是绕到后门,而我担任的角色却是介于警官和垃圾清运工之间。到目前为止,在事业转型方面,对我影响最大的指导者是弗莱德·阿德勒(Fred Adler),他也是雏菊系统公司的主要投资者。当他以风险投资家的身份进行证券交易时,他能够将一项业务分割开来进行分析,并且仔细剖析各部分功能运作与其财务现金流之间的相互作用,这是一项非常杰出的才能。但他是出了名的难相处,他对待 CEO 们就像对待下属,对待下属就像对待垃圾。我曾经告诉他,他给我的最好称赞,就是他从来没有把我只是当做一名雇员。但是,也正是通过与弗莱德的两次合作,我才认识到,投资家必须承担的责任就是对企业经营业务真正负责。

贝塞斯达研究实验室

我们的第一次合作是贝塞斯达研究实验室(Bethesda Research Laboratory,BRL)①。这个实验室在世界上最早生产出了酶,以及那些活跃在分子生物学与基因工程技术初期领域的人所需要的其他生物制品。埃伯斯塔特公司与 BRL 的合作最初源于公司原有的投资银行业务的一份遗产。BRL 的其中一个创始人嫁给了费迪南德·埃伯斯塔特的其中一个"蓝筹股"——医疗设备制造商迪金森·贝克顿(Becton,Dickinson)的继承人。

在新埃伯斯塔特公司,我们于 20 世纪 70 年代末开始对生物技术产生兴趣。1977 年,基因技术公司(Genentech)的共同创始人鲍勃·斯旺森(Bob Swanson)邀请我去参观他的新公司,他曾做过华尔街的分析师。在对分子遗传学及其生产出临床有效、效益可观的诊断和治疗产品的潜力进行了认真考察后,我们决定不以提供融资的投资者的身份参与公司业务。虽然政府通过国家卫生研究所(NIH)对生命科学研究给予了越来越多的支持,但从实验到临床所使用的周期实在太长;而且

---

① 贝塞斯达研究实验室(BRL)是一家从事分子生物学试剂研究的机构,其 1983 年同另一家公司合并成生命技术公司(Life Technologies),2000 年被英杰公司(invitrogen)收购,2008 年再次经历合并之后又更名为生命技术公司(Life Technologies)。——译者注

要使候选分子成为 FDA（美国食品及药物管理局）认可的药物，其中的损耗率也太高；此外，投资回报也是相当不确定的。人们普遍认为，没有哪家生物技术新公司能在不耗尽其创业基金的情况下获得正向现金流。该新行业的投资成功将更多地取决于不断融资，最终所依赖的只能是公众股权市场的繁荣，而非该公司的科研和运营成功。但股权市场是不断变化的，是不确定的。

　　接下来我再谈一个简单的例子，用以说明金融资本主义与市场经济之间的博弈。在这个例子中，我们从一早就正确分辨出了其成功几率大概是多少。[①] 35 年后，我不后悔当初的决定，即便那时的早期投资者有很多机会来利用投资者短暂的热情，也即便有很多创业者战胜了这个几率，其中也有基金技术公司，它们成功将自己转变为得以长久发展的企业。

　　那时候，我们决定继续采用科学方法及其长期影响来激发出制药产业的发展潜力。我们聘请了一位年轻的哈佛大学生物学博士斯科特·金（Scott King）来开拓这个新兴领域。我们与麻省理工学院的产业联盟计划建立了合作关系，并联手打造了主题为"生物科学：现状与前景"的论坛。这个论坛将我们的投资客户和这个领域的科学家们召集在一起，首次会议于 1980 年 10 月 15 日召开。巧合的是，就在召开论坛首次会议的第二天，基金技术公司的首次公开募股就使投资者开始关注遗传学革命。

　　除了与麻省理工学院进行科研合作，我们还有类似于"利维·斯特

---

　　① 　See G.Pisano, *Science Business*：*Promise*，*Reality*，*and the Future of Biotechnology*（Boston：Harvard Business School Press，2006）.

劳斯机会"(Levi Strauss opportunity)①的机遇。我们不去支持任何一家新兴企业淘金，而是想要找到一项能够为所有采矿者提供其工作所需的业务，所谓采矿者，就是那些在大型制药公司工作或从事学术研究的人。这就是 BRL 所做的工作，即为遗传学工程研究提供所必需的、种类日益繁多的分子工具。有国家卫生研究所做后盾，BRL 得到快速发展，并吸引了一个重要的风险资本投资者。鉴于我们对这家公司市场和技术的深入了解，以及我们积累的越来越多的成功案例，我们利用机构投资者的资金来支持 BRL 这样的公司。1981 年，埃伯斯塔特被聘请帮助公司进行一次定向增发。这次定向增发的目标是募集可以维持两年运营支出的资金，公司预测在大约两年之后获得正的现金流。我们做到了，我们将价值 2 000 万美元的普通股（按现在的市值则超过 5 000 万美元）卖给了我们最好的机构客户。

在不到 3 个月之后，我们领悟到了"没有什么业务能好到，即便是不合格的管理也不会毁掉它"这句格言的真谛。一位共同创始人并不是董事会的成员，因此他的岳父可以被授权担任公司外部法律顾问。最后他利用公司资金进行财务投资和大量的关联交易，董事会竟然对此一无所知。1982 年 1 月，我们发现了这个情况，虽然我们作为风险投资基金依然拥有董事会的席位，但这位年轻的企业家和他的技术合伙人已经完全不受节制。我们发现，那些原本应该用以资助 BRL 在两年最佳时期中取得大量现金流的资本已经不见踪影，这些资本没有用在

---

①　19 世纪 70 年代，利维·斯特劳斯(Levi Strauss)加入旧金山淘金热潮。当他发现淘金者甚多，造成当地物资短缺这一机会后，放弃了从沙里淘金的想法，改成从淘金者身上"淘金"，之后他创立了著名的牛仔服饰品牌 Levi's。——译者注

人力、仪器和设备这些领域。

　　我记得,我是在周五听到这个消息的。这个令人震惊的消息首先让我为失去一个前景广阔的企业感到遗憾:这个企业不是指 BRL,而是指我参与的所有获得风险公司融资的企业。当然,伴随这个企业失去的,还有我自己作为金融领域创业者的事业。但是,经历了一个难以入眠的周末之后,我慢慢理出了这种状况的实用逻辑。确实,BRL 是一家非常有前途的企业,每年能带来 1 000 万美元以上的利润,而且它也正在一个快速成长的市场中迅速发展。换句话说,这个企业值得挽救。但是,要挽救这个企业,就需要花费时间和金钱:我们需要金钱来购买缩减成本和稳定运营所需的时间。我们的客户有足够的资金来帮助它起死回生,但是,我们和我们的客户必须找到彼此信任的人,而且相信他能够有效地利用客户的资金,当然我们不能向他们索要太多的现金。客户聘请我们做代理人,所以他们在董事会上不占席位,即使客户因拥有普通股而占有董事席位,对这种情况也没有任何防御能力。

　　我们采取的行动从概念上可以分解为一系列简单的事件。每个事件都必须发生,只有这样,BRL 和我们的业务以及我的事业才能得到拯救。首先,我们必须保证与一个有经验的、可信的、具有丰富运营经验的领导者建立合作关系,并信守彼此的承诺。其次,在与该领导者合作期间,我们必须保证有效地管控该公司,以此募集到我们所需要的新的资本。最后,作为一个值得信赖的管家,我们将向我们的投资者介绍该新领导者和我们的协议重整方案,以便获取所需的增资。在进行必需的根本改革之后,我们将共同招聘新的长期管理者。周一早上,经我的合作者全体同意,我给弗莱德·阿德勒(Fred Adler)打了电话。

　　弗莱德的维纳德基金（Venad fund）中有大量资金，但是我同他打电话时，首先解释说，我们不需要他基金中的现金。唯一的要求是，要确保我们的投资者在公司重组过程中获得排他性投资人待遇，以便使他们收回前期投资的机会最大化，这对于我们来说格外重要。另外，我告诉弗莱德，我们想聘请他来规划和执行这个重整计划。而且我们承诺，如果他能够有效地重整公司业务并为该业务提供资金支持，我们会在最后给他 10%的 BRL 股权。当然，在我们提出该提议的时候，无论是从法律上还是从实践上，我们都不可能履行该提议。我后来知道，因为弗莱德接受了我们的提议，他和他的新合伙人进行了激烈的争吵。他的新合伙人之所以反对，是认为这与他对 BRL 公司和自己的基金所承担的责任有利益冲突，这可以理解。但那时，这两个问题都真的与他加入该项目的决定无关。

　　我和弗莱德下一步要做的，就是请这家公司其他风险投资机构的代表在纽约会面。这次会面中，我们直截了当地分析了当时的现实情况，所以谈判进行得非常顺利。正是因为这些风险资本家们知道他们并不掌握 BRL 获救所需的资源。他们的选择十分清楚：立即宣布破产，失去他们的所有投资；或是放弃他们对资本稀释的本能保护，因为我们的投资者为 BRL 重新募集资金时，必然会导致资本稀释。他们完全默许了。

　　接下来的一步更具戏剧性。我们必须保证 BRL 的两个创始人完全同意我们的计划，因为这两个创始人依然拥有对该公司的有效控制权。我和我的合伙人约翰 · 霍根（John Hogan）下午抵达了公司在马里兰州盖瑟斯堡市的办公楼。我们很清楚，如果我们不能在当天晚上拿到这两个人签署的关于紧急过桥贷款的协议(这个协议意味着控制权转移到我们手上),BRL 明天就无法存活下去了。虽然弗莱德人还在纽约,但是只要一个电话,他就可以随时加入我们。

公司两个创始人作为生意人的不称职,与他们拒绝和回避的能力是一脉相承的。弗莱德的威胁和承诺一直未能占据上风,直到日落很久之后,我们在会面的办公室里收到一封电话留言。BRL 的产品,那些限制性内切酶、核酸和其他生物技术的分子工具都存在于接种过的蛋里,这些蛋储存在一个租来的专用仓库里。

仓库的主人现在提出,如果他们明天早晨还收不到迟迟未付的租金,他们就会停止储存 BRL 的蛋,这就意味着 BRL 的库存无法保全,也就意味着这家公司无法存活。这一事件最终使该公司的创始人签署了协议。

24 小时之内,弗莱德成为公司董事会新成立的执行委员会的主席。一周之内,他指挥重组了公司业务,而我们从投资者那里新募集了 550 万美元。我自己则成为 BRL 的董事会成员,从代理人转变为委托人。1982 年 6 月,我们从史克必成公司(SmithKline)①聘请了吉姆·巴雷特(Jim Barrett)来领导 BRL,公司逐步重新步入正轨。一年以后,艾德·丘斯(Ed Cues)和我又共同主导一次战略运作,也就是将 BRL 与德克斯特(Dexter)公司的格兰特雷生命科学部门(Grand Island Biological Company,GIBCO)合并。这家公司曾经是新埃伯斯塔特研究性公司业务的第一个战略咨询客户,因此这并非巧合。通过这次合并创建了生命技

---

① 史克必成是世界第三大非处方药公司,1989 年,美国的史克公司和英国的必成公司两大医药集团宣告合并。现在的葛兰素史克公司就是在 2000 年 12 月由葛兰素威廉(Glaxo William)和史克必成合并而来。——译者注

术公司。该公司具备超强的盈利能力,收益可达1亿美元,确实是生物科技产业中的"利维·斯特劳斯"。弗莱德也成功组建了一个杰出的科学顾问团队,其中最有名的就是哥伦比亚大学的理查德·阿克塞尔(Richard Axel)。理查德·阿克塞尔在当时已经是将DNA重组技术应用于哺乳动物细胞的先驱。20多年后,因其对嗅觉遗传基础的研究成果,理查德·阿克塞尔与他人共同获得诺贝尔生理学(医学)奖。生命技术公司在1986年6月完成了首次公开募股,它极具吸引力的盈利能力为埃伯斯塔特的投资者提供了赚钱机会。

　　BRL的传奇故事从微观层面上告诉了我们金融经济学的不确定性。虽然我们在投资前对新兴的生物技术产业进行了研究并对BRL公司的运营进行了尽职调查,但我们对公司的管理能力和公司治理基本上完全忽略。与上市公司的投资者不同的是,当我们开始探索我们之前并不了解的行业时,我们的客户无法从中解脱:非流动性折价是无限大的。

对冲不确定性

　　我们和我们的投资者有可能对冲必然存在的不确定性吗? 在2008年以前,我们容易幻想去建立一个衍生金融产品市场,我们可以在那个市场上购买这些对冲工具。根据新古典经济学理论,一般均衡的核心观点取决于这样一个市场的存在。在那个虚拟空间里,理性代理人通过交易阿罗-德布鲁证券[该证券名取自肯尼斯·阿罗(Kenneth Ar-row)和杰勒德·德布鲁(Gerard Debreu),这两位都是诺贝尔经济学奖获得者][1]使自己免受不确定性的影响。构想出这些证券，就是为了给我们所渴望的状态提供安全交易保险。当我们假定可以在未来任何时间、任何可能的状态下购买和出售这种保险时，商品、服务和资本市场就完善了。

按照阿罗－德布鲁的设想，我们假设在 1981 年已经存在一个活跃的信用违约互换市场，事实上就是一种公司破产险，它在 21 世纪的第一个 10 年里逐渐发展起来。我们能否购买这样一种保险，使我们可以对业务的失败漠不关心，虽然我们的声誉全靠这个业务的发展前景？即便是在 2007 年上半年，也就是信贷泡沫的顶峰时刻，也只有有限的几家公司可能购买了这种记名信用保险。任何保险机构在准备和一家处于 BRL 发展阶段的公司签约时，要么收取巨额保费，导致这种保险相当不划算，要么就是显然不具备评估风险和给风险定价的能力，因而完全不值得信赖。

换句话说，一个能够抵御这种不确定性的市场机制从来没有存在过，而且当企业创新遇到新出现的商业机会时，这种不确定性会进一步增加。这种对冲不确定性的金融工具以后也不太可能出现，而且即便有人愚蠢地创造出了这种机制，它也不可能维系下去。

接下来，我将介绍市场经济与金融资本主义博弈的另一面：无论市场经济的过程显得多么稳定，当世界状态剧烈变换时，确保这种稳定性能够持续下去的契约也将失去效用。

BRL 的拯救案例还带给了我们其他经验和教训吗？是的。将可用

---

[1]　K.J.Arrow and G.Debreu, Existence of an Equilibrium for a Competitive Economy, *Econometrica*, 22（1954）, pp.265－290.

的盈余现金与我们同弗莱德的成功合作相结合。我们和弗莱德成功地获得这些现金的使用权，并且利用这些现金，从该公司创始人手中夺得该公司的有效控制权。我们有效地防范了该公司不称职的管理者和疏忽大意的董事们可能带给公司的不利后果。但是，我们的临时拯救任务所遭遇的一系列意外事件也确实是险象环生。如果我们从一开始就拥有有效控制权，那么这个过程就会容易得多，至少心理上不会觉得那么吃力。而且拥有有效控制权之后，如果有必要的话，我们也可以调用盈余现金，而不需要同其他风险投资机构沟通，也不需要在深夜还和创始人艰难谈判。

从 BRL 事件之后，我更加意识到，"现金和控制权"是抵御不确定性的唯一联合屏障。这种不确定性通常伴随着从非流动性投资中获取巨大利润的机会，这一观点比风险投资家的那些老生常谈的黄金法则——"谁有黄金，谁定规则"——要复杂得多。老一套的黄金法则表达的是风险资本家与创业者之间直截了当的双边博弈；而"现金和控制权"所描述的是一种开放多元的博弈，是整个世界必然要进行的一种博弈，这种博弈代表了企业外部因素可能给企业的持续发展带来的各种威胁。

就如何建立防御设施来抵御这个变化无常的经济世界中的各种不确定事件而言，我的经验并没有什么特别之处。那些最成功的风险投资参股企业所持有的现金储备，通常会远远超出传统经济理论所认为合理有效的限度。随意选取 2011 年底的 4 个企业为例：苹果公司持有 260 亿美元现金和短期投资，以及不少于 560 亿美元的长期投资；思科公司持有 440 亿美元；谷歌公司持有 430 亿美元；微软公司持有 570 亿美元。

在经受了开发新产品和新服务时的技术风险,以及探究顾客是否喜欢其产品的市场风险之后,即便是创新经济中最出色的赢家也不得不去经受金融风险。虽然时代不同了,但同样的战略依然体现在杰米·戴蒙(Jamie Dimon)为应对 2008 年金融危机而在摩根大通成功创建的堡垒式资产负债表中。在全球范围内,为应对 20 世纪 90 年代末国际货币基金组织(IMF)执行的毁灭性的管制措施,以中国为首的东亚国家开始推行激进的重商主义政策,这些政策的背后也有同样的务实动机。[①] 为了避免 IMF 再次强制减少本国消费或征收更多税收,导致本国经济紧缩程度加深以致经济衰退,这些国家决心取得"现金和控制权"所赋予的自主权。

那些旨在积累现金、保证行动自主权的政策被称为贸易保护主义,无论这些政策是通过低估本国货币,还是由立法通过的关税和补贴来实施的;从国家层面来讲,这样规定是有原因的。当然,在这些情况下,政策制定者也在为市场经济中那些依靠贸易保护政策来出口商品的商家带来经济利益。这些商家的繁荣发展是以牺牲广大消费者的利益为前提的:消费者因进出口贸易的不利转变而遭受利益损失。当然,由于利益高度集中在少数有钱人手中,普通人的利益通常会被忽视,这些有钱人可以用钱买通政府。

保护主义的政治经济学原理远远超出了市场效益这个狭隘的范畴。只有那些最具有生产竞争力和拥有大量国际资产净盈余的国家才有能力毫无畏惧地实行自由贸易,想想 1846 年的英国或是 1945 年的

---

① E.G.Mendoza notes: Self-insurance in response to Sudden Stops justifies large increases in foreign reserves, as observed in the past decade. E.G.Mendoza, Sudden Stops, Financial Crises and Leverage, *American Economic Review*, 100(5) (2010), p.1966.

美国。弗里德里希·李斯特(Friedrich List)在 170 多年前就很简洁地阐述了这个观点:"任何通过保护政策获得制造霸权和商业霸权的国家,都能(在其取得霸权之后)转而采取对其有利的自由贸易政策。"[①]这就意味着,处于该市场竞争中各个领域的所有其他参与者都需要出台自我保护战略。

微处理机国际

和弗莱德的第二次合作,使我学到了一些更为具体的专业知识。通过和他一起挽救微处理机国际公司(MicroPro International),我学会了怎样在危机时刻进行业务控制,也就是说,怎样扮演改革专家的角色。这次合作也体现出了埃伯斯塔特公司在个人计算机革命中的突出成就。

人们在 20 世纪 80 年代早期发明了个人电脑的杀手级应用——办公自动化工具。这些工具中最引人注目的是电子表格。第一款面市的电子表格是 VisiCalc[②],它是由一家名为"个人软件"(Personal Software)的公司推出的,推出后迅速成为一个品牌,这家公司后来也更名为 VisiCorp。个人软件公司获得了风险资本家阿瑟·罗克(Arthur Rock)和来自洛克菲勒家族的主要风险投资管理机构文洛克创业投资公司(Venrock)的支持,并聘请了英特尔高级经理担任首席执行官。

---

① 　F.List, *The National System of Political Economy*, trans.Sampson S.Lloyd (New York: Augustus M.Kelly, 1966[1841]), p.11.

② 　VisiCalc 是 visible calculator 的缩写,意为"看得见的计算",于 1979 年随着苹果公司的个人电脑 Apple Ⅱ 一起面向市场。——译者注

VisiCorp 的发展势头似乎无法阻挡。那时,埃伯斯塔特公司已经和阿瑟·罗克(Arthur Rock)建立起关系。据传说,罗克曾跟随纽约巨头去了旧金山,并成为硅谷风险投资的创始人之一。他曾为英特尔精心筹备启动资金,也曾投资科学数据系统有限公司(Scientific Data Systems)。这是第一家被以 10 亿美元收购的电脑公司,施乐公司于 1969 年收购了它。在投资 VisiCorp 之前,阿瑟·罗克还和文洛克创业投资公司一起投资苹果公司。

　　早期的赢家中,仅次于 VisiCalc 的是领先的文字处理软件程序 WordStar。该程序的开发者是微处理机国际公司,而微处理机国际公司的风险投资者不是别人,正是弗莱德·阿德勒。我和搭档杰克·莱瑟森(Jack Lasersohn)开始积极准备投资这两个处于同一个最具活力的市场中的领军人物,尽管在那时,首次公开募股市场依然充满不确定因素。毫无疑问,VisiCorp 十分出色,它的风险投资资金后盾足够坚固,领导也够专业。但是,我们却选择投资微处理机国际公司,这一决定源于对 VisiCorp 的评估。VisiCorp 的董事会坚持认为,对 VisiCorp 的评估应当反映出它的品牌价值,而它的品牌价值不仅体现在它的经营业绩上。此外,经过 BRL 一事,我们亲身领略到了弗莱德从独立投资人转变为运营领导者的突出能力。这为我们以非现金投资的方式投资于个人电脑这个还不成熟且反复无常的市场提供了充足的保障。这是一项我们不得不采用的保险条款。

　　1982 年初,微处理机国际公司飞速发展。截至 1981 年 8 月 31 日,当年销售收入达到 420 万美元,而且下一年度的收入可能达到 2 230 万美元。微处理机国际公司的创始人西摩·鲁宾斯坦(Seymour Rubenstein)早在 1977 年就设想有一个能在任何个人电脑上运行的文字处理程序;而在那时,所谓的"文字处理器"专指 IBM、施乐或王安等电脑品牌所提供的封闭、专用而昂贵的机器。1979 年,鲁宾斯坦与一位名叫罗布·巴纳比(Rob Barnaby)的天才程序员合作推出了第一款产品WordStar并于 1981 年迅速获得成功,也就在那时,鲁宾斯坦接受了弗莱德的投资。

1982 年 6 月,埃伯斯塔特又帮助公司完成了一次定向增发,以1 000万美元(相当于 2010 年的 2 500 万美元)换取不记名、非流通普通股。此后,微处理器国际公司的业绩开始以惊人的速度下滑。预期收入增长目标遥不可及,而营运成本增长却势不可挡。1982 年 11 月 30日,该公司收入仅为 630 万美元,亏损却达到了 150 万美元。

弗莱德成了我们和我们客户的有力合伙人,这主要是因为,我们的主要投资者之一——通用电气的养老基金——是他所管理基金的一个主要有限合伙人。我们之所以需要弗莱德的加入,并不仅仅是因为鲁宾斯坦及其众多追随者是华纳·爱哈德(Werner Erhard)及其自我赋权运动的信徒(ESTies)。我后来知道,了解他们的人称之为"训练生",他们相信"我们每个人都对自己负责"这句话可以这样理解,那就是"如果我骗了你,那是你自己的错"。

事实证明,弗莱德说服了鲁宾斯坦,指出如果鲁宾斯坦想要免于诉讼,就必须调整我们的融资价格。这样,我们的投资者无须额外花钱,就可获得额外的 250 000 股。除了谈判赔偿之外,弗莱德还取得了该公司的运营权,而我和杰克也一起加入公司,算是他的助手。弗莱德还要求有一份详细的公司结构图,标明每个员工的直接薪酬、职能作用和汇报关系。弗莱德还说服鲁宾斯坦,聘请亨利·蒙哥马利(Henry Montgomery)——一位资深的财务专家——来协助我们的工作。而亨利·蒙哥马利十分务实,对那些不愿直面问题和超出实际范围的计划毫无兴趣。

一上任,弗莱德就成功地在未增加支出和保持公司运营稳定的情况下,将员工人数削减了20%。也就是说,他向我展示了如何实践他的理论:"世上没有固定成本这一说,关键是要花费多少时间和金钱将看似固定成本的成本转化为可变成本。"

在这个案例中,我从弗莱德身上学到的最深刻的一点就是,要通过追查现金流来了解内部业务情况。他很喜欢引用一件年代久远的轶事,来说明他是如何领会现金流重要性的。每天早晨,他的父亲都会先把衣柜里的纸币和硬币数一遍再放进口袋里;而每天晚上,他的父亲下班回家后,都会把口袋里的钱倒出来再数一遍。如果晚上的钱比早晨多,那就说明这一天收获不错。

弗莱德对现金流的重视,在后面几年越来越有价值。公认会计原则(GAAP)寻求使成本与销售额一致,方法是积累成本并延迟收入确认,但是收入确认与买卖之间的实际现金转移无关。在过去,人们很容易就可以查询到由此产生的现金流与报告利润之间的不一致。但是,到了千禧年,会计师们已经爱上了有效市场经济学。他们开始要求将资产负债表上的资产和负债以"公允的价格",即所谓的市场价值计价,就好像他们有能力时时刻刻同市场价格保持一致。而事实上,现实中的市场必然远远不如有效市场假设那么有效。这就意味着,在逆向制作公认会计准则财务报表时,会计师需要具备更多的经验和专业知识,才能真实地呈现出潜在的现金流。因此，由于在 25 年前就已取消了固定经纪人佣金，一项明显旨在提高经济效率的提议却产生了相反的结果。这样，金融市场的信息有效性减弱，为那些有时间、技能和积极性来做会计工作的专业投资者带来了巨大利益。

弗莱德重整了微处理机国际公司。在经历了灾难性的第一季度后，截止到 1983 年 8 月 31 日，第一个会计年度收入翻了一番，达到 4 500 万美元，税后净利润增长了 10%。接下来的问题是，说服鲁宾斯坦将管理权移交给一位更专业的 CEO，并放弃控制权；否则，他就无法通过首期公开募股获得创业收益。鲁宾斯坦已经背负了太多的法律包袱，这让他在一份计划书中被描述为一个很成问题的 CEO 和控股股东。弗莱德和我从斯佩里－通用自动计算机公司（Sperry-Univac）聘请格伦·哈尼（Glenn Haney）来担任 CEO。那时斯佩里－通用自动计算机公司还没有和伯勒斯（Burroughs）合并创建优利系统公司（Unisys）。海陆国际律师事务所（Heller Ehrman）的基特·考夫曼（Kit Kaufman）想出了一个很有创意的方法来解决控制权问题，那就是创始人普通股。创始人普通股很特别的一点就是，虽然它占所有普通股的 10% 或是 10% 以上，但该股持有人仅仅有权选举一名董事会成员。但是，当公司合并或出售该公司时，或是转移到一个与鲁宾斯坦完全不相干的机构中时，创始人普通股可以以 1∶1 的比例转换为具备完整投票权的普通股。

微处理机国际公司于 1984 年 3 月上市，估值 1.25 美元。鲁宾斯坦在这次公开发售一年之后才卖掉了价值 800 万美元的股票。企业上市保证公司在应对竞争上有充足的资金支持，这些竞争者先是 Word-

Perfect,后来是 Microsoft Word。它短暂的市场主导地位曾立足于它的代码上,但这些代码必须以低级的软件语言 assembler 来编写,才能在最原始的第一代个人笔记本电脑的引擎 8 位微处理器上顺利运作。新的竞争者白手起家,设计出了能够在下一代个人笔记本电脑(16 位微处理器)上操作的代码。16 位微处理器的处理性能和可访问存储器要强大得多,既支持图形用户界面,也能够在屏幕上呈现"所见即所得"(What You See Is What You Get)文本。当微处理机国际公司的新管理者开始研发自己的核心产品时,为时已晚。这是我吸取的另一个教训。

微处理机国际公司曾经非常出色且持续地为它的所有股东——而不仅仅是鲁宾斯坦——带来巨大财富。它与 VisiCorp 形成鲜明的对比。在 VisiCorp 公司,当公司首席软件工程师米奇·卡普尔(Mitch Kapoor)离开公司去成立自己的公司并推出一款整合了图表和图形的产品 Lotus 1-2-3,从而发起了杀手级非同类竞争时,VisiCorp 的管理层和董事会都大为吃惊。VisiCorp 终究未能上市,等待公司投资者的是破产清算,几乎颗粒无收。

仅仅一年以后,我意识到,在我们与弗莱德的无与伦比的合作中,我们其实是在改造最初由 J.P.摩根(J.P.Morgan)使用的一种运作方式。内奥米·拉默利奥克斯(Naomi Lamoreaux)及其合著者这样来总结这个方式:

　　摩根在 19 世纪 90 年代改组破产的铁路时,提出了一种建立投资者信心的方法,那就是让他自己的人进入董事会,使股东们相信,这项业务会为他们带来利润。后来,铁路重新开始盈利，这也恢复了他的名声。此后在世纪之交，他又采用了同样的方法来推销他那些为支持他并购、重组而设立的令人眼花缭乱的证券。研究表明，股东们蜂拥前去购买‘摩根化’公司的证券，也从中获得丰厚利润。[1]

机构革命

埃伯斯塔特公司在全行业机构革命的背景下，将自己从代理人转变为委托人。1970 年，弗莱德·惠特莫尔（Fred Whittemore）给了我一个机会：放弃攻读博士学位，加入摩根士丹利。长久以来，“弗莱德父亲”一直是华尔街首屈一指的投资银行特许经营业务的财团领袖，也因此是投行等级地位的首席仲裁者。1979 年，惠特莫尔将狄龙里德公司和库恩雷波公司逐出了华尔街投资银行领导集团，代之以美林、高盛和所罗门兄弟公司。由于公司销售和交易实力的改变，使得这种传统排序也相应调整。也是在 1979 年，摩根士丹利也经历了一段痛苦的经历，那就是 IBM 要求，而不是请求，摩根士丹利必须与所罗门共同分担 10 亿美元的债务发行。摩根士丹利拒绝放弃它作为唯一承销商的地位，于是，投行新贵所罗门兄弟公司独自担起了这项业务。[2]

---

① N.R.Lamoreaux, K.L.Sokoloff and D.Sutthiphisal, Reorganization of Inventive Activity in the United States during the Early Twentieth Century, National Bureau of Economic Research Working Paper 15440 (2009), p.9.

② R.Chernow, *The House of Morgan : An American Banking Dynasty and the Rise of Modern Finance* (New York : Atlantic Monthly Press, 1990), p.626.

当企业客户们开始学习运用自己的力量时,关系型投资银行业务的老传统也随之消失。过去,投资银行家会为长期客户提供免费的收购与兼并建议。但是,从 20 世纪 70 年代中期开始,这项免费业务迅速变为收费服务,每笔交易相互独立,每家公司依据每笔业务具体情况收取费用。摩根士丹利的路易斯·伯纳德(Lewis Bernard)在 1978 年评论道:"客户会独立完成更多的业务。我们的主要竞争者是我们的客户。"①反过来,以高盛和摩根士丹利为首的大型企业开始进行必要的人力投资和计算机系统投资,以便有效地将其客户——机构客户和企业客户——逐出交易室。这种地位逆转是投资银行业务在 2007～2009 年的金融危机来临之前所做出的根本转变,进行这一转变的机构既有独立投资银行,也包括那些受花旗和 J.P.摩根等综合银行控制的投资银行。

20 世纪 80 年代,两方面的发展确立了这种不可逆转的改革。为了获得必要的资金,以便可以作为委托人参与竞争,投资银行公司不得不选择上市。1970 年,纽约证券交易所放松了其传承几代的禁令,使投资银行上市成为可能,但只有大型零售电讯经纪投资银行抓住了这个机会。这些机构成功上市,为其分支机构募集资金,同时也为其投资第一代计算机系统筹措资金。20 世纪 60 年代末发生了纸面作业危机,股票交易因交易量激增而一度停滞,迫使这些机构积极采用计算机系统。

---

① R.Chernow, *The House of Morgan: An American Banking Dynasty and the Rise of Modern Finance* (New York: Atlantic Monthly Press, 1990), p.595.

现在,美国批发银行(wholesale banks)①也紧随其后,利用先进的计算机系统与客户交易,采用第一代数据模型来为金融资产定价。

与此同时,美联储和证券交易委员会开始让商业银行重回投资银行业务。美国政府在50年前就制定了《格拉斯－斯蒂格尔法案》,以保护商业银行的零售储户免于金融市场波动,并避免银行管理企图利用这种波动性。美国联邦存款保险公司同期成立,这表明《格拉斯－斯蒂格尔法案》也通过保护存款人利益的方式来保护纳税人。这些行为使商业银行的公司客户贷款业务发展缓慢甚至停滞,因为那些公司客户还没有富有到可以直接进入资本市场。

在历史上,J.P.摩根家族的商业银行是商业银行中最具攻击性的机构,同时也是最保守的机构。《格拉斯－斯蒂格尔法案》将J.P.摩根从摩根士丹利中分离出来。到1987年,《格拉斯－斯蒂格尔法案》在名义上依然有效,J.P.摩根的中间业务收入利润超过了它从贷款业务净利息差额中所获得的收益。伴随欧洲美元市场的增长,对J.P.摩根及其商业银行竞争者来说,与伦敦批发金融市场的竞争机会是一次锻炼成长的机会。丹尼斯·韦瑟斯通(Dennis Weatherstone)是出生于工人阶级家庭的英国人而且没有大学学位,他的职业生涯从外汇交易柜台起步,1987年成为J.P.摩根的董事会主席。②

华尔街开始对后起之秀持开放态度。不久,伦敦金融城也是如此。

---

① 美国批发银行是一个相对于零售银行(Retail Banking)的概念。1933年美国的《格拉斯－斯蒂格尔法案》将商业银行和投资银行业务分离之后,其商业银行中的批发银行和批发业务、证券业的批发银行和批发业务都分别限制在各自的业务领域之内。批发银行业务的主要客户对象是大企业、事业单位和社会团体,其一般业务处理中涉及金额较大。——译者注

② R.Chernow, *The House of Morgan: An American Banking Dynasty and the Rise of Modern Finance*(New York: Atlantic Monthly Press, 1990), p.656.

在伦敦,1986 年的金融大改革取消了限制竞争协议和长久存在的行会垄断。在交易室的"小贩"比公立学校和牛津大学毕业从事公司理财和咨询服务的名门之后赚得更多,报酬也更丰厚。随着整个市场经纪人佣金的下滑,交易量却不成比例地增长,公司业务收入和利润也随交易量的增加而增加。此外,加速发展的计算机从承接后台会计功能转移到支持市场前线的交易操作,为具备新技能的新参与者提供了发展空间。

如果一个人具备促成交易成功的智力和性格特质,比如高度专注、在讨价还价中保持忍耐、爱好冒险,那么他一定可以获得市场回报,即便那是一个具有高度不确定性的市场。现在,对于投资银行和经纪业务来说,那些技能比以往更为重要。此外,分析市场数据和设计新型交易策略的能力也开始带来价值。那些具备这些技能的人,无论是交易员还是交易策略分析师,也逐渐不再继承传统华尔街和伦敦金融城的衣钵。交易取代了人际关系,成为新的价值来源和价值衡量尺度,金融市场的社会学被打破了。随着越发多样化的金融资产转变为可交易证券产品——从住房和商业贷款到公司和信用卡应收款,再到学生贷款等,交易业务品类较以往有了增长,从事自营业务的银行也有更多机会从消息不灵通的客户那里赚取高额差价。

分析能力、掌握定量技术,以及全力以赴的工作态度,这些都是投资银行业务扩展的必要条件。能够证明这些能力的一流学位证书和资格证书战胜了家族和校友关系。但是,有些东西也消失了。新华尔街已经容不下多少创新或者打破常规的行为了。也许,这仅仅是一种审美上的损失。但是,公式化的融资安排和程式交易的计算机使作为判断依据的计算机算法很容易被更新换代。20 世纪 70 年代早期，当我还在学习如何评估私营企业时，我手头用到的工具是一台门罗（Monroe）电动式机械计算器和一本对数书：做一个案子大概需要半天时间，而且分析师需要努力思考很久来考虑采用的假设。不到 10 年之后，当我在麻省理工学院的人工智能讨论会上谈论风险项目评估时，惠普数字计算机已经使人们能够通过敲几个键就分析许多案例；这样，无论人们想要建构什么样的模型来合理地解释达到预期收益率的前景，都是一件非常容易的事情。我在讨论会上说："然后，VisiCalc 就进入市场了。"

我从与弗莱德·阿德勒的合作中学到的经验是，如何从那些看起来似乎注定要失败的早期风险投资中获得正收益。这与现代金融理论对投资者的多元化风险管理原则相悖。对于风险资本投资者来说，一个基金组合所包含的投资项目通常不会超过 25 个，一般只会涉猎 2～3 个行业，而且通常仅仅专注一个行业。这几乎不能为充分的多样化提供机会。此外，每项投资作为一个商业项目，通常被认为是不够成熟的，一旦某方面出现问题，如管理能力、技术效率和市场接受程度，这个项目也便随之宣告失败。这也就是说，在一个投资基金组合中，非系统风险不仅很大，而且非常类似。正如 BRL 的例子，这种风险不能通过市场上的任何一种交易加以防御。因此，在"战壕"中学习风险投资的收获就是，明白了在很大程度上，现代金融理论与实践严重脱节。

我和弗莱德的合作不仅说明了应当如何对待风险资本家所面临的机遇，而且说明了如何面对意外事件。弗莱德的指导同样体现在佩里·梅林（Perry Mehrling）称之为"货币观点"（the money view）的案例中，即专注于不断发展的当下，"从过去的实际投资中产生的现金流

与基于未来预期的现金流承诺额是否匹配"。[1] 事实上,正如我在第 8
章详细讨论的,弗莱德在实践中教给我的知识恰恰与同时期海曼·明
斯基教给我的理论知识相契合。在当前应付债务无法通过经营性现金
流、新的借贷或资产出售来偿还的时候,明斯基的"生存限制"(survival
constraint)就会起到约束作用。因此,在 2008 年 9 月,世界进入"明斯
基时刻"(Minsky Moment)之前 20 多年里,我就有两次机会领会到明斯
基对凯恩斯理论的继承和发展,即"金融不稳定性假说"。[2]

　　当我完成从投资银行家到风险资本家的职业转换时,有一点已经
很清楚,那就是埃伯斯塔特公司作为一个整体,不可能完成这种转型。
要想尝试这种转型,我的一半以上的合伙人都会被解雇。就算是弗莱
德也无法想出一种方法,在我们保持独特竞争地位的同时,如何依靠中
等规模风险基金的管理费收入来覆盖公司咨询业务成本。我们通过经
纪业务与企业客户建立起来的关系,对于研究型投资银行模型来说非
常关键,即便经纪业务带来的直接收益要少得多。我们的操作环境也
很矛盾,因为我们缺乏能力,也缺少共识。因此,在 1985 年 9 月,我们
很幸运地得知,罗伯特·富林明集团(Robert Fleming)[3]——一家跨国
投资管理和银行业务的公司,同时也是埃伯斯塔特公司的主要机构客

---

[1]　P.Mehrling, *The New Lombard Street : How the Fed Became the Dealer of Last Resort* (Princeton University Press, 2010), p.4.

[2]　H.P.Minsky, The Financial Instability Hypothesis, The Levy Economics Institute of Bard College Working Paper 74 (1992).

[3]　罗伯特·富林明集团(Robert Fleming)是以创始人的名字命名的,于 1873 年成立于英国,它因成立苏格兰美国投资信托(Scottish American Investment Trust)投资美国新兴股票和铁路债券而被誉为世界基金行业的开拓者之一。1970 年,富林明集团与香港怡和集团创建了亚洲最早的合资金融服务集团,资产管理业务在亚洲首屈一指。2000 年,其与大通银行及 J.P.摩根公司合并成立摩根大通集团(JP Morgan Chase)。——译者注

户——正在寻找美国合作者,以便将其英国总部同其与怡和集团(Jar-dine Matheson)联合在香港成立而且发展非常成功的亚洲合资企业连接起来。当我们把埃伯斯塔特公司卖给富林明集团之后,派克·沙利文(Pike Sullivan)评论道:"嗯,我们摆脱黑皇后了。"

第二篇

.... ⤬ ....

参与这个游戏

4

金融代理商

    1985 年秋，富林明集团收购了埃伯斯塔特公司，这意味着埃伯斯塔特公司从棘手的困境中摆脱了。但是，作为埃伯斯塔特公司的资深合伙人，我必须要和富林明集团签订一份为期 3 年的合同，虽然我的心思和热情已经完全不在它身上了。富林明集团有资产管理业务和投资银行业务或者说商人银行业务，但是这两个业务板块之间泾渭分明。在埃伯斯塔特公司宽松的结构框架下，我用了大概 15 年的时间实现了从投资银行家向风险投资者的转变。而在富林明集团，我却被安排去处理公司融资的代理业务。并且，这一安排无可改变。那段时间，我的一个发泄方式就是长跑，我以比赛训练的节奏，每周跑 70～80 英里，每年跑 4 次马拉松。另一个发泄方式就是阅读经济理论和学习海曼·明斯基独特的经济学原理。

    贝塞斯达研究实验室和微处理机国际公司的濒临破产，使我能够以更深刻、更贴近的方式来理解一句话，以前只是拿它当作奇闻轶事来说。这句话就是，在危机时刻，获得现金是应对难以回避的不确定性的唯一有效措施。这与我在剑桥大学学到的知识不谋而合。从理论层面上，这符合凯恩斯的理论；从实证层面上，这符合对 1931 年经济政策无力解决金融危机和经济崩溃这一事实的实证分析。这是明斯基的后凯恩斯主义作品所传达的核心思想。

此外，接触计算机领域也使我认识到创新经济的一个至关重要的制度安排，那就是，科技兴起对早期投资的依赖，而这些早期投资必须是不需要考虑量化回报。在 IT 行业的发展中，美国国防部的作用显而易见。美国国家卫生研究所（National Institutes of Health，NIH）正在资助生物技术，而生物技术被看作风险资本家的第二大关注点。联邦政府通过这些手段来为基础科学研究提供资助，而人们只有在回顾过去时，才能发现这些基础研究与经济增长的相关性。

在了解这些经济相关性是如何经过反复试验而在实践中显露出来的过程中，我阅读了法国历史学家费尔南德·布罗代尔的著作，并从中得到了启发。那时，我们面临不断变化的竞争环境，我们既无法掌控这个环境，也无法逃避它。在我和我的合伙人迫不得已卖掉埃伯斯塔特公司之后，我阅读了布罗代尔于 1985 年出版的《15～18 世纪的物质文明和资本主义》（*Civilization and Capitalism*, *15th － 18th Century*）（3 卷）。布罗代尔对资本家行为的反思让我猛然惊醒；当时的那种震撼，我至今仍能感受得到。虽然布罗代尔笔下的金融家所处的地域和时代背景与当今的金融资本家领域有相当大的区别，但他们的行为却依然可以辨识出来：只要潜在回报不受制度结构或是竞争的限制，他们就能不断使多余现金运转起来,生生不息。

处于冒险前沿的金融资本家

　　我发现,在布罗代尔的框架里解释处于冒险前沿的金融资本家的行为,是一个很有用的做法。布罗代尔的框架与其他对资本主义核心驱动力量的分析有相通之处,如马克思、熊彼特和凯恩斯的分析。

　　依据布罗代尔的观点,资本主义在其追求利益的过程中所表现出的"无限适应性"是其"基本特征"。该特征奠定了"资本主义的某种一致性,从 13 世纪的意大利到如今的西方社会,该一致性一直存在":

　　　　有人的印象是,经济领域中总有某些行业可以赚取高额利润,但这些行业在不同时期有所不同。一旦某种转变产生,迫于经济发展的压力,资本就会迅速找到新的出路,转移到新的行业中,继续繁荣发展。[1]

　　最显著的一点是,布罗代尔对资本家一贯目标的理解:逃离"透明和规范的世界",这是他对市场经济的定义。

　　在市场经济中,盈利潜力受限于传统市场规则或新兴自由市场的竞争。在现代化和工业化之前,"资本家的博弈重点关心非常规的、非

---

　　① 　F.Braudel, *Wheels of Commerce*, trans.Sian Reynolds, vol.2 of *Civilization and Capitalism*, *15th－18th Century*, 3 vols.(New York:Harper & Row,1982), pp.433－434; emphasis in original.

常特殊的或是非常远程的联系"①，这是布罗代尔的研究课题。布罗代尔时期的资本家们是在长距离贸易中完成财富积累的：

> 长距离贸易必然产生超额利润。毕竟，它是建立在两个相距很远的市场的价格差上的；两个市场完全不了解对方的供求情况，只能靠中间商建立联系。如果两个市场彼此竞争，如果某一商品的超额利润消失，也总有办法利用其他商品，通过其他途径再赚回这些利润。②

套利在广大地域空间内的无限灵活性：这是布罗代尔定义的现代化之前资本家的属性。作为资本家交易的本质，套利能够产生很强的共鸣。对于现代风险资本家来说，在传统意义上，套利介于技术革新及由此衍生出来的商业产品或服务之间。我自己的经验表明，人们通常过于关注对技术革新工艺的管理——"研究和开发"，而不太关注对目标市场的选择或是建立打开这个目标市场的渠道。对于布罗代尔时期的资本家而言，商船船长被问到的问题应该是，"你为什么走这条路？"而对于那些向企业家提出质询的现代风险资本家而言，他们被问到的问题应该是，"你准备解决谁的问题？"我花了20年才完全领会到这个原则。

依据马克思对资本家的研究，企业家和金融家是一种性质的。资

---

① F.Braudel, *Wheels of Commerce*, trans. Sian Reynolds, vol. 2 of *Civilization and Capitalism*, *15th—18th Century*, 3 vols. (New York: Harper & Row, 1982), p.456.

② F.Braudel, *Wheels of Commerce*, trans. Sian Reynolds, vol. 2 of *Civilization and Capitalism*, *15th—18th Century*, 3 vols. (New York: Harper & Row, 1982), p.405.

本家通过转变商品流通方向,将资本积累的过程从"商品—钱—商品"(出售是为了购买)转为"钱—商品—钱"(购买是为了出售)。① 作为资本积累的体现,资本家这一概念已经跨越了名义上的经济演化阶段:

> 购买是为了出售,或更确切一点,购买是为了以更高的价格出售,M-C-M′(Money-Commodity-Money),看似确实是某种资本(商人资本)所特有的方式。但工业资本也是转变为商品的金钱,并通过出售这些商品,再次转变为更多的金钱。发生在流通范围之外、购买与出售环节之间的事件,并不影响这种转变的形式。②

但是,那些事件确实从根本上影响了这种转变的实质:它们是工业资本流通的原因。依据从史密斯、李嘉图到马克思时代的古典经济学理论,资本家对劳动的雇佣和剥削创造了价值,而且这也是货币增长来源。因此,资本家存在于资本积累的无限链条上,他们将现金转化为"生产方式和劳动力",以便生产出商品,而商品的出售又为资本家带来了新的现金。③

马克思认为资本家能够支配劳动力,以便创造剩余价值,这与布罗代尔对资本家的理解不同。布罗代尔认为,资本家的投资完全不受其

---

① 　K.Marx,*Capital*,vol.1,trans.S.Moore and E.Aveling(Moscow:Foreign Language Publishing House,1964[1887]),pp.152—153.

② 　K.Marx,*Capital*,vol.1,trans.S.Moore and E.Aveling(Moscow:Foreign Language Publishing House,1964[1887]),p.155.

③ 　K.Marx,*Capital*,vol.1,trans.S.Moore and E.Aveling(Moscow:Foreign Language Publishing House,1964[1887]),p.564.

控制。但是,在资本主义变革的前沿阵地,"利润率降低趋势的法则"①
不言自明。马克思最终承认,资本主义的投资和生产有其内在不确定
性。以下是《资本论》中不起眼但十分有趣的话,这里指的应该是风险
资本,虽然没有说得那么直白:

> 如果利润率降低,就会出现欺诈行为,以及人们利用新的
> 生产方式、新的投资和新的投机行为来进行疯狂的欺诈性冒
> 险活动,目的是为了保证哪怕一丁点额外利润。这些额外利
> 润无关平均利润,而且比平均利润要高。②

虽然存在投机过度的可能性,但马克思对此做了简单而深刻的论
证,那就是:从钱到商品,再从商品到更多的钱。如果我们将"商品"替
换为"公司",那么就具备职业风险资本家的资格了。

在熊彼特看来,企业家是资本主义发展的引擎,而且或多或少地避
免了承担金融家的责任。卡洛塔·佩雷斯(Carlota Perez)曾经这样描
述熊彼特经济学的传统:

> 熊彼特对资本主义的定义是"私有经济的形式,在该经济
> 形式下,创新是通过借贷完成的"。我们发现,他将借方和贷
> 方、企业家和银行家区分开来,就像创新这枚"硬币"的两面,

① K.Marx, *Capital*, vol.3 (Moscow: Foreign Language Publishing House, 1962[1894]), p.207.
② K.Marx, *Capital*, vol.3 (Moscow: Foreign Language Publishing House, 1962[1894]), pp.253—255.

这是他的一个特点。但是,新熊彼特学派中的大多数人不是这样来解释和充实熊彼特思想的。新熊彼特学派将重点放在企业家身上,而忽视了金融代理商,虽然金融机构对创新有着无可取代的作用。[①]

虽然熊彼特的拥护者过分强调了这一点,但这确实也体现在熊彼特本人的著作中。创新推动了经济改革的进程。反过来,创新也通过新工厂、新公司,尤其是新群体——改革创新的企业家们——得以体现。创新是什么呢? 创新是"任何在经济领域范围内'以不同方式行事'的行为"。[②]

　　企业家可以是——但不必须是——提供资本的人……在资本主义制度体系中,机器得到了使用,而机器的存在是资本主义的本质特征之一,它使人们可以扮演企业家的角色,而不需要提前获得必要的财富。重要的是领导力,而非所有权。[③]

资本家,其最主要的角色是可自由投资的剩余现金的持有者,被以一种不同寻常的方式贬低了地位:

---

　　① C.Perez,Finance and Technical Change:A Neo-Schumpeterian Perspective,in H.Hanusch and A.Pyka,*Elgar Companion to Neo-Schumpeterian Economics*(Cheltenham:Edward Elgar,2007),p.776.

　　② J.A.Schumpeter,*Business Cycles:A Theoretical*,*Historical and Statistical Analysis of the Capitalist Process*,2 vols.(London:McGraw-Hill,1939),vol.1,p.84.

　　③ J.A.Schumpeter,*Business Cycles:A Theoretical*,*Historical and Statistical Analysis of the Capitalist Process*,2 vols.(London:McGraw-Hill,1939),vol.1,p.103.

> 风险负担不是企业家的责任。资本家才是承担风险的
> 人。企业家对风险的承担只能做到这种程度,即除作为企业
> 家之外,他还是个资本家,但作为企业家,他失去了其他人的
> 钱。①

这就传达出了一则讯息、一种警告。在我经历了贝塞斯达研究实验室和微处理机国际公司这些事件后,我联想到了这则讯息。这些经历促使我构思出我称之为"风险投资第一定律"的规律,即"所有的企业家都撒谎"。也就是说,企业家最开始的时候都会宣称,他们正在通过自己的努力来改变世界。但他们对投资机构、顾客和员工做出的承诺都是有可能无法实现的。信心满满地声明这些承诺会实现,根本是在对传统意义上合理的事实提出挑战。

即便企业家没有不诚实的承诺行为,也还有"风险投资第二定律",即"没有消息,从来就不是好消息"。40年来,我还没有看到哪个企业家敢轻易说"这个产品会畅销"或"交易已经完成"。当每次董事会结束之后,风险资本家可能就会听到"这个产品还需要继续完善"或者"我们拿不到这张订单了"等类似的消息。因此,风险资本家的责任就是以高度注意力追随现金流,并及时发现,企业家的远见和残酷的市场现实是从什么时候开始分道扬镳的。

熊彼特自己也意识到,"银行家应该知道并能够判断出他的信誉是用在了什么用途上,这对于整个系统的运作有重要作用"。熊彼特也看

---

① J.A.Schumpeter, *Business Cycles: A Theoretical, Historical and Statistical Analysis of the Capitalist Process*, 2 vols.(London: McGraw-Hill, 1939), vol.1, p.104.

到了创新所呈现出的挑战,不管金融代理商是银行家还是风险资本家:

> 这些失败表明,在处理新命题的过程中,金融创新与不端
> 行为或行为不当之间是否已经建立起了联系,这是很难做出
> 判断的。特别是诱惑力太大时,这是很自然的事情。[①]

熊彼特尽力将企业家与试图想要扮演这个角色的人区分开来。在"自由资本主义"时期,企业家通常是公司的首脑之一。这种情况也常见于创新经济时期新创立的公司,而创新经济正是风险资本家活跃的地方。但是,在现代资本主义中,如果一个企业家的身份是经理、拿薪水的雇员或是主要股东,那就很成问题了。熊彼特不断拓宽研究深度,最终似乎碰触到了早期风险投资这个领域:

> 虽然公司发起人不一定非得是企业家,但发起人有时会
> 承担起企业家的角色,并开始举这个唯一的例子来说明,有一
> 种人的职业是企业家,仅此而已。[②]

从历史和概念角度来说,积极进取的剩余财富所有人转变为被动的创业者,这个过程为专业风险资本家创造了机会。

与其几十年的工作格格不入的是,熊彼特开始设想,资本主义成熟

---

① J.A.Schumpeter, *Business Cycles : A Theoretical , Historical and Statistical Analysis of the Capitalist Process* , 2 vols.(London : McGraw-Hill,1939), vol.1, pp.116－117.

② J.A.Schumpeter, *Business Cycles : A Theoretical , Historical and Statistical Analysis of the Capitalist Process* , 2 vols.(London : McGraw-Hill,1939), vol.1, p.103.

之时就是企业家的灭亡之日:

> 一方面,相比于过去,现在做一件自己不熟悉的事情要容易得多——创新本身已经有套路可循。技术进步逐渐变成受过培训的专业人员的事情,他们按要求制造产品,并让产品按预期的方式发挥作用……

> 另一方面,在一个习惯于经济变革的环境中,性格和意志力的重要性必然会被削弱……

> 完全机构化了的大型工业公司,不仅会将中小企业赶出市场并剥夺其所有者的权利,最终还会将企业家赶出去。①

熊彼特也不是完全错误的。对于某些创新领域来说,只有大型公司才有资源来开发创新技术,为这些技术创造价值,并发现相关的商业用途。材料科学领域提供了一个案例。从《毕业生》(*The Graduate*)中的经典塑料到纳米技术,要想减少创新制造流程,以可靠而低成本的方式将创新技术用于实践,使这些技术得以应用,需要耗费巨大的金钱和时间成本,这表明,只有像通用电气和杜邦这样的大公司,才能成为行业先驱,而不是依靠风险投资的新兴企业。但是,根基深厚、市场地位稳固的公司也经常会失去领导地位,即便这些公司的实验室是某项创新技术的首要来源。在我亲身参与的信息技术世界里,这些都是非常重要的前提条件。

---

① J.A.Schumpeter, *Capitalism*, *Socialism and Democracy*, 4th edn.(London:Allen & Unwin, 2010 [1943]), pp.132—134.

在凯恩斯看来,资本主义成熟的标志是,在市场的调节作用下,资本家的投资决策与金融家的投资决策产生分歧,而股权和债务可用于交易。由此导致的所有权与控制权的分离,使资本家变成了被动的投资者。而证券市场的运作方式几乎一直在将投资者转变为投机者。相比于投机这种"预测未来市场心理的活动",创业是"企业家在其一生中能带来的预期收益的活动"。[①] 对于从事融资的资本家来说:

> 最显著的事实是,我们在预测预期收益时所依据的那些知识,它们的基础极其不稳定……坦白说,我们必须承认,我们在预测今后 10 年甚至今后 5 年,一条铁路、一个铜矿、一家纺织厂、一种专利药品的商誉、一艘大西洋班轮或一幢伦敦建筑的预期收益时所依据的知识价值很小,有时甚至没有任何价值。[②]

凯恩斯写道,置身于一个充斥着"不完整信息"的市场,投资者必须根据资本主义:

> 注重在传统的估值基础上,预测短期变化;而不是对投资预期做出格外长远(长达一生)的预测……如果你认为在今后

---

① J.M.Keynes, *The General Theory of Employment, Interest and Money*, in E.Johnson and D. Moggridge (eds.), *The Collected Writings of John Maynard Keynes*, vol.7 (Cambridge University Press and Macmillan for the Royal Economic Society, 1976[1936]), p.158.

② J.M.Keynes, *The General Theory of Employment, Interest and Money*, in E.Johnson and D. Moggridge (eds.), *The Collected Writings of John Maynard Keynes*, vol.7 (Cambridge University Press and Macmillan for the Royal Economic Society, 1976[1936]), pp.149—150.

3 个月里,某项投资的市场价值是 20 美元,你就不能为此花费 25 美元,虽然你认为其预期收益会使其价值达到 30 美元。这是不理智的行为。[①]

因为资本主义的失败,导致企业未能使经济从大萧条中复苏过来这一事实,凯恩斯将投资者描述为局限于证券交易所里活动的人。这一描述与现代风险投资家的形象有着惊人的相似之处。事实上,从 1980 年到 2000 年,一小部分从事职业风险投资的群体是作为一个产业出现的,这整个过程都与资本主义历史上的最强牛市有着千丝万缕的联系,并受后者的驱动。

风险投资行业的演变

1980 年,《退休职工收入保障法》(Employee Retirement Income Security Act)(修正案)允许将养老金投入风险投资这样的风险资产上,之后累计投入美国风险资本协会(NVCA)的总资本达到 20 亿美元,相当于 2010 年的 50 亿美元。从 1985 年到 1995 年,风险资本一直保持着每年 50 亿~100 亿美元(按现在的美元价值计算)的速度稳步增长。20 年后,流入风险资本市场的资金在 2000 年达到顶峰,即 1 050 亿美元。

---

① J.M.Keynes, *The General Theory of Employment*, *Interest and Money*, in E.Johnson and D. Moggridge (eds.), *The Collected Writings of John Maynard Keynes*, vol.7 (Cambridge University Press and Macmillan for the Royal Economic Society, 1976[1936]), pp.154—155.A useful interpretation of Keynes's nuanced understanding of the context of "imperfect knowledge" in which investors function is provided by R.Frydman and M.Goldberg, *Beyond Mechanical Markets*: *Asset Price Swings*, *Risk*, *and the Role of the State*(Princeton University Press, 2011), pp.121—127.

股票市场偏爱创新经济,特别是对具有风险投资支持的企业来说,上市似乎是一个很自然的事情,而且有时会有几次公开募股热潮。这种状况最终以 1999～2000 年间的互联网经济大泡沫而告终。以下描述可能会更直观一些。1983 年出现了微型泡沫,这一年,所有风险投资资本支持企业首次公开募股所募集到的总资本为 38 亿美元,比 2000 年的 90 亿美元略微少一点。1999 年和 2000 年募集的总资本分别为 210 亿美元和 260 亿美元。[①]

有一项指标可以反映出,在过去几代人的时间里,是什么在主导着风险回报,这个指标就是股市的状况。从 1980 年到最近的后泡沫时代,风险资本回报对首次公开募股市场的依赖性是很明显的。我和悉尼大学的迈克尔·麦肯齐(Michael McKenzie)做了一项研究,我们统计 1980 年之后的每个季度那些风险投资支持企业首次公开募股的次数,以及上市时有多少企业是尚未盈利的。利用这些数字,麦肯齐和我研究出了反映首次公开募股市场投机情况的一个指标。我们发现,如果投资者收回投资的时间正好赶上首次公开募股的市场泡沫,这些风险资本的内部收益率(Internal Rate of Return, IRR)的中位值为 76%;而当首次公开募股的市场条件欠佳时,资本退出的内部收益率的中位值仅为 9%。[②]

对股市的必然依赖,使市场产生了不恰当的刺激因素。或许,对于现代的风险资本家来说,最能诱导他们走向毁灭之路的,可能就是试图

① National Venture Capital Association, *2010 Yearbook* (New York: Thomson Reuters, 2010), pp.15,19,28,43—46,49—54.

② M.D.McKenzie and W.H.Janeway, "Venture Capital Funds and the Public Equity Market," *Accounting and Finance*, 51(3) (2011), pp.764—786.

从当前市场信号中找到新的资本投资的合适方向。凯恩斯举例说明,"如果我们可以从公司中剥离出其中一块业务在股票交易所中单独交易,并能够立即带来利润"[①],投资者就有了过度投机的"诱因"。但是,长期以来,风险投资过程中的潜在因素太多。比如在 1999~2000 年间的泡沫时期,大量风险投资基金参与投资的企业纷纷上市。但最终审判总是来得太快,风险投资者还没来得及清算账面收益,他们的股份和投资项目就都毁灭了。

但是,经济泡沫及其余波对风险资本回报的整体情况有着巨大的影响。从 1981 年风险投资市场出现,到 1994 年风险投资基金的推出,所有风险投资基金公司派发给有限合伙股东的总股利是股东们投资额的 3.4 倍。1995 年,该值达到 6.19 倍;1996 年是 4.97 倍。但是,1998 年,该值跌到 1.38 倍,这也是有限合伙股东们最后一年获得现金的正收益。一直到 2009 年底,美国风险资本指数的 10 年回报率都是负值;从 2009 年底到 2010 年 12 月 31 日,回报率仍然同比下跌 2%。直到 2011 年,回报率才稍稍回到回归正值(2.6%)。[②]

从 20 世纪 90 年代初到 21 世纪第一个 10 年中期,这是一种趋之若鹜的状态,在美国风险投资协会会员们的管理下,国家养老基金市值增长了近 10 倍,从 1989~1992 年间的平均 220 亿美元,大幅增长到 2006 年峰值的 2 400 亿美元。由此产生的一个直接后果就是,由投资人和企业家所管理的创业基金规模也在不断膨胀,从原先募集 1 亿美元资本

　　①　Keynes, *General Theory*, p.151.

　　②　Cambridge Associates LLC and National Venture Capital Association, "Difficult Q3 2011 Did Not Slow Improvements in Long Term Venture Performance," press release, January 24, 2012. Available at www.nvca.org/? option＝com_content&view＝article&id＝78&Itemid＝102.

到现在轻松募集 10 亿美元资本。虽然传统的风险投资模式没有为企业家们提供足够的机会,没能使他们将这些资本运转起来,但管理费收入 10 倍增长却为企业家们提供了足够的刺激,使他们不愿意再缩小到泡沫前的规模。

许多公司拓展了它们的业务,从为处于初期发展阶段的创业公司提供资金,到收购成熟企业的一小部分股份,甚至到参与上市之前配售。这些策略都有显著特点,每个策略的成功也都取决于完全不同的原则。而这些原则,只能通过长期而艰辛的边做边学的过程才能掌握。还有的公司则寻求并找到了足够多的投资机会,将原本属于传统行业资本投入新兴公司:众多替代能源项目的失败就是例证。

越来越多的风险资本家预料到,在活跃的首次公开募股市场长期缺席的情况下,合理的策略是缩减公司资金管理规模,比如压缩到 1 亿美元左右,以便专注于为大型公司的研究和开发提供资金,从而能够在风险项目显示出良好的发展前景时及时进行出售,并放弃试图建立起一个可持续发展的独立的风险投资业务的尝试。但是,有些企业的收缩更厉害,转而支持顾客导向的互联网新兴企业。虽然这些互联网新兴企业可能很难获得可持续的发展,但这些企业的创业资本起点却是最低的,因为已经有现成的免费开源软件和众多可租用的计算资源,此外,互联网本身也是营销和分配的渠道之一。

在经历了 21 世纪第一个 10 年中期的经济反弹之后,风险投资基金的投资额急剧下滑:从 2009 年的 160 亿美元下滑到 2010 年的 140 亿美元,再下滑到 2011 年的 180 亿美元。[1] 美国风险投资协会的会长马克·黑森(Mark Heesen)在展示 2011 年资金筹募数据的时候,这样总结整个行业的状况:

> 在过去一年里,募集风险资本的企业数量基本不变,而它们所募集到的风险资本较以前有所增加,这表明该行业的整合态势仍在继续。我们投资的资本仍比我们从投资者手中募集到的资本要多。这两种趋势——如果这些趋势持续存在的话——表明,风险投资的水平和规模正在开始重新调整,资本仍然集中掌握在少数投资者手中。事实上,我们这个行业的规模正在缩小;随着时间的推移,这也将影响到新兴企业健康发展。[2]

风险资本对投机和国家的依赖

1999～2000 年的经济泡沫显示了创新经济下游阶段的最大金融动力。人们之所以投资那些充满希望的大型企业——当然结果是,这些企业大多破产了,其原因是,那些提供融资的人几乎不需要关心这些投

---

① Thomson Reuters and National Venture Capital Association, "Venture Capital Firms Raised $ 5.6 billion in Fourth Quarter, as Industry Continued to Consolidate in 2011," press release, January 9, 2012. Available at www.nvca.org/? option=com_content&view=article&id=78&Itemid=102.

② Thomson Reuters and National Venture Capital Association, "Venture Capital Firms Raised $ 5.6 billion in Fourth Quarter, as Industry Continued to Consolidate in 2011," press release, January 9, 2012. Available at www.nvca.org/? option=com_content&view=article&id=78&Itemid=102.

资项目的基本经济价值。风险投资家和首次公开募股的购买者在做投资决策时，并没有评估这些项目的未来现金流。这些人之所以投资，是因为他们希望，更确切地说是期望，在产生现金流之前，他们就可以将这些股份出售给更加满怀信心的——或者说是更愚蠢的——购买者。与科学发现和技术发明的上游投资相同的是，创新经济激发了经济体制容忍浪费的能力。1999～2000 年的情况极为相似，过度投机仅限于股票市场范围内，但没有影响到信用体系，而日常经济活动都是依靠信用体系展开的。

从 2000 年开始，首次公开募股市场开始急速而持久地衰落，从 20 世纪 90 年代的平均每年 547 次首次公开募股，到 2001 年以后的平均每年 192 次。[①] 这种衰落不仅仅是由于互联网泡沫的爆发。从 1975 年取消经纪人固定佣金之后，一系列旨在提高股票市场交易效率的改革措施成功地将股票交易的利润降到最低，尤其是那些交易量不大、市值相对较小的股票。不仅投资基本面研究拿不到任何收入，就连独立投资银行的收入来源也被切断了，很难从中赚到钱。

经济泡沫出现之后，市场提高了对上市公司申报和会计方面的要求，这增加了公司上市的成本，也使上市公司的运营成本加大。股票市场上进行了更多根本性的改革：投资银行行业的合并表明，专注于风险投资的投资银行作为一种商业模式，已经不存在了。2012 年 3 月通过的《创业企业推进法案》(Jumpstart Our Business Startups Act，下简称

---

① IPO Task Force, "Rebuilding the IPO On-Ramp: Putting Emerging Companies and the Job Market Back on the Road to Growth," presented to the US Department of the Treasury, October 20, 2011.

JOBS 法案)①,不会改变这种制度的现实状况。JOBS 法案通过减少管理监督和透明度,同时批准零售"大量供货"来为投机性新兴企业提供资金。但是,JOBS 法案确实能够再次激发不道德行为的产生;这些不道德行为在 20 世纪 70 年代之前的首次公开募股市场上十分典型。

　　在退出时,风险资本收益对首次公开募股市场状况的依赖是风险投资的四大典型事实之一。第二个典型事实,也是广泛公认的一个事实,就是这种收益的极其不对称性:这个行业的总体收益是由很小一部分风险资本基金和风险投资公司创造的。我和麦肯齐分析了包括 205 只风险投资基金的数据库,其平均内部盈利率为 47%。但是,排名前 20 位的基金所取得的平均内部盈利率高达 215%。如果把这 20 只基金从样本中剔除出来,则剩余样本的平均收益率就会跌到 27%。②

　　即便保留排名前 20 位的这些基金,从统计测量的角度来讲,我和麦肯齐研究的这些基金,其收益与股票市场上的现有收益相当。由于我们能够得知有限合伙股东之间真实的、标有日期的现金流情况(他们为我们提供了这些数据),以及他们所投资基金的情况——这是非常难得的,因此,我们能够将这些基金的收益与投资者投资到股市所带来的收益进行比较。为了进行这方面的研究,我们需要将样本量减少到 136 只已经完全停止的基金。这些基金实现的所有收益都已经被分派出去了,因而没有受到互联网泡沫的影响。我们为每个真实的基金创造了

---

　　①　《创业企业促进法案》(Jumpstart Our Business Startups Act),旨在通过放松一系列证券监管政策,帮助成长中的公司更方便地获得融资支持。法案支持者认为它是创造就业的关键,因此这部法案也被称为"JOBS 法案"。批评者认为,法案支持众筹等方式融资,放松了《萨班斯—奥克斯利法案》对小型上市公司规定的合规要求。——译者注

　　②　McKenzie and Janeway,"Venture Capital Funds and Public Equity Market,"p.8.

一个合成替代基金；每个基金收到多少钱，我们就把等额的钱"投资"到纳斯达克指数，并在每个分派日，从该指数中取出与分派给有限合伙股东的等额的钱。结果令人震惊：136 只真实基金的平均收益是将其投资到股市所能获得的平均收益的 1.59 倍；如果把前 1/10 的基金剔除，则该倍数就会降低到 1.02 倍。这 136 只基金的中位数（包括前 1/10 的基金），与股票市场所能实现的收益完全一致，并且投资有限合伙股东可以拥有完全、持续的流动性。[①]

　　风险资本的第三个典型事实是，与其他所有类型的资产不同，个人经理的收益有持续性。我们的数据分析结果证实了史蒂文·卡普兰（Steven Kaplan）和安托瓦内特·舍布尔（Antoinette Schoar）的调查结果，后者对更大样本量的基金进行了调查，即通过研究某经理人所操作的某只基金的表现，在很大程度上可以预测该经理人所经手的下一只基金的收益。[②] 研究结果同样表明，连续创业者的成功率具有持续性[③]，这证实了人们的一个直觉判断，即优秀的风险资本家和优秀的企业家建立起了自我强化的正反馈循环。

　　风险资本的第四个典型事实是，职业风险资本家的活动和收益都集中在很小一部分工业领域中。不同于前三个典型事实，这个事实很

　　① This methodology was developed by Steven Kaplan and Antoinette Schoar to characterize a large database of venture capital funds with comparable results；it was published in S.V.Kaplan and A. Schoar，"Private Equity Performance：Returns，Persistence and Capital Flows，" *Journal of Finance*，60 (4)（2005），pp.1791—1823.

　　② M.D.McKenzie and W.H.Janeway，"Venture Capital Fund Performance and the IPO Market，" Centre for Financial Analysis and Policy，University of Cambridge Working Paper 30（2008），p.21 and table ix.

　　③ P.A.Gompers，J.Lerner，D.Scharfstein and A.Kovner，"Performance Persistence in Entrepreneurship and Venture Capital，"*Journal of Financial Economics*，96(1)（2010），pp.18—32.

少出现在学术文献中。1980 年之后的 30 年里，美国风险投资协会的会员们将 50%～70%的资金投入信息通信技术（ICT）行业，投入该行业的资金平均为总投资额的 60%。① 长久以来，风险资本家将 80%的资金投入信息通信技术和生物医学行业。②

在第 2 章，我探讨了联邦政府科学研究与技术发展基金为发展初期的风险资本行业提供的巨大资助。其中，国防部采购了有关信息通信技术（ICT）的大量产品。生物技术也得到了美国国家卫生研究所（NIH）的研究基金的支持。这段历史对于回答我们应当面对的一个问题有关键作用，虽然所有评估上一代风险资本行业现象的人都很少提及这个问题。这个问题就是，为什么风险资本家在信息技术和生物医药行业能够如此成功？与此形成鲜明对比的是，其他科学发现和技术革新的前沿领域却几乎一再失败？简言之，只有这些科研行业得到了政府的大规模支持，使他们能够将科学发现转化为技术革新。借助国防部和美国国家卫生研究所，联邦政府资助建立了一个孕育新兴产业的平台，在这个平台上，企业家和风险资本家得以发挥潜力。

生物技术行业的发展清楚地表明，进入股票市场对于风险资本家来说有着极其重要的作用，而且其收益也有着与众不同的持续性。正如我和我在埃伯斯塔特公司的合作伙伴在 20 世纪 70 年代末风险投资行业诞生之时就意识到的，生物技术新兴企业的未来发展前景与新兴软件公司或半导体公司显著不同：在投资风险基金的寿命期内，人们无

----

① The standard deviation of the time series is only 0.09 over the period.

② National Venture Capital Association, *2010 Yearbook*, p.31. The ICT sector includes Media and Entertainment, which did not become a significant category until the mid-1990s. By that time (for venture capitalists, at least) it was embedded in the world of the internet.

法想象,一家生物技术企业如何从其产品销售中获取收益。人们只能通过出售能够为其带来这些收入的权利,即公司股权来获取收益。这个行业的历史经济表现已经很清楚地证实了我们的预期。

加里·皮萨诺(Gary Pisano)为生物技术行业 30 年的发展史做了如下权威分析:

> 从 1975 年到 2004 年……当税收呈指数增长时……该行业的盈利水平却一直接近于零。此外,如果我们把最大、最盈利的企业——安进公司(Amgen)——排除在外,那么其他企业的盈利状况会更加糟糕。如果没有安进,那么该行业在其整个存在历史上都一直保持着稳定的亏损状态。因此,这里提供的数据仅仅是指该行业最盈利的部分。[①]

皮萨诺计算,上市生物公司"平均需要近 11 年""才能第一次获得正现金流",而且这是从他们首次公开募股上市的日期,而不是从他们真正成为企业的日期算起的,但上市日期要比公司创立日期晚很多年。[②] 但他下面的这番话则远远超出了我们的直觉:

> 至少在行业层面上,我们根本不可能再找到其他例子,使如此多的新兴企业能够承受如此持久的亏损,并且其中大部

---

① G.Pisano, *Science Business: Promise, Reality, and the Future of Biotechnology* (Boston: Harvard Business School Press, 2006), p.117.

② G.Pisano, *Science Business: Promise, Reality, and the Future of Biotechnology* (Boston: Harvard Business School Press, 2006), p.117.

分可能永远都不会获得成功。①

　　因为在有些行业，如果获得正现金流需要如此长久的时间，则风险资本就不会进入这些行业。例如，在由材料科学衍生的行业（比如塑料）中，就没有风险投资的成功案例。塑料是创业可能性的试金石，但它不是风险资本家的投资领域，无论这些风险资本家多么有耐心。正如我从埃伯斯塔特公司的艾德·贾尔斯那里了解到的，杜邦和通用电气都至少花了 20 年时间和 10 亿美元(现值)，才实现了新一代工程塑料的商品化。纳米科学和技术领域也是如此：这些领域同样要求企业能够在几十年的时间里调动非常巨大的财务资源，以辨别出那些能够带来经济收益的潜在应用，并向下移动学习曲线，使之进入高效生产阶段，这些任务都只适用于成熟企业，新兴企业根本无法完成。在政府投资相应的科学和技术之前，风险资本家试图开发清洁技术和环保技术的努力最终都未能激起金融市场的预期投机反应。

　　问题是，在发展前景和经营绩效令人失望的情况下，风险资本家们为何仍继续投资生物技术项目，并且不断加大投资额？ 从 1985 年到 1994 年，投资到生物技术企业的资本都接近 5 亿美元；此后，风险资本规模开始大幅增加，并在泡沫顶峰时达到 40 亿美元。从 2001 年到 2010 年，风险资本家每年投到生物技术领域的资本都超过 30 亿美元；其中 2007 年的投资额最高，达到 50 亿美元；2009 年，投入到生物技术

　　① G.Pisano, *Science Business：Promise，Reality，and the Future of Biotechnology*（Boston：Harvard Business School Press，2006），p.118；emphasis in original.

上的资本为 37 亿美元,这一行业占到所有风险资本投资的 17% 左右。[①]

这个问题的答案可以从以下事实中获得:21 世纪的最初几年里,风险资本家从生物技术领域获得的收益,比他们从信息和通信技术领域获得的收益要多。毋庸置疑,这些收益的获得源自他们能够进入首次公开募股市场。从 1980 年之后的 30 年中,在其中 15 年里,生物技术公司每年首次公开募股达到 10 次以上,尤其集中在 1983 年、1991～1993 年、1996～1997 年和 2000 年。值得一提的是,从 2004 年到 2007 年,也就是风险资本支持的首次公开募股市场相对低迷的那些年里,有 77 次生物技术首次公开募股,这比信息和通信技术领域的首次公开募股的总和还要多得多。[②] 这就解释了,为什么投资到生物技术领域的资本的回报率接近于风险资本市场的整体回报率。[③]

为什么公众投资者似乎时刻准备着买入这种首次公开募股呢? 皮萨诺(Pisano)给出了一个解释:

> 当生物技术领域的总体回报很低的时候,投资者就会关注资源分配的"末端"。像安进这种获得非凡股票收益的公司,为其他投资者指明了方向……虽然可能性很小且风险很大,但希望总是存在。[④]

---

① National Venture Capital Association, *2011 Yearbook* (New York:Thomson Reuters 2011),table 3.10 (p.31).

② National Venture Capital Association, *2011 Yearbook* (New York:Thomson Reuters 2011),p.51.

③ Pisano, *Science Business*,p.113.

④ Pisano, *Science Business*,p.129.

还有另一个更深层的原因。当某个目标分子被认为是某种疾病状态的潜在治疗反应时,人们就可以据此判断出潜在的病人群体,即"目标市场";也就可以根据市场上已有的药物,大概判断出每个病人的治疗费用。由于需求来自第三方支付者,所以需求是无弹性的。这也意味着,看似合理的收益评估,可能只代表偶然情况。当然,所有评估必须建立在成功的临床试验和美国联邦药物管理局许可的基础上。因此,生物技术新兴企业是很特别的:只有当它们跨过了市场准入的科学障碍和法规障碍时,才有可能估算其基本价值,即投资产生的净现金流的现值。事实上,投资者一再选择将赌注押到这种偶然性上。生物技术这一例外情况证明了,在一个科学和技术风险巨大的领域,相比于科研的不确定性,市场风险所带来的不确定性要小得多。

即便困难重重,在生物技术领域,仍有一些风险投资者一再取得成功:凯鹏华盈风险投资公司(kleiner perkins)的布鲁克·拜尔斯(Brook Byers)和文洛克公司(VenRock)的托尼·伊弗宁(Tony Evnin)都在过去30多年里取得了非凡的成就。他们的成就证实了我的实践经验,以及我和其他人的学术研究的价值。投资者不应将资本简单地投入风险基金,就好像这些基金是类似于储蓄、债券等独立的资产类别一样,并期望这些基金的收益比股票市场现有股票的收益更可靠、更高。相反,投资者应当试图寻找那些为数不多的职业风险资本家,这些资本家有着非凡的能力,可以驾驭不同种类的基金,并能应对各种市场状况。如果暂时还没有信任人选,那么我给你的建议很简单、很绝对,那就是,继续寻找。

20 世纪 80 年代末,我就风险资本收益所做的学术研究应该说超前了 20 年,后来的事实也证实了我的研究成果。但那时,我已经有一个模糊的直觉,这种直觉来源于我的实践经验,以及我对风险投资回报偶然性的了解。从广义上来说,我的投资活动的核心观点是未来可预期现金流的现值。就这方面而言,其对股票市场偶然性的依赖性并不如在别的地方那么强烈,我们可以在创业风险资本基金的投资期限内获得经营活动产生的正现金流,这在很大程度上,是因为政府对潜在科学与技术的沉没投资,为风险资本在该领域的投资铺好了路,使其可以顺利将发明转化为具有市场价值的产品或服务。

因此,在职业经验与技术经济发展的那个交点上,我们可以分辨出创新经济中的"三方玩家游戏"的动态,即便那时候还没有这个词。如同布罗代尔试图将超级利润从市场经济提取出来一样——当然现在这种提取是由技术来驱动的而且得到了国家的资助,美国对这些行业进行了前所未有的投入。但是,就广阔的金融市场而言,这些收益的实现将有赖于投机利益,甚至相当部分超额利润来自投机。

从华平投资公司开始

1988 年 7 月 5 日,我刚刚结束和富林明集团(Robert Fleming & Co.)的合约,就加入了华平投资公司(Warburg Pincus)。那时,我和华平投资公司董事长兼首席投资营运官约翰·L. 沃格尔斯坦(John L. Vogelstein)已经认识 10 年了。到目前为止,华平投资公司一直是美国风险投资协会规模最大成员之一。它一直是企业接受风险投资之后定向增发的潜在投资者,而定向增发同时也是埃伯斯塔特公司融资业务的核心。但是,华平投资公司的投资策略与我们那时正在实施的策略恰恰相悖。华平投资公司在任何情况下,都不是一个消极的投资者。它一直在寻求成为参与管理的战略投资合作伙伴,通常是在购买优先债券的同时获得管理权和保护条款,因而总是能在董事会上占有一席之地。我很早就对约翰非凡的投资敏锐性仰慕不已,因为他常常能深入分析某个交易,并解释为什么——虽然这个交易作为一项业务很有吸引力——对华平投资来说,这却不是一个投资机会。

　　从 20 世纪 60 年代开始,华平投资公司就一直是老华尔街"交易生意"(deal business)职业化的先驱。投资银行公司早就建立起了针对私人客户的非流动性投资业务,而它们的客户所涉及的行业也很广泛,从油井到电影,再到试图治愈癌症的反重力设备"黑箱"——作为高科技产品而为人们所知。在很大程度上,交易生意是一种没有计划性的活动,虽然这个行业里也有很多出众的从业者,如劳伦斯·洛克菲勒(Laurance Rockefeller)、J. H. 惠特尼公司的本诺·施密特(Benno Schmidt)、瑞德公司的安德烈·梅耶(André Meyer)和费迪南德·埃伯斯塔特。作为一个 20 世纪 60 年代早期的年轻投资银行家,莱昂内尔·平卡斯(Lionel Pincus)曾经想象建立一家公司,专门处理这类投资业务,并怂恿他的朋友约翰·L. 沃格尔斯坦和他一起来努力实现这一构想。

　　得益于和艾瑞克·沃伯格(Eric Warburg)的关系,莱昂内尔在实施其构想的过程中,取得了跨越式的发展。艾瑞克·沃伯格是马克斯·沃伯格(Max Warburg)的儿子和继承人;而马克斯·沃伯格从 19 世纪到 20 世纪 20 年代,一直是德国举足轻重的金融家。一直到纳粹政府控制了 M.M.沃伯格公司（M.M.Warburg & Co.），艾瑞克才定居纽约。他的家族背景十分深厚：他的一个叔叔保罗·沃伯格（Paul Warburg），曾经是美联储体系的主要缔造者之一；另一个叔叔菲利克斯·沃伯格（Felix Warburg），当时正在其位于 32 号街和第五大道交界处的住所里建立一个国际慈善网络，也就是如今的犹太博物馆。此兄弟二人分别娶了所罗门·雷波（Solomon Loeb）的女儿和雅各布·希夫（Jacob Schiff）的女儿，雷波是美国最大的犹太投资银行库恩雷波的创始人，而希夫则代表该银行的主导势力，由此结成了王朝联盟。

1971 年，华平投资公司做出了关键性的转变，从临时的交易处理到建立起机构体系。莱昂内尔和约翰募集的第一笔资金大约是 4 100 万美元，由此建立了 EMW 风险投资基金。莱昂内尔过去常说："那似乎就是世界上所有的钱。"越南战争结束后，甚至是在 1973 年第一次石油危机爆发之前，金融和经济状况就使人们持续削减股市的估价。通过仔细分析股票市场，莱昂内尔和约翰做好了准备。在接下来的熊市，华平投资公司做出了战略性的投资，投资那些资产贬值的上市公司，其中最著名的，就是 20 世纪福克斯和休曼纳（Humana）①的前身。由此，华平投资公司构建起一项庞大的"废物处理"业务，并为其提供资金。

EMW 投资基金从最开始就将其所有的资本都投了出去，由此承受了巨大的账面浮亏压力。10 年后，它成功摆脱了困境，基金内部收益率达到 15%（如果它按照基金管理需求来及时分配资金——这在不久后成为标准惯例，那么这只基金可以取得 30% 的内部收益率）。莱昂内尔

---

① 该公司创立于 1961 年，早先是一家从事养老护理服务的公司。1974 年更名为休曼纳（Humana），20 世纪 80 年代之后向健康保险转型。2009 年被美国卫生部裁定欺诈，声誉和业务严重受损。2005 年被安泰保险（Aetna）收购。——译者注

和约翰还成功忽视了艾瑞克·沃伯格的表兄西格蒙德·沃伯格（Sieg-mund Warburg）的一再打击。虽然西格蒙德创立了伦敦最大的投资银行，但他从来不愿承认以下这一事实：有一家美国公司具有同他平等的权利来使用他的家族姓名，并且，他对这家公司的成功没有起到任何作用，并且他也无法对这家公司施加任何影响。

基于他们的成功投资，莱昂内尔和约翰开始大幅扩展公司规模。从 1980 年的第一笔 1 亿美元，到 1983 年的 3.41 亿美元，再到 1986 年的第一笔 10 亿美元。自始至终，该公司都坚持其核心策略：利用能够带来利润但需耐心经营的股权投资，来为杰出的运营高管们提供资金支持，以便建立或重新建立起有影响力且可持续的业务。遵循这一普遍的投资理念，华平投资逐步扩展公司业务，从投资处于发展初期的新兴企业，到将小部分资金投资到成长型企业，再到兼并部分或全部已经成熟但价值尚未被发现的企业。虽然该公司一贯坚持凯恩斯的评估"公司整个生命周期内的资产预期收益"的做法，但就投机活动而言，该公司的观点却与大众观点相反。① 凭借其十多年的投资经验，华平投资完全有能力逆市场潮流而行。截至 20 世纪 80 年代，该公司已成为金融资本主义与市场经济之间博弈游戏的最大玩家。

随着公司的成长和成熟，华平投资开始掌握某些行业领域的专门知识。在这些行业领域，早期投资成功使人们对该行业的长期行业动向有了一定了解。其中最早的案例，就是伴随着休曼纳的成功，保健服务日益兴盛，并由此逐步扩展到医疗设备和生物技术。即便该公司已经是美国风险投资协会的最大创始成员，华平投资依然远离高技术风

---

① Keynes, *General Theory*, p.158.

险项目。在高技术领域,它一直跟随着别人的脚步。在凯鹏华盈公司和资产管理公司这些领跑的风险企业闯出一片天地后,它才进入这个行业。现在,华平投资公司手握 10 亿美元的投资基金,约翰决定是时候尝试一下,莱昂内尔也支持这一决定。他们的公司能否以其独特的方式,成功投资经济领域中发展最快速的行业,并且华平不再是新兴企业的跟投者,而是作为领投人,甚至是唯一的投资者。

1988 年 4 月,我和约翰在一起吃午饭的时候,我们发现了一个机会。在之前的 15 年里,我从一个什么都涉猎的投资银行家转型为风险资本家。我从自身经验里得出几个战略教训。第一个教训来源于一个观察结果:在任何时候,市场上总会存在一些人们不知道如何使用的技术。其结果就是,就股市而言,现有技术创造不出经济价值。发现市场需求并根据这些需求来提供产品和服务,这才是价值的来源。反之,当市场需求十分明确,且市场上也有相应的技术时,很多公司会同时生产出许多产品。我曾经远远观望 20 世纪 80 年代初著名的磁盘驱动器之战,20 家由风险资本支持的新兴企业在市场上相互竞争,最终只有两家企业能够保持盈利。[1] 随后不久,又爆发了"只是又一个工作站"(just another workstation,JAWS)之战。在这场战争中,十几家公司相互竞争,但只有太阳微系统公司和硅谷图形公司(Silicon Graphics)成为最终的赢家。[2]

第二个教训,也是与第一个教训紧密相关的教训是,最好的技术未

---

[1]　P.A.Gompers and J.Lerner, *The Venture Capital Cycle*, 2nd edn.(Cambridge, MA: MIT Press, 2004), p.165.

[2]　H.Kressel and T.V.Lento, *Investing in Dynamic Markets: Venture Capital in the Digital Age* (Cambridge University Press, 2010), p.24.

必就能赢;事实上,很多实例表明,最好的技术很可能会输。在三个关键转折点,最会利用和实施最先进信息技术的公司,都被那些营销和管理做得更好的公司打败了。那些开发出最好技术的公司,它们往往自己也知道这些技术是最好的,常常表现得好像它们相信盈利因素是次要因素似的。在对进化经济学的开创性研究中,纳尔逊(Nelson)和温特(Winter)模拟了创新者与模仿者的竞争:"在我们的模拟世界中,一个模拟策略可能是,如果在行业发展初期侥幸获得支持,那就做个逃亡的赢家。当然,模仿者至少会在某些时候有好运气。"①

第一个例子是齐格洛半导体公司(Zilog Semiconductors)②。20 世纪 70 年代末,齐格洛半导体公司设计出的能够处理十六位数据的微处理器,是所有此类微处理器中最好的一款。该公司曾经垄断了第一代微处理器的市场,即能够处理八位数据的微处理器。但是,新的 Z8000 无法与 Z80 上的软件应用系统兼容。当齐格洛开始失去它的客户群时,摩托罗拉和英特尔都开始投资制作技术上略逊一筹但可与它们各自的上一代设备兼容的 16 位微处理器。英特尔尤其证明了其市场策略的成功之处:它的"运算迷"(Operation Crush)活动不仅使其在市场上赢得一席之地,成为 IBM 个人电脑的引擎,而且使英特尔的 x86 成为未来一代电脑的标准。

齐格洛的失败却成了我们的机会:10 年之后,华平投资公司的最初

---

① R.R.Nelson and S.G.Winter, *An Evolutionary Theory of Economic Change* (Cambridge, MA: Belknap, 1982), p.344.

② 齐格洛半导体公司(Zilog, Inc.)由英特尔 4004-8080 芯片开发主要功臣费德里科·法金(federico faggin)与其在英特尔的同事拉尔夫·安杰曼(Ralph Ungermann)于 1974 年共同创办。公司生产的 Z80 系列控制器被誉为计算机历史上最重要的一款微处理器之一。该公司 1998 年被得克萨斯太平洋集团(Texas Pacific Group)收购。——译者注

几个成功的 IT 投资案例中,其中之一就是资助一个来自齐格洛的创业团队。该团队知道如何将齐格洛的技术应用到低成本的消费性电子产品上。我们基于大胆预测,杠杆收购了一家技术公司。埃克森石油公司(Exxon)起先是齐格洛早期投资者,后来成为齐格洛的重要股东;最终埃克森石油公司投资部门以清算收场。这表明,埃克森石油公司试图将石油和天然气的富余现金转入信息技术领域的努力宣告失败。[①]

关于有最好的技术却输掉的第二个例子是 IBM 个人电脑。当 IBM 意识到管理电脑资源的软件,也就是操作系统,具有决定意义的重要性时,它真的有点后知后觉了。当 IBM 带着它原创的个人电脑冲进市场时,它已经认可了微软公司的磁盘操作系统(MS-DOS),而它自己的系统则是由其他公司的技术组装起来的。现在,IBM 开发了自己拥有专利的操作系统——OS2。依据多年来领先的研究结果以及专为大型机和中型机而设计的操作系统的操作经验来判断,该系统有着稳健的性能。但是,微软对个人电脑市场的控制权从未动摇过,而且微软成功地从脆弱的 DOS 系统跨越到用户体验更加友好的 Windows 系统。这一根深蒂固的地位有赖于其数量巨大且日益增长的第三方工具和应用,扩展了它的用户基础。

第三个例子是甲骨文股份有限公司(Oracle)。20 世纪 80 年代,甲骨文公司依然占据关系数据库[②]软件市场的主导地位。关系数据库这

---

①　For a summary of the Zilog investment experience,see Kressel and Lento,*Investing in Dynamic Markets*,pp.148－155.

②　关系数据库(Relational Data Base),是建立在关系数据库模型基础上的数据库,借助于集合代数等概念和方法来处理数据库中的数据。目前主流的关系数据库有 Oracle、SQL、Access 等。——译者注

一技术最初是由 IBM 构想出来的，但许多大学的计算机科学系也在尝试实现这一技术。该技术正在成为一个精选软件平台，其服务对象是某些业务应用软件。这些业务应用软件的特点是，它们的开发都独立于 IBM 所控制的集中式大型机数据中心的范围之外。人们普遍认为，单就技术而言，甲骨文的版本略逊色于关系模型的其他实现方式。但甲骨文有决心使其技术适用于当前所有的计算机及其操作系统。它的国内销售团队格外进取；而它建立国际网络的方法不仅富有想象力，而且十分成功。在美国，甲骨文成功切断了其竞争对手的"氧气"，即现金收入；而在国外，该公司做到了如何将咨询服务与技术整合在一起，以便为顾客提供切实可行的解决方案。

最重要的教训还得从贝富斯达研究实验室和微处理器国际有限公司说起。每个新兴公司在其走向成熟过程中都是问题重重的，但有一个问题却是大家共同的教训。在信息技术领域，如同在生命科学和其他领域一样，公司的幸福来源于正现金流。主流风险资本家的关注点是，利用现有科学和技术启动一些项目，开发出最快、最便宜、最好的版本。这些项目中，有一两个或许会成为可持续业务，然后商业模式和战略自己就会浮出水面，比如如何从主要市场的不连续性中寻找机会。这种不连续性的业务及其相关部件的事后总结似乎清晰可见。其实在多数情况下，技术以及由技术创造出来的产品和服务，只是一套必需的部件。客户基础、营销渠道、销售、用户操作和支持服务也都很重要。要想快速获得经营产生的现金流，我的建议是："买你想要的，建立你必须建立的。"

这种投资理念与华平投资的做法格外一致。从创立之初，公司从来没有将其投资活动局限于任何一种类型：1988 年，它就已经从投资新兴企业和并购活动中获利。它的投资形式多样，企业发展和业务好转都给它带来了利润。它的战略从来都是和布罗代尔的标准资本家一样不拘一格。从我的角度来讲，它打开了一扇门，使人们可以寻找利用市场不连续性的其他方法。如果某项业务已经具备稳固的竞争力、正向现金流和强有力的经营管理，而我们可以用很有吸引力的价格买下它，那我们就应当买下它。另一方面，该公司不仅具备财力资源，而且有志于白手起家，创立一项业务，即便它知道，它可能需要 3～5 年的时间才能获得正向现金流，并且再过 3～5 年才能收回投资回报。

　　这有可能为我称之为"新兴企业悖论"的观点提供答案。一方面，正如我一再领会到的，新兴企业很糟糕。经营新兴公司需要做那么多辅助性的工作，租赁办公场地、做账目一览表等，而且这些工作都不会创造出任何与众不同的价值。此外，它身上的不确定性太多，让人不免心生怯意。就像皮克・沙利文（Pike Sullivan）过去常常问的，当你把这个产品插进插座时，它会亮起来吗？ 如果亮起来，有人愿意购买它吗？管理人员能够具备最起码的纪律性和判断力吗？ 但是，另一方面，有的市场如此具有吸引力，你必须参与其中，除了创立新兴企业之外，别无他法。与传统风险资本模式显著不同的是，在我看来，创立新兴企业是最后的选择。但现在，在这样一个项目中，就像在所有其他项目中一样，我会选择和一个公司结盟，这个公司拥有的资源，使其能够在任何投资的初期和整个投资周期内都能获得现金，并保持控制权。

5

通向 BEA 之路

1988 年,信息技术领域将在未来 10 年引起关注的那个千载难逢的投资机会还几乎没有显露出来。那时,IBM 仍然把控着商业计算机领地。而其他市场参与者——无论是硬件供应商、软件供应商,还是服务供应商——也都依附于 IBM 来发展。在这个背景下,我经常和雏菊系统公司这样的埃伯斯塔特客户往来,学习关于计算机创新科技的常识。我还和约翰·希利·布朗(John Seely Brown)以及他在帕洛阿尔托研究所(Xerox PARC)的同事建立了密切联系。他们向我介绍了网络运算和分布式运算体系,以及需要复杂工作站支持的新应用。

不同于以 IBM 为主导的商业数据处理,技术运算构成了一系列有利机会。这些机会将细分市场量化为成千上万美元,而将潜在用户看作是各个功能分区的占有人。我加入华平投资公司后不久,就着手开展了一系列的投资行动,正是它们照亮了我的前进之路。我们跌跌撞撞地进行一系列的反复试错,并在试错的过程中明白了,什么叫做在技术革新前沿阵地开拓资本市场。

ECsoft:一次有教育意义的失败

后来证明,我们对 ECsoft 的尝试是一次很有教育意义的失败。当时公司商业运算领域的两名顾问——李·克特(Lee Keet)和杰克·彭德雷(Jack Pendray)——向我们介绍了 ECsoft 的理念。我们曾在 1989年见过他们。他们还曾向我们介绍了一个有趣的机会,虽然成功几率不大。美国十方国际公司(Ten Square International Inc., TSI)①已经脱离邓白氏公司(Dun & Bradstreet),开始提供能够实现电子数据交换的软件。这种交换是一种企业买家与卖家之间格式化信息的交换,能够按照电子交易格式自动进行。电子商务领域的第一代试验要依靠一种十分艰难的协议谈判来进行。这种谈判需要逐个交易类型、逐个行业来进行。更糟糕的是,电子数据交换(Electronic Data Interchange, EDI)的交易受到了福特(Ford)和宝洁(Procter & Gamble)这种大公司的牵制。这些公司认为,它们的市场能力可以迫使其经销商使用电子数据交换,而且这些边际供应商能够支持 TSI 公司这样的软件,因而它们应当分得部分经济效益。10 年来,TSI 公司一直在市场中艰难挣扎,直到公司开发了一个可以整合不同格式间数据的多用途工具,由此实现自我革新,并将公司更名为其产品的名字 Mercator,但是它正好赶上了互

---

　　① 美国十方国际公司(Ten Square International Inc.)是以技术推广和服务为主营业务,成立于 20 世纪 80 年代末,公司总部位于美国艾奥瓦州德梅因市(DesMoines)。——译者注

联网泡沫。经过很长一段时间的等待，我们兴奋地、心满意足地回到熟悉的投资领域，这多少有点偶然的成分。

当 TSI 还在艰难前行时，李·克特和杰克·彭德雷给我介绍了一个看似更有吸引力也宏大得多的投资概念。在为欧洲企业做咨询的时候，他们发现了一个巨大的市场空白，也及时想出了填补这一空白的方法。同在美国一样，那时欧洲的企业运算领域也被 IBM 牢牢掌握：公司业务要想实现自动化，必须通过在 IBM 电脑上运行软件进行。那时，美国已经出现了一种衍生行业。这一行业提供能够开发和管理这些应用的工具，并且可以轻松识别出每个大型公司数据中心的特定客户。但是，相比于 IBM 的庞大世界，这些创新工具的供应商还太弱小，而且仅仅关注于欧洲市场的销售、营销和支持业务。

为了利用这一机会，李·克特和杰克·彭德雷构思创建 ECsoft 这样一个泛欧洲公司。这个公司可以进入数据中心，并能获得销售工具包的权利。在收购主要地区市场上那些经过仔细挑选的专业服务供应商之后，ECsoft 启动了。所谓专业服务商，就是指那些提供熟练程序员、帮助企业客户开发和维护应用软件，以及运作这些应用软件的电脑公司。公司总部将识别和许可那些从美国挑选出来的软件，把这些产品重新包装，然后提供给营运子公司。要想同时打破对欧盟地区商品流动、服务流动和人员流动的限制，实现集中管理，他们把总部建在法国里昂，因为那里有发达的高速铁路服务做支撑，更重要的是，那里还有美味佳肴。

令人感到讽刺的是，作为一项业务或者说是投资，造成 ECsoft 巨大失败的原因，恰恰是因为其创始人的小有成就。1990 年 4 月，我们收购的第一家企业是提供软件集成服务的挪威公司。这家公司正好符合我们的理想模式,更重要的是,这家公司的老总是特杰·劳格路德(Terje Laugerud)。接着,欧洲软件公司龙头企业 SAP 的李艾科(Leo Apotheker)加入 ECsoft,担任首席运营官。后来,他在这一领域得心应手,于 2008 年担任 SAP 首席执行官,又在 2010 年成为惠普公司的首席执行官。成功的挪威范例,加上李艾科非凡的运营能力和坚韧不拔的性格,使得 ECsoft 在面临重重挑战时依然能够一往直前。不幸的是,直到我们 4 年里累计投资了 4 500 万美元(包括最初的 500 万美元)之后,我们才认识到,哪些因素是决定性的。而那时,我们的投资都用来收购一些差强人意的欧洲公司,或是弥补长久以来的营业损失。

　　ECsoft 的失败源自 3 个根本性的缺陷,其中每个缺陷都是致命的。第一个缺陷是,特杰·劳格路德的超凡成功实在是太超凡了。我们认识到,产品销售与针对某个项目的服务销售有着本质的区别。当一个项目完成之后,顾客的要求就满足了,出售商就不需要再对其负任何责任了。但是,产品销售却需要供应商提供服务支持,只有这样,该产品才能在其运作环境不断更新的情况下,依然能够发挥作用。此外,项目都是依照顾客要求而设计,而一个产品想要成功,就必须提取众多潜在顾客共性的需求。产品只能大致满足顾客需求,并且需要长期、持续的市场投放。每个商业模式的内在核心都有着根本区别。在斯堪的纳维亚半岛[①]之外,没有任何一家被收购的公司能够将两种商业模式结合起来,除非李艾科现场指导运作。

---

　　① 　斯堪的纳维亚半岛位于欧洲西北角,是欧洲最大的半岛,半岛上有挪威、瑞典两国以及芬兰的一小部分。——译者注

第二个缺陷与 ECsoft 和它的美国许可人之间的关系有关。许可人可以引导 ECsoft 走向任何一个方向，但没有哪个方向能够拯救 ECsoft。这家公司可能会成功，甚至会要求拿回其欧洲份额；它也可能会失败，致使 ECsoft 在没有来自产品设计和开发方提供的技术资源的情况下，来为客户提供技术支持；或者，它可能会苟活于世，直到被某个快速发展且高度整合的公司所收购，比如国际联合电脑公司（Computer Associates）。但是，无论哪个结果都不会改变 ECsoft 最终的命运，它只会留下一声叹息，但是对于我们来说，至少经历了这个过程。

最后一个缺陷对于 ECsoft 这家公司或这项投资的转型具有战略意义。那就是，我们和 ECsoft 的创始人都没有想到，到了 20 世纪 90 年代初，IBM 数据中心就不再是创新工具最丰富、最稳定的市场了，越来越多的企业已经把 IT 预算从购买数据中心转向投资相关服务。人们不满于开发新应用和优化当前应用的冗长周期，而恰在此时，市场上出现了更便宜、更容易获得的电脑。人们在某个子公司，甚至是某个部门，就可以买到或者调用这些电脑。这些因素叠加在一起，在商业计算机领域中衍生出新的开放式和分布式的运作模式及市场。

就这样，到了 1994 年，ECsoft 只能撤退回北欧大本营。在那里，它依然盈利，我们也收回了一半的投资。我们在战略认识上收获甚多，由此缓解了我们对经济损失的惋惜。我们奋斗在市场经济最有活力的市场上，在计算机历史的关键节点获得了非常有价值的信息，而且我们似乎感受到一场世界级地震的前兆。

IMI 与 SHL：积极经验

当 ECsoft 还是前途一片光明时，李·克特(Lee Keet)给我们介绍了另一个投资机会。马丁·雷姆道夫(Martin Leimdorfer)是一名创业型瑞典工程师，曾在美国呆过。他曾在斯德哥尔摩创立了一家企业应用程序软件公司——工业数学国际集团(Industri-Matematik International，IMI)。这家公司是最早在甲骨文的软件平台上提供大型机性能和功能的公司之一。IMI 最关键的创新是，它成功将自己的软件出售给瑞典最大的管道供应公司，前提是，甲骨文公司承诺，第六版甲骨文数据库能够同时支持 1 000 个在线用户。但结果是，甲骨文软件甚至不能为 100 个用户提供足够的响应时间。因此，IMI 工程师们想出来一个方法，这个方法能够将交易请求通过多个通道传输到数据库，以便在保证性能的情况下，将所有交易准确捕捉和记录下来。几年之后，这个有创意的工艺补救方法将得到有力回应。而那时，我的一段对话也将导致 BEA 系统公司①的创建。

同时，IMI 提供了一个经典的套利机会。那时，它在斯德哥尔摩证券交易所的股价正在走下坡路；相反，纽约纳斯达克已经成熟，成为全球技术型创业公司的理想阵地。因此，1991 年下半年，我们和 IMI 的创始人合作，将 IMI 从斯德哥尔摩证券交易所退市。IMI 也成为最早从该交易所退市的企业之一。1996 年，当 IMI 的国外投资额——尤其

---

①　BEA 系统公司(BEA Systems)是著名的 JAVA 中间件软件公司，旨在帮助客户降低 IT 系统复杂性，2008 年 1 月被甲骨文公司收购。——译者注

是美国投资额——大幅增长之后，我们对 IMI 此前的投资在估值上已经翻了几倍，并最终上市。虽然 SAP 提供的企业应用解决方案应用范围要广泛得多，以致 IMI 没能保住自己的竞争地位，但进入纳斯达克市场之后，我们募集到的资金超过了当初 3 300 万美元投资额的 4 倍。

IMI 代表企业计算机化加速改革过程中的一个正面经验。它使得 ECsoft 这个负面经验显得更加负面。同时，它也由于与系统之家有限公司（System House Limited，SHL）的一个契约而让人领悟深刻。这个契约的达成十分偶然，虽然有挑战性，但最终实现了盈利。我们的投资机会间接来源于一个极具创业精神的创始人的个人破产。这个人的股份曾经被抵押给加拿大皇家银行（Royal Bank of Canada）和美国电话电报公司（AT&T）的加拿大贝尔实验室。作为联合股东，加拿大皇家银行和加拿大贝尔实验室聘请了约翰·奥特曼（John Oltman）担任首席执行官。约翰曾是安信达咨询公司（如今的埃森哲咨询公司）的资深合伙人，他积极进取，很有远见。几年前，我曾见过他。他是最早预见到 IBM 将丧失商业计算机领域控制权的人之一。在 SHL 的时候，他从安信达及其他领先的 IT 咨询公司聘请了一群志同道合的年轻人。

其中最关键的战略叫做业务转型外包：SHL 购买公司客户的计算硬件和软件，并以融资租赁方式提供资金支持，以此帮助他们从昂贵而死板的大型机市场转移到便宜而灵活的开放分布式系统。SHL 是客户端—服务器（Client-Server）计算领域的开拓者。通过采用这种客户端—服务器模式，那些相对便宜但日趋强大的服务器就能够为全网的智能客户端计算机——个人计算机——提供数据处理和存储服务。在这个系统中，人们可以定制和优化服务器的某些功能，而这个系统的用户也可以在不访问企业应用的时候，在自己的台式电脑上使用本地应用程序，如文字处理软件和电子表格。这与大型机的对比显而易见，因为大型机的所有功能都是由一些绿屏终端来集中和存取的。

短短两年间，约翰和他的团队就把这个想法宣传得十分有效，以至于 SHL 不仅丧失了履行承诺的能力，也耗尽了用来偿还债务的现金。SHL 是一家在多伦多上市的公司，它在加拿大的公众形象提高了它的认知度。它的董事会成员里有加拿大前外交部长和安大略省省长。1993 年 3 月，当该公司需要弥补营运资本不足时，我们通过股权投资基金首次投资了该公司，即购买它的 3 200 万美元的可转换优先股。

这时，SHL 获得了属于它自己的转型机会：一份价值 10 亿美元的、关于接管加拿大邮政局 IT 运营的合同。唯一的障碍就是，邮电局坚持要求 SHL 承担部分风险，即如果不能履行承诺，就要遭受重大损失。在构建一个独一无二的投资工具，以帮助 SHL 获得这份合同的过程中，我还保持着一个"匠人"（craftsman）的骄傲。华平投资在皇家银行存了 1 500 万美元，根据合同，这笔钱被作为第一笔收入担保给 SHL。邮电局只有在证明 SHL 存在欺诈行为时，才能暂停支付这笔钱。反过来，我们收到了认股权证，这意味着我们有权以当时的股价购买 SHL 普通股，而我们的购买规模就是我们的存款总额。这样，我们自己的现金就变成防止损失的盾牌，而认股权证也使我们能在 SHL 履行承诺后获得部分收益。

与邮电局签署合同之后，SHL 就成为市场主导：它证明，即便脱离了 IBM 数据中心，企业级应用软件依然可以在客户端—服务器电脑网络上得以建立和部署。但是，作为一家上市公司，它的经营模式出现了问题。那就是，约翰·奥特曼此前聘请的资深顾问都来自他们的合伙制企业。这些人的现金酬劳很高，但股票形式的酬劳却极少。这就出现了不协调：约翰曾经用来调动市场经济前沿杰出人才的薪酬结构，已经影响到那些为公司提供资金的股东的利益。在我的积极支持下，约翰组织和领导了一次重大的内部调整，重建公司的成本结构，说服他的团队，将手头的雇佣合同换成明显降低的现金工资和奖金，以及大量的优先认股权。这个转变非同小可：它使 SHL 的盈利能力提高了 10%，并把员工的奖励和报酬与股东的收益联系起来。但是，不是每个股东都对这个结果满意。SHL 的仅次于华平投资的第二大股东恰好是威斯康星州投资委员会（State of Wisconsin Investment Board，SWIB）。该委员会一直追求对其投资组合公司恪守良好的管理原则和规范。其中一个原则就是，对每个公司的流通股百分比设定绝对上限，而流通股可通过员工认股权证反映出来。SHL 的新的薪酬计划超过了 SWIB 的上限，这违反了 SWIB 的原则。事实证明，这个行为对该公司是有致命威胁的，因为 SWIB 表示反对这个新的薪酬计划的时候，正是 SHL 迫切需要通过向股东出售股权以换取现金注入的时候。这次出售的股权中，35% 由华平投资认购。这次出售也从实质上证明了新的薪酬制度所带来的盈利能力的增长。

当 SHL 董事会清晨在墨西哥城开会批准这次股权出售时，威斯康星州投资委员会的决定已经公布。我在晨跑回酒店的路上，不小心绊倒了，擦伤了膝盖。当我对着面前这份让人不快的替代方案时，我还穿着运动服，腿上还在渗血。那天的会开得特别长，因此我有足够的时间洗澡、换衣服、绑绷带。我跟着约翰·奥特曼前往威斯康星州的麦迪逊市。我们交给 SWIB 两个选择：要么对它的原则做出让步，要么看着

SHL 破产。最后的结果和大家期待的一样。

基于股权的薪酬制度兴起

SHL 的薪酬形式之争还有一个更为广泛的影响。20 世纪 90 年代，基于股权的薪酬计划得到了迅猛发展。1976 年，迈克尔·詹森（Michael Jensen）和威廉·麦克林（William Meckling）两位学者写了一篇十分有影响力的文章，文中揭露了公司老板与其高级管理人员之间的"代理人问题"。他们指出，名义上公司高级管理人员向股东负责，但同时他们也受到其他激励因素的驱使，并且这些激励因素与其名义上的委托人所获得的回报有所不同。[①] 20 世纪 30 年代，阿道夫·伯利（Adolf Berle）和加德纳·米恩斯（Gardiner Means）曾在其著作《现代企业与私有财产》（*The Modern Corporation and Private Property*）[②]中提出关于这一问题的想法，而詹森和麦克林又对他们的想法重新进行了梳理。到 1994 年，美国公司 70% 的高级管理人员获得优先认股权，这个比例在 1980 年仅为 1/3。[③] 发展到现在，股权激励已经成为共识，但是股权激励还有另外一个副作用，那就是庞大的单向选择刺激了银行业惊人的、过度的风险承担行为，也导致安然公司和世界通信公司光天化日下的欺诈行为。

从字面上看，创新经济充满了无法预计的未知性。人们意识到，要

---

① M.C.Jensen and W.H.Meckling,"Theory of the Firm:Managerial Behavior,Agency Costs and Ownership Structure,"*Journal of Financial Economics*,3(4) (1976),pp.305—360.

② A.Berle and G.Means,*The Modern Corporation and Private Property*(New York:Macmillan,1932).

③ J.Cassidy,*How Markets Fail:The Logic of Economic Calamities*(New York:Farrar,Straus and Giroux,2009),p.292.

获得成功，就必须付出不寻常的代价。于是，专注于创业型企业的风险资本行业开始出现。这个行业的目标是创建一种经济资产，以期最终能在公开股权市场上将其转化为货币。由于实现这一目标充满挑战，其回报一定要异乎寻常得高。到 20 世纪 80 年代前后，我们已经把基于股权的薪酬制度称为"硅谷社会主义"：新兴企业的每个员工，从 CEO 到技术架构师、程序员乃至前台接待小姐，都有权参与其中。市场经济的资深玩家，以数字设备公司、IBM 和惠普为代表，已经习惯于特许经营的稳定回报。现在，这些处于市场边缘的"义勇军"拿着一些兑付机会渺茫的"彩票"就要来挑战他们。而且不仅仅是创业公司面临这种机会，我和华平公司的搭档们都曾经被 SHL 的创新潜力所吸引，因为它代表了商业计算机行业的创新力量。我们在 IBM 最核心的阵地对其发起进攻。这显然是威斯康星州投资委员会没有预想到的。

　　大型商业银行对风险的接受程度和对未知性的容忍程度都由联邦存款保险公司作担保。对于它们来说，"硅谷社会主义"是私营经济和公共领域的一项错误政策，由此产生了巨大的负面后果。伴随这一错误而来的，还有各监管机构监督行为的彻底消失，从国税局到证券交易委员会，从里根政府到小布什时代。汤姆·康纳斯给我灌输了一个作为风险资本家的教训。他曾经是一名优秀的运营主管，之后转型为独立顾问和董事。华平投资与他建立了十分密切的合作关系。他常说："没有监管，就不要抱有期望。"①

---

　　①　Tom was a tough guy.When one of the business unit managers of Zilog sought a measure of understanding for failure to meet budget, Tom's sought a measure of understanding for failure to meet budget, Tom's response was："You want sympathy? You can find it in the dictionary, somewhere between shit and syphilis."

从过去到现在,风险资本家都被迫或主动地监管他们的代理人。一般来说,这种监管都是以契约形式完成的,其中最有代表性的监管就是董事会成员资格。正如阿道夫·伯利(Adolf Berle)和加德纳·米恩斯(Gardiner Means)早在 1932 年讨论过的那样,上市公司股东既没有义务,也没有动力去实施这种监督行为,因为人们对管理的不满可以通过股票出售行为表现出来。但是,监管缺位的问题并没有由此得到解决,因为公司行政管理层有能力选择自己的监管人,即董事会成员。

从理论上说,董事会成员代表公司所有人或公司委托人。因此,这些因素解释了市场经济的玩家们是怎样利用金融资本主义建构游戏的逻辑体系和行为准则的。举一个十分滑稽的例子,这个例子可以说明好的监管改革是如何被误导的。联邦政府禁止上市公司持股超过 10%的股东担任本公司审计委员会和薪酬委员会成员,这就好像公司最大的股东不被信任,他们无权去评估,公司的管理人员是否在做假账或是在过度谋取个人利益。

IBM 世界开始敞开

当 SHL 还在艰难挣扎时,IBM 已经在其新任 CEO 路易斯·郭士纳(Lou Gerstner)的带领下开始觉醒。觉醒的第一步迈向了其如火如荼的服务业务。IBM 在服务领域的低成本优势,使其有能力大幅投资外包合同。在这一点上,SHL 完全没有竞争力。1995 年秋天,当约翰·奥特曼和我正在苦苦思索业务合并方法以提升公司竞争力时,我收到了一条语音信息。这条信息解决了我们的难题。发信人是微波通信公司（Microware Communication，Inc.）的业务拓展主任。微波通信公司是美国电话电报公司在长途电话领域的头号竞争对手。这条语音信息是："我们决定收购 SHL。"我的回复是："你怎么知道我们要出售 SHL？"就这样，我完成了人生中最轻松的一次收购谈判。

在 SHL 奋斗的近 3 年时间里，我开始相信，尽管 IBM 拥有庞大的经济实力和技术能力，却仍旧是一个跛足而行的巨人，面临着创新者的两难境地。它的服务业务已经开始发挥作用，但是其专利产品业务部门依然具有很强的盈利能力，以至于低价出售这些专利产品业务部门是一个难以割舍的决定。尽管出售这些业务部门可以为其带来发展机会，但这个发展机会意味着，要转型从事利润更低的计算机业务，意味着利用这些资金去投资开放式接口和开放标准。此外，IBM 还陷入了双重心理创伤。首先，它从 20 世纪 70 年代末就开始创建一个全新的下一代计算机架构，即"未来系统"；但现在，这一全方位的努力宣告失败。20 年前，IBM 创建了 360 系统，并使其发展成为世界商业计算的标准，奠定了 IBM 在这个领域的地位。"未来系统"正是模仿 360 系统的成功经验而创建的。IBM 的 AS400 中型计算机虽然取得了巨大的成功，却已经是一个完全没有发展潜力的产品。其次，司法部门在 20 世纪 80 年代对 IBM 发起了无休止的反垄断调查。这些调查不仅转移了管理人员的注意力，而且消磨掉了 IBM 曾经十分可怕的竞争能力。[①]

我曾听过一件关于 IBM 的趣事，这件趣事可以说明 IBM 有多么不情愿和它自己竞争。20 世纪 80 年代末，我参加了埃丝特·戴森（Esther

---

① For a thorough analysis of how IBM became stuck，see P.Carroll，*Big Blues：The Unmaking of IBM*（New York：Crown，1993）.

Dyson)的一个关于个人电脑的研讨会。当我和约翰·希利·布朗(John Seely Brawn)用完餐往回走时,一个很有才华的电脑工程师友好地和我们打招呼。我之前听过这个工程师的名字,却从来没有见过,他就是安迪·赫勒(Andy Heller),正是他告诉了我这件趣事。赫勒曾在得克萨斯州的奥斯丁工作,担任 IBM 的项目主管。他负责的一个项目就是开发一个服务器,以便与太阳微系统公司(Sun Microsystems)的服务器展开竞争。那时,后者的服务器获得了巨大的成功。赫勒团队开发出的那个"竞争者"就是 RS6000。技术研发完成后,赫勒被叫到 IBM 位于阿蒙克(Armonk)的公司总部介绍他的商业计划。根据这个计划,RS6000 服务器有望成为一个具有强劲盈利能力的业务,大约能在 3 年内获利 6 亿美元。无论从哪个角度来说,这都是一个很有野心的目标。

但最终,这个计划的细节与之前的设想完全不相干,因为赫勒被"突袭"了。当他走进会议室时,来自明尼苏达州罗契斯特市的另一个团队已经先到一步。这个团队是负责 AS400 项目的。我记得,在上一年 AS400 为 IBM 带来了 140 亿美元的收益和 100 亿美元的营运现金流。RS6000 被看作是对 AS400 的垄断性收益的一大威胁。最终 RS6000 胎死腹中,赫勒于是从 IBM 辞职,转型成为一名风险投资家。

尽管 IBM 存在明显缺陷,但在过去几十年里,它决定了企业级计算系统的走向。很显然,要想在 IBM 的地盘上成功销售和调度由大量创新型供应商提供的开放技术,就需要保障大型机级别的可扩展性(scalability)、可靠性(reliability)、有效性(availability)和安全性(security)[在交易领域里我们经常以各种"性"(-ilities)为后缀]。而这些性能,对于 IBM 客户来说,已经习以为常了。正是在这种背景下,我重新和一位优秀销售主管取得联系，虽然他的业务范围并不在商业计算的中心领域。迈克·菲尔兹（Mike Fields）是西印第安人移民后裔，他没上过大学。他在很早之前就发现，自己是一名杀手级销售员。他从宝来公司（Burroughs）跳槽到应用数据研究公司（Applied Data Research，ADR），后者是一家为 IBM 大型机提供软件工具的销售公司；之后又跳槽到甲骨文公司。我和他初次见面时，他正率领 ADR 的中层管理人员疯狂寻找资金，努力促成管理层收购。让我特别惊讶的是，他这么做等于是在和他的老板以及其他高层管理人员竞争，因为那时，他的老板和其他高层人员正在努力收集手中的筹码，应对美国科技公司（Ameritech）的撤资行为。

最终的结局是，收购 ADR 的不是与之竞争的管理团队，而是冠群电脑公司（Computer Associates）。迈克也跳槽到了甲骨文公司。1992年，他与我分享了一个非常有趣的主意，这个主意可以和我之前吸取的教训相提并论。企业数据中心之外的计算系统不断扩展，这不仅形成了巨大的商业问题，也创造了巨大的投资机会。这些计算机系统起初只是安装在销售办公室和子公司产品与销售设备上，为当地管理人员提供即使销售数据信息。但现在，它们被越来越多地应用到更多实际工作中，用来管理涉及现金和收据的业务流程。这些计算系统最核心的部分是由甲骨文和它的竞争者们所销售的关系数据库。那时，这些数据库已经被开发成方便灵活的报告生成器。但同时，正如工业数学国际集团 IMI 偶然发现的一样，它们也在逐渐发展成为软件平台，为涉及各种交易的其他业务应用程序提供服务。

这些客户端—服务器系统不仅分布于技术领域，也广泛应用于整个商业领域,但它们却几乎没有引起 IT 管理人员的重视,更无法受制于他们按部就班的管理。此外,这些越来越标准的操作系统都是不同版本的 Unix。Unix 是由美国电话电报公司的贝尔实验室开发的,它符合某些规则的要求,因而得到了广泛许可。这些规则同样保障了美国电话电报公司在电信行业的垄断地位。Unix 自身也在不断向着取代 IBM 专属系统软件的路上前进。但对习惯了 IBM 的人们来说,Unix 还是显得有些陌生。此外,客户端—服务器架构将服务器与全网络的个人计算机连接起来,而集中型大型机则支持各种并不灵活的终端设备,这两者之间有着本质的区别。最终,所有这些硬件组件和在这些硬件上运作的软件的供应商,无论从理论还是从实践上,都无法提供 IBM 的无缝集成服务。

正如迈克提出的,要想解决对"分布式系统管理"的需求,就需要创建一个企业,将两种类型的组件组装起来。首先,需要一个能够提供诸如数据备份和恢复这类功能的软件产品;而且这些功能都是大型机普遍具备的功能。就这一点来说,我的预感很准:我们周围还有很多科技在等着我们去开发利用。每个围绕 IBM 周边产品相互竞争的计算软件供应商,都在提供各种各样的辅助系统软件,用以支持相应版本的 Unix。此外,还有许多新成立的企业正在涌入这个新兴市场的各个细分领域,相应技术的供应并不是一个约束因素。

除此之外,我们还需要一个新型的专业销售团队。大型机系统软件行业已经和 IBM 建立起共生关系,并且能够很容易地吸引客户。当企业计算资源都集中在数据中心时,找到客户就变得非常容易,即便是简易工具的供应商,也可以依靠电话销售代表拨打电话来开发潜在客户或是达成交易,销售成本只有几美元。但是,这些新的分布式计算体系实在是太分散了。甲骨文建立了一个应用最广泛的数据库和应用平台,这个平台几乎可以在世界任何一个地方的任何一台电脑上运行,而且它的销售团队具备寻找目标客户的独特能力。

OpenVision 技术

简单来说,迈克的提议就是收购一系列系统管理产品,并从甲骨文公司招募大批直销人员。1992 年 6 月,华平投资公司同意支持迈克及其迅速组建起来的团队。同时,我们承诺,如果团队推出了 OpenVision 技术,我们将在双方协议的基础上,追加 2 500 万美元的投资。按之前的协定,我们可以获得公司部分股份,如果这些资金能够得到有效利用,公司创始人也将获得协议规定的股份。但是,双方所持有的股权都将减少,因为还需要为未来的员工预留部分优先认股权。

这种投资模式是一种创新,与传统的风险投资模式截然不同;传统模式通常分为多个投资周期,每个周期都有多家公司投资。传统模式的设计理念是将风险分散到多个投资公司和不同的阶段。在启动阶段,通常会有 2~3 家公司投资第一轮,但不会承诺继续投资后面几轮。后续周期的投资成本取决于该项目当时的状况:既包括内部发展,如产品开发和顾客累积;也包括外部经济和金融环境。每个投资周期都会面向新的投资者,虽然优先投资权很可能被前几个周期的投资者所占据。此外,为防止后面以低价进入的资本稀释掉之前的资本,通常还会采取一定程度的保护措施。①

　　这种标准模式有很多与我们当时采用的策略相对应的缺陷。实施这一策略的最初目的是投资新产品的开发和商业推广，即一个线性过程，但实际上却发展成一个混合战略，从最开始就筹划伺机实施兼并。从管理角度来讲，如果每个提议都必须要等到成功获得更多资金才得以提出，那么实施这一策略的能力就会大大削弱。此外，由于我自己是从代理人转型为委托人，所以我很不习惯权力分散到不同层次且投资成本各异的投资者手中。但是，因为每家投资公司，无论它属于哪个层次，都必然要处于其自身资本和企业生命周期的不同阶段，所以这种潜在冲突的来源能够得以调解。当下社会，风险投资策略的重点是瞄准首次公开募股市场，但并不是所有投资项目都有机会进入这个市场。那么，专注于尽早实现正现金流的策略，其重要性就更加凸显了。

　　华平投资公司有足够的现金来投资 OpenVision 这样的风险项目，但是，只有当我们对该项目有绝对控制力时，这样做才是有明智的。根据我们的承诺，资金交付必须由我们全权斟酌决定。我们的这一做法等于放弃了外部市场测试，即放弃了寻求其他公司参与投资的构想，但是公司所有合伙人都会定期对该投资项目开展审查；而且这些合伙人，每个都对当前的情况有浓厚的兴趣。华平投资公司的所有合伙人都在同一个盘子里吃饭，这在风险投资公司中很常见，但在私募股权投资公司里却鲜有见到。也就是说，每个合伙人不仅对公司有兴趣，也对该公司的所有投资具有同样的兴趣。举例来说，一个持有 1% 股份的纽约合

---

　　① The standard text that documents and analyzes the conventional venture capital model is P. Gompers and J.Lerner, *The Venture Capital Cycle*, 2nd edn.(Cambridge, MA: MIT Press, 2004).

伙人投资了保健行业,但他对硅谷的 IT 业务和得克萨斯的能源业务也持有兴趣。这种结构刺激了合作文化,也给合作文化带来了回报,它使合伙人有巨大的动力来共同监督资产组合。就 OpenVision 而言,每个新的投资决定都会迎来一次严格的审查,而且审查频率至少为一个季度一次。

到 1994 年夏天,也就是投资 OpenVision 两年以后,有 3 个事实已经十分明显。这些事实都与当初创建 OpenVision 时的设想有关。前两个事实乍一看是正面消息。首先,市场上确实有太多的软件工具可供收购。OpenVision 购买了至少 18 个软件工具,但是因购买过多,其技术团队根本无法将其整合或是对其提供技术支持。其次,OpenVision 提供的这些工具,确实有市场,而且市场需求不断增长,但是,由于其产品系列大得出奇,且没有得到整合,所以无法有效地服务于市场。再加上第三个关键方面,即业务和产品的营运整合,OpenVision 的表现远远没有达到预期。

此时,华平投资承诺的 2 500 万美元已经全部投进去了,还额外花了 1 500 万美元用于收购和承担运营损失。此外,亚历克斯·布朗投资银行(Alex Brown)还以一个高于我们成本价的价格处置了价值 2 500 万美元的可转换优先股,就像我们在埃伯斯塔特公司尝试风险投资之后定向增发业务一样,而且这个公司非常需要现金。

我还记得 1994 年 8 月,在缅因州东海岸我和妻子租住的房子里,我坐在"电话室"的地板上,参加董事会的电话会议。相比于 10 多年前我在贝塞斯达研究实验室听到的消息来说,当时这个消息并没有那么可怕。更重要的是,我们对当局会如何应对这个消息,已经胸有成竹。

此外,迈克·菲尔兹已经以恰当的方式,将我引荐给一位出色的投资人,由他来领导这场关乎事业和投资生死存亡的战争。

杰夫·斯夸尔(Geoff Squire)和迈克一样,从英国乡村高中辍学。15 岁时,他就在格洛斯特郡(Gloucestershire)议会做编程。后来,他又供职于美国加利福尼亚分析中心股份有限公司(California Analysis Center, Incorporated, CACI)①的英国分公司。在那里,他发现他的老板取得了在英国销售甲骨文数据库软件的代理许可,但他完全没有兴趣学习如何出售软件产品。于是,杰夫离开了 CACI,公司继续运营甲骨文英国市场代理权。他在 CACI 的成功使他顺利进入甲骨文公司,他力图将甲骨文公司业务扩展到欧洲各个国家,然后再扩展到日本和亚洲其他国家。在每个地区,他都以一己之力开展业务,有选择性地出售有限的分销权,并将所得用于招募销售和服务人员。在不到 10 年的时间里,他没有从硅谷的甲骨文总部申请任何投资就实现销售收入 10 亿美元,发展起一个较高盈利能力的业务板块。

1994 年初,甲骨文的创始人和控股股东拉里·埃里森(Larry Elli-son)决定,杰夫的分散模式,即为有能力的地区管理人员提供能够满足当地市场需求的资源和权力,必须要让步于中央集权的一体化组织结构,因为这种一体化组织能够更好地服务于全球客户。就这样,杰夫从甲骨文辞职。杰夫曾答应为迈克提供有关 OpenVision 欧洲运营方面的建议,但是,这要等他休养一段时间再说。当然,这也可以理解。我在结束了那场电话会议后,就去英国找到了杰夫。他同意,一旦休假结

---

① 美国加利福尼亚分析中心股份有限公司(CACI)是一家从事信息技术解决方案和服务的跨国企业,1975 年之后以 CACI International Inc 作为公司法定名称。——译者注

束,就立即直接参与 OpenVision 的事务。五一国际劳动节那天,他还在工作,对公司进行彻底详尽的分析。很快,他就给我和约翰·沃格尔斯坦拿来了一份重整计划。约翰问他,他还需要多少现金?杰夫回答说,大约要 1 000 万美元。约翰说,我们还可以预留 1 500 万美元。11 月,在迈克的热情支持下,杰夫正式签约担任 CEO。这是我经历的最顺畅的一次角色转变。这次,有效避免意外的 3 个要素——现金、控制力和强有力的新领导人——都已经具备。

　　这个故事的后续发展包括两部分:构建一项出色的业务,以及对市场的评估做出反应。在 12 个月里,杰夫裁掉了 1/3 的员工,并实现了收益翻番。他的做法是,决定哪些产品是真正畅销的,然后关闭那些难以成为畅销产品的,并将所有资源都集中到那些畅销的产品线上。他还从一个二线电脑公司那里收购来关键技术——控制数据(Control Data),为全网络的电脑提供有效的数据支持。随着在这个网络上运行的应用数量呈爆炸式增长,该网络的规模和复杂性也在不断增长。到 1996 年春天,OpenVision 已经稳稳赢利,并且处于快速发展中:首次公开募股紧随其后,估值也十分有吸引力。6 个月后,在企业软件历史上最成功的一次合并开始了。

OpenVision 和 VERITAS 的强强联手

　　相较于我们在 OpenVision 的创建和重生过程中走的那条艰辛费力的道路,具有丰富销售和市场营销经验的技术专家马克·莱斯利(Mark Leslie)另辟蹊径,取得了巨大的业务成就。当时,他受聘挽救一家濒临破产的计算机公司——容错系统公司(Tolerant Systems)。该公司的风险资本投资商不是别人,正是弗莱德·阿德勒。马克临危受命,开发出两款软件,用以提升一组采用离散机构的计算机数据管理的效率和可靠性。它们的成功研发不仅为公司产品带来了相当大的竞争优势,而且在 Unix 系统领域拓展了更为广泛的应用潜力。马克及其团队将公司更名为 VERITAS[①],将专有代码转化成独立产品。此后,太阳微系统公司与其签订合约,将 VERITAS 文件系统和 VERITAS 分卷管理程序嵌入 Unix 系统,这一举措带来了巨大的商业性突破。随后,其他工作站和服务器供应商纷纷效仿。至 1996 年,VERITAS 已经成为一家盈利高、发展快的系统软件上市公司。

那年秋天,我接到史蒂夫·布鲁克斯(Steve Brooks)的电话,他是 VERITAS 的一名董事,在我多年的印象中,他是一位精明而有见识的技术领域的投资银行家。他给我打这通电话,是为了介绍合并 VERITAS 和 OpenVision 的想法。互补似乎可以成就不凡。VERITAS 的产品可以管理计算机操作系统层面的数据。它的市场渠道是将软件并入自身系统并向 VERITAS 支付版税的原始设备制造商。OpenVision 的主要产品可以备份和恢复大规模计算机网络范围内的数据。这两种技术似乎有可能结合起来,创造出数据管理的独特功能。至少,OpenVision 拥有一项有价值的资产——通过自身销售团队联系企业客户的直接渠道。

每家公司都拥有高于 3 000 万美元的收入,且都拥有正的营运现金流,虽然就其本质上而言,VERITAS 的业务模式盈利能力更强。我在

---

① VERITAS(NASDAQ:VRTS)创办于 1987 年,是在储存管理软件方面处于领先地位的软件供应商,致力于数据保护、防止灾难性攻击和可持续的数据可用性。它于 2004 年被赛门铁克公司(Symantec)以 135 亿美元收购。——译者注

电话中建议杰夫·斯奈尔和马克·莱斯利面谈。最终,杰夫给我带来了明确的答复,他在会谈结束后立即致电我:"我们必须合并这两家公司,而且我告诉你,马克已答应担任公司运营负责人了。"

1996 年底,我们就交易条件达成一致,并于翌年四月份最终完成了两家公司的合并,OpenVision 被 VERITAS 收购。合并过程中发生的一件事情再次说明了经济生活固有的不确定性,以及可以消减这一不确定性的两个关键因素——现金和控制。正当我们对企业合并条款进行记录存档以提交股东批准时,OpenVision 销售团队的杰出负责人告知杰夫,他已收到一份请他出任某新创办企业 CEO 的聘书,他表示,这份聘书让他很心动。聘请他的人正是这家合资企业的投资人,该投资人表示,如果他上任,即便也最坏情况下,他也能得到 100 万美元的收益。

在经历了 OpenVision 的多番起伏兴衰后,这位销售负责人差一点就要另谋高就了,而且他的妻子也表示支持。因此,在与约翰·沃格尔斯坦(John Vogelstein)进行一次简单会谈后,我便离开纽约,飞到旧金山与他们私下见面。我们约在美国航空公司俱乐部的一个雅座进行了长达两个小时的会谈。我告诉他们,华平投资公司将预备 100 万美元作为备用保险金,如果与 VERITAS 合并后无法向员工支付等价或更高的薪酬,他们将可以动用这个 100 万美元。最终,我成功地说服了他们。能够握手达成协议,说明华平投资公司还是具有一定的公信力的。而且马克也认为,这名销售负责人对合并的成功至关重要,一旦失去他,合并事项势必功败垂成。

而这将导致惨痛的代价！当 OpenVision/VERITAS 的合并项目最终完成时,互联网泡沫已经开始暗流涌动。这两家公司在 1996 年合并前各自的销售额为 3 600 万美元；在合并后的 2000 年，加上另外一项收购，两家公司共同成就了 12 亿美元销售额。VERITAS 的市值在 2001年达到峰值，超过 400 亿美元。约翰多年来一直保持着对股权投资市场的研究，我也直接求学于剑桥大学，学习 1929 年的股票市场历史。在我们研究成果和学习成果这两者相辅相成的效果驱动之下，为应对紧急浮现的泡沫经济，我们从 1998 年夏天开始将我们的股权分配给有限合伙人。至 1999 年 10 月前，我们已经将我们的股权全部分配完毕，如果以每次分配截止时间来测算，这些股权的总计市值是 7.5 亿美元，而我们的投资总成本仅为 5 500 万美元。在泡沫经济达到巅峰时，这些股份总值高达 40 亿美元。据说，大名鼎鼎的股票市场投机商和总顾问伯纳德·巴鲁克（Bernard Baruch）先生曾评价说，他的所有财富来自他的"及时出手"。

　　计算机市场在 IBM 丧失对商务计算机的环境控制力之后得以开拓，而 OpenVision 的创立及其与 VERITAS 的合并则加速证实了这个市场的广阔潜力：从定义投资策略，到快速而大规模地利用市场机会来共同验证一种业务模式。从各个方面来讲，OpenVision 都不愧是 BEA 系统发布前的一次彩排。

6

典　范

从 ECsoft 到 OpenVision,所有这些铺垫都是为了创建 BEA 系统。作为一项业务,BEA 系统是处于数字经济核心最为关键的转型动力之一;而作为一项投资,它是风险投资历史上有史以来最伟大的成就之一。BEA 的发展历程使得创新经济的复杂动力学更为戏剧化。它的最初发展动力来源于垄断企业资助的研究。如果不进行垄断而是直接放任商业竞争,BEA 的开发将无从着手。它的快速增长则源于互联网商业环境的成熟,而互联网则是美国国防部先进研究项目局(Defense Advanced Research Projects Agency,DARPA)的产物。BEA 颇具竞争力的成功还得益于计算机行业的主导力量,IBM 公司无力从自身的专利产品及其高额利润的陷阱中转型。此外,BEA 所创造的丰厚投资收益,很大程度上来源于股权投资市场的投机。因为这些投资者都已经意识到,一种新的数字化经济即将诞生。换言之,BEA 代表了"三方玩家游戏"培育创新经济的典范。

从更为世俗的层面上来讲,无论是作为一项风险投资,还是作为一项业务,BEA 的成功都不是凭空出现的。人们之所以能确定和意识到它所带来的机遇,其实是以下多重因素偶然的综合作用的结果:计算机行业的替代性体系结构、计算机系统不断演进发展的技术、新成立公司可采用的不同业务模式,以及在投机的周期性压力下股票市场评价企业方式的周期性低效。在我看来,BEA 的诞生是 30 年酝酿的结果。

从更狭隘的角度来看,这个形成历程起始于 1994 年初秋,我在旧金山与比尔·卡尔曼(Bill Coleman)的一顿晚餐。当时,OpenVision 已经摇摇欲坠了。一位专业招聘主管南希·艾比迪尼(Nancy Albertini)介绍我和比尔认识。此前不久,比尔卸任太阳微系统公司集成服务业务负责人。他和他的团队曾经将用户端—服务器计算机推向了顶峰,以满足太阳微系统公司主要企业客户对计算机应用的要求。当比尔向我描述一种用户端—服务器系统的必备软件,正是这款软件令用户端—服务器系统能够处理业务关键应用所需求的访问量,我想起了我在 IMI 和 SHL 的经历。

若干年之前,比尔和我曾经有过一次近距离接触,但并未真正见过面。20 世纪 80 年代初,他曾是 VisiCorp 工程部一位富有远见的部门负责人。当该公司的电子数据表格特许经营权遭到毁灭性打击之时,比尔却想得很远。比尔与 Xerox PARC 对人机界面将会如何发展有着相同的认知,因此一直致力于 VisiOn 的开发,VisiOn 是在符合行业标准的通用型微处理器上运行的一个史无前例的图形用户界面。Xerox STAR 具有迅速响应的性能,但是为其量身设计的处理器却使其价格昂贵到令人望而却步。由于当时微处理器技术性能局限,VisiOn的响应时间较长。我记得,1982年夏天在计算机经销商博览会上邂逅VisiOn时,由于等待屏幕刷新的时间太长,以至于我都想抽空去抽支烟了。

　　10年后当我和比尔正式见面时,站在我身边的他已经是一名具有远见卓识的企业家。他经历了一次失败的创业,现如今,他可以预测出哪种软件是将来的社会不可或缺的。因此,我的事业顶峰,即作为一名风险资本家出资创建BEA系统,在第一代PC应用程序软件崩塌的背景下迈出了关键一步,这个公司名称的第一个字母B代表的就是比尔。比尔认识到,世界上绝大多数涉及买家和卖家之间的交易活动虽然是OpenVision目标市场,但它们都是通过不灵活的单片集中式IBM主机电脑进行交易和记录的;而分散式客户端服务器系统,其规模小到不足以处理这种交易,也不够稳定可靠。比尔曾经仔细思考了太阳微系统公司的口号:"网络就是计算机。"果真如此的话,那么网络需要一个操作系统:通过运行软件,将工作量分配到网络上的所有资源,以便控制每份资源的利用情况,并确保分布式系统的自动防故障装置的可靠性。此外,他自信地断定,IBM仍沉浸在其大量专利主机电脑和中型电脑所创造的垄断利润中,因而不会应对这种开放型分布式计算机所带来的紧迫挑战,因为这种计算机的利润空间实在太小。

　　吃完晚餐,我们已经心照不宣了。此外,我们都同意将比尔之前已招募到他项目中的另外两名最初的合作伙伴爱德·斯考特(Ed Scott)和庄思浩(Alfred Chuang)加入我们的会谈中来。爱德·斯考特当时还是金字塔公司的执行副总裁,该公司是一家中型计算机公司,当时正在出售过程中。他与比尔在 10 年前共同创建了太阳微系统联盟。庄思浩则是一位才华横溢、聪敏智慧的年轻技术专家。他当时是太阳微系统公司 Sun on Sun 项目的设计师，曾经试图将太阳微系统公司的所有业务应用程序从 IBM 主机里转移到太阳微系统公司自身的机器中。他非常了解客户端—服务器计算机的局限性。他们走到了一起，构想出一份大胆的计划，以解决网络操作系统的需求问题。这是一个市场空白，其潜力可能非常惊人。比尔和庄思浩已经规划出填补该空白所必需的技术。庄思浩设计出一个挂图，直观地描述了"对象事务监控器"（Object Transaction Monitor，OTM）的组件以及为完成该任务所必需的辅助功能。庄思浩的 OTM 是将 IMI 工程师发明的用于拓展甲骨文公司数据库能力的技术进行泛化，而且更加出色。其目的在于，使客户端—服务器网络像大型机一样，可以运行大规模、任务密集的应用程序，并且具有和大型机同等程度的可靠性。

我们在地处硅谷西南角的、一个被山麓丘陵环抱的萨拉托加酒店（Saratoga Inn）里度过了漫长的一天。这一天，在严格保密的条件下，他们向我和我在华平投资集团的同事透露了设计方案和执行计划。此后，讨论持续了整个秋天。

我们都认为，这种技术解决方案可行，且市场潜力巨大。但是，要从头构建一个软件平台，需要经年累月的努力。此外，客户不太可能将他们最为关键的业务程序托付给一个新兴公司刚刚发布的、未经市场验证的技术。

研究项目

此后,根据我多年从事计算机技术的经验和对市场需求的判断,我们共同协作,努力尽早建立起一个能实现正向现金流的业务。当年年底,我们已就该项目达成了一致意见。华平投资公司将出资 750 000 美元,帮助比尔、爱德和庄思浩实施一个为期 6 个月的研究项目。我们的 IT 投资团队中的斯图尔特·格罗斯(Stewart Gross)和卡里·戴维斯(Cary Davis)以及许多一流顾问也为他们提供支持。作为回报,华平投资公司享有投资这个项目的优先权。

最终交付的产品是一套完备的对现有分布式任务关键型计算机解决方案的市场和技术评估报告(称为"红皮书"),以及一套互补的协同作用和业务模式分析报告(称为"蓝皮书")。此刻,这两本报告就在我面前,每一本都整合了对战略细节的策略性分析,这是在我的职业生涯中前所未有的。该团队证明,市场上确实存在一些潜在可用的技术,它们正占据着边际市场利基,一旦获得它们,将会加速企业的发展。此外,该团队成员加班加点对相关业务和金融应用进行了综合调查,绘制出一幅优先级市场分布地图。

这项工作的重要性甚至超过了成立 BEA 本身的意义。该团队在关注技术的同时也关注应用,以非线性的方法将想法付诸实践,而这也正是创新思想的发展之路。新技术刺激了新应用的发明。但是随着应用程序的确定和部署,他们会提出反馈意见,并对技术提出新的要求。这种反馈可以一直延伸到技术上游,催生出基础科学的创新研究和发现:

从第一次工业革命的蒸汽动力到电气化,再到信息和通信技术。这种复杂的系统性行为在历史上比比皆是。[1]

从狭义的角度来说,BEA 项目的研究具有双重意义,它不仅仅是在创建档案,而且过程本身就是对我们思考世界方式的一种互利教育,也是一种构建假设并对其进行探索的机遇,同时也是我们测试假设的共同行动。鉴于我们创建 OpenVision 的经验,我们感到很欣慰的一点是,比尔和爱德都拥有丰富的创业经验,也了解操作规程的关键需求,无论这项任务有多么庞大。此外,所有创始人都经历过太阳微系统公司的濒临破产阶段,而这家公司多年前就已面临来自从工作站到服务器的巨大挑战。

这个研究项目于 1995 年 6 月完成。同时,仿照 OpenVision 的模式,我们还充分讨论了股权融资条件,这次的融资规模已上升到 5 000 万美元。如果公司能够顺利实现融资目标,那么华平投资集团将拥有其中的绝大部分股权。

由于缺乏想象力,我们之前将研究工作取名为项目 BEA,这个名称是由几个共同创始人的姓名首字母组成的。当我们正式启动公司时,这个名字就保留下来了。

收购 Tuxedo

根据研究项目制订出的业务计划是极其大胆的,因为他们提出,要

---

[1]　See T. Bresnehan, "General Purpose Technologies," in B. H. Hall and N. Rosenberg (eds.), *Handbook of the Economics of Innovation*, 2 vols. (Amsterdam: North-Holland, 2010), vol. 2, pp. 770—782.

攻击 IBM 商业计算机城堡的核心。但是，如果没有美国州政府对市场经济的各种干预，这是不可能实现的——甚至是想都不敢想的。美国司法部反垄断部门采取的措施影响了两大主要技术创新源头——IBM 和 AT&T。1936 年，IBM 对计算机数据处理器上的打孔卡的垄断地位因一份判决令而正式废止。而 1959 年，第二份判决令要求 IBM 售卖其产品，而非仅供出租；出租机器一直以来是一种强有力的竞争工具，一方面可以捆绑客户，另一方面又对不及 IBM 金融资源丰富的潜在竞争对手不利。但最重要的事件发生在 1969 年，当时美国司法部发起了第三次进攻，这次进攻持续了 13 年，直到 1982 年被里根政府叫停。这次，IBM 通过拆分电脑软件先发制人。此后，独立的软件行业应运而生了。

至于美国电话电报公司，1913 年，它通过"金伯利承诺"（Kingsbury Commitment），确立了长途电话服务供应领域的垄断地位。根据该承诺，美国电话电报公司允许独立电话公司连接其网络，并在全国提供"普遍服务"。1956 年，司法部发布了一份判决令，肯定了"金伯利承诺"，但代价是美国电话电报公司签订协议，同意将其业务活动限制在全国电话系统的规定业务范围内。反垄断部门一直对美国电话电报公司保持高度关注，并最终在 1982 年促成了美国电话电报公司的解体。但是，同时，1956 年签订协议后，美国电话电报公司为一系列适用于新兴计算机行业的创新技术颁发了许可证，这一举措不仅有利于 BEA 系统和华平投资，也惠及整个创新经济。

技术创业的成功与否取决于无数的变量。正因为它具有太多不确定性，我们没有走某条道路。红皮书上认可的一项技术是 UniKix，该技术模仿 IBM 的主机交易处理平台——客户信息控制系统（CICS）；该系统之前曾应用于 Unix 系统计算机。该技术为法国的全国计算机冠军企业布尔（Bull）所有，若不是沾了其客户都是法国政府的直接或间接部门的光，该公司早已破产。

但是，由于法国政府不断注入资金，布尔公司仍然存活至今。美国的 UniKix 管理团队渴望获得解放，强烈希望我们启动 BEA 系统，以带来实际收益和客户，而我们也充分响应了他们的请求。我们运气真是奇佳——布尔公司驳回了我们收购 UniKix 的报价。现在回想起来，我们的报价实在太慷慨了，如果布尔公司当时接受了那个报价，他们将获得我们公司不低于 37.5% 的所有权。如果当初我们是从二流的 UniKix 技术起步，还有布尔这样一个大股东从中阻碍，BEA 就不太可能在运营上取得成功，而且股票市场对我们公司的估价也可能会非常低。但无论如何，因为布尔公司的高层管理，我们有惊无险——其高估自身的资产，这使得我们重新考虑吸收合并上市模式，我们获得了自主发展的机会。

这就是我们没走的那条道路。在收购了两家拥有市场领先技术的独立增值业务经销商之后，BEA 正式启动。Tuxedo 是一种分布式事务处理监视器。这一收购举措为我们的新公司带来了每年约 1 500 万美元的收益、一系列重要的企业客户和一批精通 Tuxedo 部署和调试的技术人员。他们还提出了一个非常有价值的方案。Tuxedo 研发源于美国电话电报公司的 Unix 系统研究室，这是贝尔实验室的一部分。Tuxedo 的设计目的，最初是用于支持科学和工程应用程序，是为了使美国电话电报公司的 Unix 操作系统能够支持大规模事务处理需求的应用程序。与 Unix 一样，按照市场规则，美国电话电报公司不得不广泛地对 Tuxedo 颁发许可证。在我们的两次收购中，我们都获得使用软件代码的专利权，还获得了其中一个公司的品牌名称许可证。但是，一流软件工程师组成的核心开发团队仍然留在 Unix 系统实验室中。

我首次接触 Tuxedo 时，发现美国电话电报公司完全无法理解竞争激烈的商业市场。20 世纪 90 年代初，艾瑟·戴森（Esther Dyson）召开了一次 PC 论坛。会上，Tuxedo 被看做客户端—服务器计算机网络中一个客户端上的桌面工作环境。在当时的环境中，这是非常不恰当的。的确，Tuxedo 可以为图形用户界面提供支持，而图形用户界面是所有企业和消费者软件应用程序不可或缺的一部分。但是，Tuxedo 是一个复杂的基础设施软件，其部署和维护需要由技能高超且经验丰富的系统工程师进行操作。它完全不应该作为 Windows 的一个潜在替换方案出现在 PC 论坛上。

早在 10 年前，美国电话电报公司在开发 Unix 或 Tuxedo 方面的劣势就初露端倪。当时，美国电话电报公司为了解决联邦反垄断起诉，协议放弃了贝尔的区域性经营公司，以此换得其利用庞大的技术资源进年计算机行业的机会。然而，虽然贝尔系统了解如何为已争取来的客户提供可靠的通信服务，但是美国电话电报公司及其前子公司却毫无例外地在竞争激烈的商业计算机市场上投资失败。

在美国电话电报公司内部启动与 IBM 的竞争策略时，这一惨败趋势就很明显了。这是新成立的美国电话电报公司信息系统领导们为其高层上演的一场盛大夸张的多媒体表演。当时在场的人告诉我，当所有与会者都在令人窒息的沉默中等待之前已与司法部协商放弃协议的 CEO 查理·布朗（Charlie Brown）回应时，大家听到他对其直接下属说：

"我的天哪！我们放弃的那部分,恰恰是这该死的公司不该放弃的!"①

美国电话电报公司最终接受了在同 IBM 的竞争中败下阵来的事实。1993 年 6 月,它将整个 Unix 系统实验室转让给网威公司(Novell)——一家个人计算机网络软件供应商。该公司也有一个难以实现的梦想:与微软竞争 PC 软件架构的控制权。在这一点上,Unix 和 Tuxedo 都望尘莫及。与微软的产品一样,网威公司的产品要么与 PC 绑定,要么通过放任自流的分销渠道——包括零售店——进行销售。作为复杂的企业级基础设施软件,Tuxedo 的作用是作为一个部件,来支持某个价值数百万美元的项目,而且需要工程师进行现场安装。当我听说网威公司提出要出售用收缩膜包装的 Tuxedo 时,我不知道它是否会把 1~2 个软件工程师压缩,然后和软件一起打包装箱。

1995 年的整个秋季,埃瑟·戴森一直在努力说服网威公司考虑这些事情。那时,BEA 的收入规模已经达到 Tuxedo 大约 80% 的水平,而且正在打算利用其拥有许可执照的地位迅速出击市场。这些因素导致 BEA 拥有有利的谈判地位,对 BEA 来说,这是非常有意义的事:一是通过收购可引进 Tuxedo 的技术团队;二是通过收购可掌控该技术团队未来创建的知识产权。在 1996 年 1 月召开的董事会上,爱德汇报了一项突破性成就。网威公司新任 CEO 鲍勃·弗兰肯伯格(Bob Frankenberg)赞同 BEA 的提议,他曾在惠普公司担任高级管理人员,非常了解企业计算机领域。显然,爱德促成的这项交易使 BEA 能够独立完成收

---

① Some years later I met an executive who had sold his software company to AT&T and seen it fail utterly.He asserted that such was the insight of AT&T s marketing team that,were the company to acquire Kentucky Fried Chicken,it would take the lead spot at half-time of the Super Bowl to advertise that AT&T Sells Cold,Dead Chicken!"

购:网威公司将授予 BEA 所有知识产权的许可,只要产权的预计版税与网威公司预测的在未来几年的利润相一致,而且我们可以选择完全收购这些知识产权。当我们共同向爱德表示祝贺时,我向所有人保证,在交易完成前,网威公司还将请求华平投资公司对拟签合同规定的最低支付金额,即大约4 000多万美元进行担保。这一举动将使我们的投资额超出协议商定的 5 000 万美元。

预料到这一点后,我邀请比尔、爱德和庄思浩回到纽约,与约翰·沃格尔斯坦(John Vogelstein)商议这次交易,并讨论此举的意义。他们表现得十分出色、全面。离开会议室时,约翰示意我跟他走。"当然,我们必须进行这项交易,"他说道,"但是,你应该为此争取一些认股权证。"他的意思是,由于华平投资公司提供了担保,它应当获得额外的股权回报。鉴于我们已经获得 BEA 系统约 75% 的所有权,而且这些共同创始人在一年的合作研究和实施期间不仅满足而且超出了我们的最高期望,我决定不与约翰争论。相反,我效仿哥本哈根战役中的海军上将尼尔森(Nelson),唯一的区别是,我对我上级的指示是充耳不闻,而非视而不见。

后来,我了解到我们的实时反应能力对 BEA 的未来成功是多么关键。美国电话电报公司将一份 Tuxedo 许可证发给了天腾计算机公司(Tandem),该公司的容错系统使其在计算机行业屹立不倒。当时,天腾公司 CEO 是罗埃尔·皮珀(Roel Pieper)。他曾运营过 Unix 系统实验室,那时实验室仍然归 AT&T 所有。因此,他随时准备收购 Tuxedo。他告诉我,当得知 Tuxedo 要出售时,他第一时间联系了鲍勃·弗兰肯伯格,却被告知 Tuxedo 已经卖出去了。

通过购买对 Tuxedo 的所有商业权益以及支持性的技术资源,截至 1997 年 1 月 31 日前,即第一个完整会计年度的年底,BEA 就转变为一家年收入超过 1 亿美元的企业,且在运营中实现了正现金流。有 Tuxedo 作为渗入市场的引擎,BEA 决定向市场发起冲击,在企业市场和应用程序领域与 IBM 的"客户信息管理系统"(Customer Information Control System,CICS)竞争。CICS 是 IBM 专利大型机的自带系统,也是客户的默认选择。IBM 也意识到,Unix 客户端—服务器系统可能会侵占自己的地盘。因此,1994 年,它收购了匹兹堡卡内基梅隆大学的一家小型软件公司,该公司有一款被称为 Encina 的分布式交易程序监控器。但 BEA 简直是太幸运了:一方面,Encina 在关键的可靠性和可扩展性方面明显不如 Tuxedo;另一方面,考虑到 CICS 产生的庞大现金流,以及伴随而来的硬件出售和服务收入,IBM 根本就无意于改进 Encina 的性能以增强其竞争力。

IBM 软件业务部的一名具有战略远见的高级执行官约翰·斯文森(John Swainson),几个月来一直在争取与 BEA 进行洽谈。他非常准确地预测到,BEA 以及 Tuxedo 所代表的创新计算机架构,对 IBM 的主机特许经营权是一个威胁。但是他一直没有得到上级许可,也就无法启动有关收购 BEA 的正式谈判。也正是因为这个原因,我们最终免于过早出售的命运。相反,BEA 公开上市了。1997 年 4 月 14 日,是当年纳斯达克表现最为糟糕的一天。BEA 已在证券交易委员会登记备案,打算以每股 10~12 美元的预期价格出售 500 万股。但是以高盛投资公司为首的保荐方提出,如果每股价格超过 6 美元,融资可能就无法完成。华平投资和 BEA 的创始人同意接受这一条件,但决定不增加股票出售数量,从而避免将股权所有权的稀释度降到最小。由于公司已经在经营中取得正现金流,因此我们还可承受收入的降低。短短 3 个月后,BEA 的股票价格已达到发行价格的 3 倍,且公司成功完成了首次公开募股之后的另一项工作。这一次我们以每股 17 美元的价格向公众发售了 600 万股,同时建立了资本市场十分珍贵的战斗备用资金。这次首次公开募股虽然有点偶然因素,但毕竟取得了巨大成功,这都源于对 Tuxedo 的收购。

收购 WebLogic

成就 BEA 的第二次决定性收购举措,取决于那次及时的首次公开募股。截至 1998 年,所有利益相关方都已经认识到,互联网的爆炸式增长是开展电子商务的一个绝佳机遇。但是,当时市面上的技术没有能力同时为数百万用户提供在线电子交易服务。当 BEA 力图拓展 Tuxedo 功能以支持电子商务时,大量新兴企业迅速浮出水面,但也迅速被收购。其中一家是被太阳微系统公司收购,而另外一家则被美国网景公司(Netscape)收入囊中。当时网景公司正在和微软争夺网页浏览器市场控制权。当时负责 BEA 工程运营的庄思浩,敏锐地发掘出另一家新兴公司,该公司拥有的技术刚好能够满足他的严苛标准。随后,他向比尔介绍了此次收购可带来的战略价值,并且成功说服了比尔。

这家企业及其产品都被称为 WebLogic。截至 1998 年 9 月,它已累计实现 50 万美元的收入。当有迹象显示互联网将推动经济转型时,经济泡沫开始膨胀,与此同时,新兴企业的价值也水涨船高。WebLogic

的要价是不低于 1.5 亿美元,相当于 BEA 当时市值(10 亿美元)的
15%,这本身就是因投机热而虚抬价格的结果。如果当时 BEA 无法使
用自己的股票进行收购,那么这项收购根本不可能发生。

事实上,BEA 董事会上大家的讨论呈白热化状态。太阳微系统公
司全球运营部前负责人、时任欧特克(Autodesk)CEO 卡罗尔·巴茨
(Carol Bartz),以及自公司成立之初就一直为公司提供强力支持的董事
们,都向庄思浩和比尔表示,这项交易太不理智了。当我表示支持他们
时,卡罗尔·巴茨也向我重申了他们的评估结果。但是,庄思浩对市场
和技术的深入分析最终占了上风,尤其是迄今为止最大的股东华平投
资也表示支持,这一交易最终得以完成。

收购 WebLogic,表明我们在有意识地进行决策,避免陷入创新者
进退两难的窘境,而代之以先发制人占尽先机,主动出击自身的核心业
务领域。Tuxedo 的开发历经约 15 年。它是一个巨大的软件平台,其安
装和调试都花费了训练有素的工程师团队几个月的努力。它最终作为
一个大型项目的核心技术售出,其本身的销售流程延续了好几个月。
WebLogic 结合了最先进的软件工程技术,可实现快速部署和高性能,
它可为从单一用户到大规模应用环境等的各种应用提供即时支持。
BEA 彼时已成为企业市场广受信赖的任务关键型软件供应源,且技术
界流传着这么一个说法:WebLogic 正在逐步将互联网转变成一个有
效、可靠的商务平台。

WebLogic 的巨大成功导致了激烈的内部冲突。由于当初是庄思
浩成功说服董事会花费 15% 的市值购买了 WebLogic,作为回报,公司
授权庄思浩负责 WebLogic 从单一产品到整套业务的转换工作。庄思

浩通过采取单用户版本可免费在线下载的政策，迅速增加了该软件在中小型企业内部的占有率。这一激增现象发生得如此迅猛，以至于间接打击了 Tuxedo 销售团队的销量。由于这项替代性技术吸引了客户的注意力，Tuxedo 团队一直在争取的价值数百万美元的交易不得不被搁置不提，几个月来的努力付诸东流。

当我与南希·马丁（Nancy Martin）一起出席在旧金山市中心举行的一次公司全体大会时，我深刻认识到 BEA 内部战争深入骨髓的凶猛性。南希是我从 SHL 公司招募过来的，当时公司已被 MCI 收购。在华平投资公司，她创建了一种内部信息技术策略和评估机制，以降低我们对外部顾问的依赖程度。南希深受 WebLogic 团队欢迎，因为她了解他们的代码中所体现的突破性创新之处；而我则为 Tuxedo 团队所熟识。可这时，我们发现自己腹背受敌。南希被她的 WebLogic 同事批评，他们谴责 AT&T 人员"脑袋锈掉了"；而 Tuxedo 团队则对我不断叫嚣，说我是"言行无状的西部牛仔"，是在摧毁 Tuxedo 的价值。对此，比尔采取了一个有创意的处理方法，即任命庄思浩为销售总监。庄思浩通过在两种产品间构建多层销售模式，解决了这场冲突。同时，他还在 WebLogic 上重新实施了 Tuxedo 技术的关键要素，以加强前者的性能，使其具备客户看重的所有功能特性——可扩展性、可靠性、可用性和安全性，从而进一步确立了 WebLogic 和 BEA 的市场领先地位。这一举措最终带来了显著的收入增长：1999 年 1 月 31 日之前那一个会计年度的收入为 2.9 亿美元，第二年收入接近 5 亿美元，而第三年收入则超过了 8 亿美元。

这一事件将 BEA 的业务增长与股市对"新经济"估值的提升联系在

一起,即在对新经济的价值重新认识的过程中,BEA 起到了关键作用,使得 BEA 成为有史以来最伟大的风险投资项目之一。BEA 的股价在 1999 年 12 月翻一番;2000 年 4 月再次翻一番;2000 年 12 月实现了空前的股价峰值——每股 85 美元。1997 年 4 月最初向公众发售的每股 6 美元的股票,如果复权来看,现在已飙升至 320 美元。1999 年 8 月,华平投资公司开始出售他的股票:在 16 个月内,价值 5 400 万美元的现金投资就转化为自由流通股,股票分配给股东的累计价值高达 65 亿美元。

为了这一胜利,我们付出了艰辛的努力:在短短 16 个月内,我们实施了 12 次出售;其中最大的两笔,每笔价值达 13 亿美元,且是在 2000 年 2 月后的两周内完成的。即便如此,当 2001 年初 BEA 的股票泡沫开始收缩时,我们还只是转让了所持股份的 85%。

作为一家公司,BEA 也无法在泡沫经济破灭后对技术公司估值的普遍收缩中幸免。而对于 BEA,这种紧缩效应尤为明显,因为 IBM 最终对技术革命做出了反应,尽管该技术革命逐渐瓦解了它在企业计算领域长达几十年的特许经营权。但是 BEA 在投资新技术的同时,仍然创造了大量现金流。2008 年 4 月,虽然 BEA 正在第三波分布式计算[学术领域称之为面向服务架构(Service-Oriented Architecture,SOA)]的浪潮中建立市场领先地位,却被甲骨文公司以 85 亿美元的价格收购。这个价格只是公司当时年收入的 5 倍多。

BEA 和创新经济

BEA 的故事给我们带来了有关创新经济的诸多启示。首先,熊彼特革命不会提前宣布它们的到来。要想及时成功识别创新前沿的新兴力量，离不开艰苦的努力、浸入式教育以及看似无穷无尽的反复试错。回想起来，1994 年我和比尔共进的那顿晚餐，成果是如此丰硕，但由它引发的一系列事件和意外似乎太不可思议，远远不是误打误撞就能解释得了的。一连串事件促使我和我的同事从 ECsoft 和 IMI 转战到 SHL 和 OpenVision，然后又继续投身 BEA 事业，但这些事件只是让我们从企业层面解读商业计算机市场时有了一些直接经验。即便如此，无论是过去，还是现在，风险资本家都需要理论的指引。一路走来，我学到的最重要的知识就是那些资本主义大师——布罗代尔、马克思、熊彼特和凯恩斯——所阐释的基本原理。

在任何时期，任何资本家之所以能够获得超额利润，都必定是短暂且偶然发生的极端套利机遇的结果。对于 BEA 和华平投资集团的创始人而言，这一套利机遇取决于技术。掌握了这些技术，你就可以把商业世界推到一个全新的境界：分布式的交易生成、采集和处理。要识别这一套利机遇的实际潜能及其经济意义，一方面需要深入了解计算机技术的创新及其功能，另一方面还需对该技术对接的相应市场进行深入解析。深层次而言，这种双重任务不亚于布罗代尔所描述的那种挑战，我们可以想象，在 500 年前，去评估我们的航海能力和对辣椒供应市场需求的准确判断是多么艰难。

虽然 BEA 企业取得了巨大成功，而且 BEA 和华平投资公司在该项目上携手合作，但马克思对这个层面的分析依然值得重视。根据马克思的观点，我将金融资本从物理和数字资产中分离出来，其中金融资本暂时性地实现了实例化。但这种分离绝对不是流动资产的巨大负担。

马克思的假定是,资本家始终可以用商品交换到更多的资本。这个假定需要经过市场的验证,而通常情况下,在实际操作中,这个假定都是不成立的。但有一点马克思说得很对,那就是,从理论上来说资本家是成功的。而且某些实践也证明,资本家的确获得了成功,无论他所经营的企业命运如何。

在创建 BEA 时,企业创始人和华平投资公司的资本主义金融家很好地处理了企业家与金融家之间的关系,正面应对了熊彼特的挑战。比尔和爱德之前有过一次失败的创业,如今东山再起,两个人都很明白获得资本支持的重要性。这个研究项目为我们所有人提供了取长补短、相互协作的机会。我们一致决定拓展 OpenVision 的股权融资模式。这个决定是根据我们此前得出的几个积极结论而做出的,而且,在促使华平投资及时抓住机遇出资收购 Tuxedo 方面也起着决定性的作用。反过来,这一决定性的举措也将一个项目转化成一项业务。这项业务所聚集的资金足以使我们上市,并能够及时收购 WebLogic,从而驾驭电子商务于经济泡沫浪潮之上。企业家和金融家之间的这次合作采用了不同寻常的融资模式,因而大获全胜。但也说明,这样的成功太过稀少,同时,也提醒我们重视产生熊彼特所指出的那种冲突的可能性。

所以,当考虑到金融资本回报时,我们想起凯恩斯的观点:股票市场增值通常是由投机所驱动的,而非通过计算"资产在其整个生命周期内的预期收益"①得出。多亏了泡沫经济和我们对泡沫经济的认知,华平投资公司在 BEA 的投资回报高达成本的 120 倍以上,在仅 4 年多的

---

① J.M.Keynes, *The General Theory of Employment, Interest and Money*, in E.Johnson and D. Moggridge (eds.), *The Collected Writings of John Maynard Keynes*, vol.7 (Cambridge University Press and Macmillan for the Royal Economic Society,1976[1936]),p.158.

投资周期中，我们的内部收益率是 225%。1999 年 8 月，我们开始分配
股份，那时华平投资公司持有的股份为 1.68 亿股多一点。如果我们将
股权一直保持至 2008 年 4 月甲骨文公司以每股 19.375 美元的价格收
购 BEA 时，我们只能拿到 32.6 亿美元的现金，大约是实际收益的一半。
此外，由于投资周期将增加两倍，即超过 12 年，那么内部回报率将仅为
40%，不足实际收益的 1/5。后来，股票价格一路下跌至 4.95 美元。如
果我们当初为形势所迫以这个价格平仓了，那我们的股权价值将仅为
8.33 亿美元，投资获得的收益也仅为我们实际收益的 1/8，毫无疑问，这
种形势不是我们能预料得到的。事实证明，我们有限的几个持股合作
伙伴，合计持有近 50% 的权益，之所以能够获得如此高的内部回报率，
很大程度上在于，上市之后我们将 BEA 投资资本及时变现。也正因此，
我们才能在泡沫经济破裂后有能力筹集其他资金。成功的资本主义由
此演变为对金融资本市场的准确把握，就如同需要准确把握实物资本
一样，特别是在评估那些让新资本翻番、旧资本淘汰的技术创新时，更
是如此。在这一点上，有两个事实与任何一个接受过新古典经济学教
育的人的直觉是相悖的，因为新古典经济学认为效率是理论和实践上
的首要美德。作为一家公司和一项投资，BEA 的成功取决于两项流程
的成果资本化，而这两项流程都不符合人们对经济收益的计算法则。

　　首先，公司的原始技术 Tuxedo 是由美国电话电报公司的垄断利润
所资助的。但后来，美国电话电报公司转而用这笔钱为贝尔实验室的
科学家和工程师们提供支持，而非为美国电话电报公司的客户提供更
低的价格或是为股东提供更高的红利。此外，该技术所赖以生存的数
字计算和微电子技术领域，以及实现经济转型的互联网领域，是联邦政

府直接出资建造的。而联邦政府的这一资助的驱动力是国家安全，而非投资收益。其次，投资高潮是由一次疯狂的短期投机所驱动的，此次投机只关注把握市场心理，而不再着眼于普通股所代表的未来现金流。换句话说，作为创新经济中大获全胜的投资者，华平投资的收益在很多目光狭隘的经济学家眼里不过是白费力气。

　　BEA 创建并取得成功的历史背景当然是非常独特的，那就是分布式计算机技术革命和互联网成为电子商务经营新环境这两种要素同时并存。但是"三方玩家游戏"作为创新要素来说，其实与第一次工业革命以来别无二致。同以往一样，创新经济取决于资金来源。这些资金来源不仅能够容忍为推进科学探索前沿技术而造成的资金损失，也能容忍为采用新的技术、探索新的商业模式而造成的投资损失。在市场经济再次转型的上游，国家间接制裁了那些用所得利润资助科学探索和发明的垄断企业，并且在对这些企业进行法律约束或将其赶出这一领域后，直接接管了科研投资。而在下游，在关键历史时刻，当任何理性的计算方法都不能量化其收益时，金融市场泡沫为探索和建设新的经济空间提供了资本。看似徒劳无功的过度投资，其实泡沫却一直是经济发展的必要驱动力量。

第三篇

理解这个游戏:泡沫的角色

7

毫无新意的泡沫

华平投资在把投资 BEA 系统的资金全部变现之后,我们所见证的泡沫经济是非常极端的,但并非绝无仅有的。在我研究了 1929～1931 年间应对金融危机和经济萎缩的经济政策后,我对 1929 年经济大萧条前奏的"第六感"一直持续了 30 年左右。那时,美国无线电公司(Radio Corporation of America,RCA) 是新经济的象征:广播代表科学创新,而且已经划时代地应用到了具有无限潜力的商业媒体之中。20 世纪 20 年代中期 RCA 的股价无限飙升,这是我对投机过度的直观印象,虽然我一再告诫自己:"记住你只是一个凡人"(momento mori)①,但是 VERITAS 软件和 BEA 系统于 1998～2000 年间的股价还是超出了我的想象。

图 7.1 列出了 RCA、VERITAS 和 BEA 股票 6 年间每月的价格波

---

① 作者在文中用的是拉丁语"momento mori",可译为"记住你只是一个凡人"。——译者注

动。图中展示了 RCA 从 1926 年 1 月以来的股价波动,以及 VERITAS
和 BEA 从 1997 年 1 月以来的股价波动。因为,我曾经研究过 RCA 股
票在不到两年内增长 10 倍的价格轨迹,因此,我可以很轻易地预测出
当 VERITAS 和 BEA 的股票用更短的时间获得同样的大幅增长后,这些
股票将会是什么样子。无论何时何地,只要银行家们将充裕的现金投
资到二级市场的流动性金融资产中,金融资本主义就会再次发生过度
投机,这是它的本质特点。从历史记录中,我们可以总结出金融资本主
义的三大典型象征。费尔南德·布罗代尔认为,金融资本主义是英勇
行为。这就好比"站在经济制高点的典型优势……使人们无须受限于
单一选择,人们能够就像如今的商人们所说的那样,保留灵活的选择
权"。①

　　克林顿时期的政策顾问詹姆斯·卡维尔(James Carville)一直被灌
输,要把预算平衡放在所有政策重点的首要位置,他曾把金融资本主义
视为最终的胜利者:"过去我常想,如果有来生,我想成为总统,或者教
皇,或者优秀的棒球球员;但现在我改变主意了,我想参与债券市场,因
为债券市场可以主宰每一个人。"②

　　还有一个有关金融资本主义的例子,也体现了投机市场繁荣与萧
条的反复起伏,展示了金融机构和市场的本质行为。在这个市场中,所
有人在面对这个世界不可避免的不确定性时都不得不做出承诺,而且
这些承诺的后果都将实现。尼古拉斯·西布利(Nicholas Sibley)曾是中
国香港一家知名投资公司的代言人,他把金融资本主义形容为酒鬼:

---

　　① F.Braudel, *The Wheels of Commerce*, trans.Sian Reynolds, vol.2 of *Civilization and Capital-ism*, 15th—18th Century, 3 vols.(New York:Harper & Row, 1982), p.381.

　　② Available at en.wikiquote.org/wiki/James_Carville.

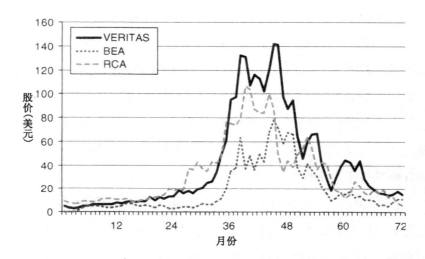

资料来源：Graph constructed for the author by D'Maris Coffman of the Centre for Financial History，Newnham College，University of Cambridge.

图 7.1 RCA(1926～1932 年)、VERITAS(1997～2003 年)和 BEA(1997～2003 年)股价对比

"将资本投入银行……无异于给一个醉汉一加仑啤酒：你知道这样做的后果是什么，但是你不知道他会醉倒在哪面墙下。"[1]

西布利的话一直让我们警醒至今。

法国和英国的早期泡沫

从历史上看，泡沫的出现超越了政治体制和市场结构。理解这一点是掌握资本主义工作机制的第一步，也是关键的一步。第二步是要

---

[1] D.C.Fildes，"City and Suburban," *The Spectator*(October 3,1998).

认识到,泡沫经济现象挑战了新古典经济的既定信条:有效市场和合理预期的双重假说。第三步需要了解有关的大量文献,即关于泡沫经济的浪费无度及随后带来的不可避免的经济崩溃,从而认识到金融投机是如何在系统层面帮助革命性技术成功转化为商业应用的。因此,我想指出,过度投机现象的出现是多么重复、单调和老套。但是,恰恰在现代社会的这 250 年里,它在促进经济改革、提升经济生产率和生活标准方面发挥了历史性的作用。

金融历史可以追溯到比 20 世纪 20 年代更为久远的时期。回想现代历史,这一现象可追溯到 1636～1637 年的荷兰"郁金香热"时期。[①] 60 年后,当伦敦兴起挑战阿姆斯特丹的地位时,也就是 17 世纪 90 年代中期,大约有 100 家新的股份公司和企业成立了,这些公司的所有权或多或少是由可自由转让的股权证所代表的。它们的股票为之前无法获得为数不多的老牌垄断企业股票的群体的投机性资金提供了出路,其中为首的就是可追溯到英格兰詹姆士一世统治时期的东印度公司。股票推销的目的是为了修复遇难船,从事搜寻宝藏以及寻找看起来更加普通的亚麻制造地等业务。在第一个例子中,丹尼尔·笛福(Daniel Defoe)和其他人描述了人们携"探照灯"和钱款潜逃;第二个例子中,由于亚麻布公司创始人的无能,他们不得不亏本购买他人产品以转售,因为他们自己不知如何生产。[②]

---

① C.P.Kindleberger and R.Z.Aliber, *Manias, Panics and Crashes: A History of Financial Crises*, 6th edn.(New York: Palgrave Macmillan, 2011), pp.109－111.

② A.L.Murphy, *The Origins of English Financial Markets: Investment and Speculation before the South Sea Bubble*, Cambridge Studies in Economic History, 2nd series (Cambridge University Press, 2009), p.31.

伴随着 17 世纪 90 年代中期伦敦证券市场的繁荣,股权衍生工具大量出现,特别是出售和购买期权,它们分别代表在约定期限以约定价格出售或购买股份的权利——但不是义务。这并不是投机浪潮第一次伴随金融创新而出现,也不会是最后一次:17 世纪 30 年代,阿姆斯特丹就出现了郁金香球茎的期货交易。如同在其他时刻,股权衍生商品也可被视为增长机遇,并且可以用来管理对冲风险。[①]

可喜的是,由于私人机构的推波助澜以及国家对投机行为的某种背书,"此时赌博和投资之间的联系不断加强",这逐渐演变为一种公共财政结构,资助英国参加旷日持久的欧洲王朝战争。[②] 大部分新的股份公司消失得无影无踪,然而英国央行全然置身事外,但彩票还是对概率理论形式留下了丰富的资料遗产。塞缪尔·皮普斯(Samuel Pepys)写信给艾萨克·牛顿(Isaac Newton)说:

> 一段时间内股票已几乎在城镇的所有公共谈话中消失无踪了,尤其是在男士们的对话中。聊天内容林林总总,天马行空,言语中大家似乎都接受的信条是,各类危害性事件发生的概率可能是由抽签来决定的。[③]

---

① A.L.Murphy, *The Origins of English Financial Markets: Investment and Speculation before the South Sea Bubble*, Cambridge Studies in Economic History, 2nd series (Cambridge University Press, 2009), pp.24－30.

② A.L.Murphy, *The Origins of English Financial Markets: Investment and Speculation before the South Sea Bubble*, Cambridge Studies in Economic History, 2nd series (Cambridge University Press, 2009), pp.48－51,157.

③ A.L.Murphy, *The Origins of English Financial Markets: Investment and Speculation before the South Sea Bubble*, Cambridge Studies in Economic History, 2nd series (Cambridge University Press, 2009), p.52.

1720 年发生的席卷伦敦的典型的"南海泡沫"事件，给英国股市繁荣的文化记忆第一次蒙上了阴影。当时，"南海泡沫"事件与同时代的巴黎密西西比泡沫大有关联：伦敦的约翰·布伦特(John Blunt)和巴黎的约翰·劳(John Law)都面对一个潜在的机遇，即可利用新兴证券交易所的投机精神来满足当时彼此交战、战乱不休的国家对财政的无止境需求。无论在哪种情况下，投机的激励因素都来自与新大陆开展商品贸易所能取得的垄断利润前景。① 在这两个城市，提供私人资助也旨在满足公共用途：国家财政上的一种大胆且极其富有想象力的实践。② 这就是金融资本主义和国家之间进行的一种创造性的协作游戏。而且，由于前者固有的不稳定性，两个城市兴起这种活动是注定的。无论何时，当政客们受机会主义或意识形态的驱动，计划实施社会安全网的私有化时，这个历史事实都值得反复回顾。

私营公司可以通过向公众发行股票，从而资助负债累累而岌岌可危的国家。这发生在政府债务被有组织地长期隐瞒，在市场几乎不为人知的时期。对于负责管理公共债务的人员，这种帮助在行政上具有非常大的吸引力：它们可以通过将责任转移给单一实体，从而消除与个体债权人交涉的高额交易成本，这个单一实体如同大型投资信托公司一样工作，类似于资产全部是政府债务的伯克希尔·哈撒韦公司。③ 15年前，英国央行的成立正是出于这一相似目的。

在巴黎，狂热的买进仅限于在约翰·劳的密西西比公司进行，该公

① R.G.P.Frehen, W.N.Goetzmann and K.G.Rouwenhorst, "New Evidence on the First Financial Bubble," Yale International Center of Finance Working Paper 09－04 (2009).

② P.M.Garber, "Famous First Bubbles," *Journal of Economic Perspectives*, 4 (1990), pp.35－54.

③ I am indebted to D'Maris Coffman of Newnham College, Cambridge, for this insight.

司与皇家银行合作,共同为法国所有从事国际贸易的垄断企业提供担
保。1719 年上半年,由于约翰·劳(John Law)发行的纸币量远超银行
持有的黄金和白银量,印度公司的股价作为他的新工具,飙升了 20 倍。
而在伦敦,1720 年上半年间,布伦特(Blunt)的南海公司的股价从低于
100 英镑飙升至 1 000 英镑。这种一夜最高的激励效应向市场蔓延,开
始带动其他金融或实体资产。伦敦制造金融产品的体系成熟得多,可
以更大程度上满足投资者的投机性欲望,此时伦敦的这部机器开始高
速运转。[①] 而在这两个城市,最终不可避免的崩塌都导致了大量政治争
端、法律诉讼和个人悲剧。

而这两大泡沫在两个国家产生的长期后果是截然不同的。在法
国,约翰·劳的失败是灾难性的。紧随其后,国家财政日趋混乱,且腐
败事件前所未有地增多,为筹集所需资金,人们不断挣扎,气氛压抑。
而在英国,与大家的直觉恰恰相反,南海计划继续发挥作用,巩固政府
债务并稳定公共财政。[②] 人们实施各种举措,旨在规范证券交易所并限
制投机,但是这些努力并没有阻挡流动资本部署的逐步加速,它们逐步
流向农业领域,促进农业改善。甚至臭名昭著的《1720 年泡沫法案》禁
止创建新的股份公司,如今它被解读为一部迎合小众利益的法律,这部
法律旨在限制竞争,而不是反对向南海公司投资。在随后的几年里,这
部法律几乎没有得到实行。[③] 它当然未能阻止 18 世纪 70 年代早期或

---

① As inaccurately recorded long after the fact in C.MacKay, *Extraordinary Popular Delusions and the Madness of Crowds* (Petersfield:Harriman House,2009[1841]).

② Murphy, *Origins of English Financial Markets*,p.221.

③ R.Harris,"The Bubble Act:Its Passage and its Effects on Business Organization,"*Journal of Economic History*,54(3)(1994),pp.610—627.

18世纪90年代,由于"运河热"带来的新的交通网络投机性投资的兴起——收费高速公路和运河。①

我之所以提起这段历史,直接目的是想说明,南海泡沫的最为重要的一个特点在于开发了极其广泛的一系列项目,当时这些项目作为投机的对象,放大了17世纪90年代的现象。约120年之后,根据各种传闻,查尔斯·麦基(Charles MacKay)编撰出一份当时也就是1720年被宣判为非法的"泡沫公司"列表,共有86家,从直接明确的"进口瑞典铁"和"制造玻璃瓶"到更为宏大甚至是浮夸的策划,如"铺平伦敦街头"和"为大不列颠每一个角落的葬礼供给物品"等,不一而足。当然,麦基也在其中纳入了标志性的"从事一项可带来巨大利益的事业,但它到底是什么,无人得知"。② 现在通常认为,这是杜撰的。就我看来,这广泛的一系列投机项目带给我们非常重要的历史教训和分析难题:似乎出现的任何事物都是投机对象,该投机无论是表现为借出资本资助具有极低回本可能性的项目,还是表现为与它们所代表的经济资产的现金流基本因素毫无关系的资产,有人竟然以不可思议的价格购买他们的股份。

拿破仑战争结束后,伦敦成为领先的国际金融中心。因此,这里也不断爆发投机热。戴维·凯纳斯顿(David Kynaston)的历史著作《伦敦城》(*The City of London*)中就描述了这一现象。该书共分四卷,它在前两卷中描述了1815~1914年间一个世纪的历史:在这段时期,凯纳斯顿记录了在伦敦证券交易所发生的不少于10次的投机热浪潮。19世

---

① Kindleberger and Aliber, *Manias, Panics and Crashes*, p.62.

② Mackay, *Extraordinary Popular Delusions*, pp.50—58.

纪的第一次投机性繁荣在 1825 年初初见端倪。据一位亲密好友透露，威灵顿公爵曾预测到即将发生的不可避免的结果："他认为最大的民族灾害将是这些投机热的后果，所有公司都是针对投机目的而制造的泡沫，将会发生全面的崩溃。"[①]

这种投机性繁荣是由外债（尤其是新独立的拉丁美洲共和国发行的）、外国矿产[特别是拉丁美洲的银矿（有真矿，也有假矿）]，以及国内运河和不受监管的省级银行发起的虚拟项目所组成。投入这些"乡村银行"且通常用于资助当地商业的存款，被转而用于追逐发行者们声称会提供更高收益的投机活动，而对于这些发行者，"乡村银行"一无所知。[②]

1825 年的泡沫之所以影响深远，不仅因为它是新世纪爆发的第一次泡沫经济，随着新世纪的开始，欧洲——连带美国——也从整整一代人的战争泥潭以及诸多贸易和投资限制中脱身出来，进入一个商业扩张、工业投资以及至少颇具雄心壮志的政治自由化的时代。正如 100 年前一样，投机的传播起点来自一个貌似可信的故事——某些运河公司取得了卓越的商业成就，而且衰败的西班牙王国在美洲的最终崩塌为英国开启了新的市场——虽然看起来有点牵强附会和古怪。此外，这也是英国央行采取终极手段作为贷款人首次强制干预货币市场和银

---

①　D.Kynaston, *A World of its Own* : 1815－1890, vol.1 of *The City of London* , 4 vols.(London: Pimlico, 1995), p.65; emphasis in original.

②　Larry Neal emphasizes such asymmetric information as the prime source of the bubble and subsequent crash in L.Neal, "The Financial Crisis of 1825 and the Restructuring of the British Financial System," *Federal Reserve Bank of St .Louis Review* (May/June 1998), pp.53－76.The same sort of behavior was demonstrated 180 years later by the German *Landesbanken* , which made large-scale purchases of complex asset-backed derivatives in the run-up to the Crisis of 2008.

行系统的有利时机，正如沃尔特·白芝浩（Walter Bagehot）若干年后在《朗伯德街》（*Lombard Street*）剧本中所记录和描述的。

央行举措的必要性和效果都来之不易。白芝浩对该事件的总结已成为评估后续诸多此类事件的准则：

> 英国央行此次的成功得益于其全面实施了正确的原则。英国央行很晚之后才采纳这些原则。但是一旦采纳，就非常彻底全面。根据银行行长的官方声明，"我们以前所未有的一切可能的手段和方式向外贷款；我们在安全线内大量买进股票，购买国库券，我们发行了大量的国库券，总而言之，我们不仅直接贴现，还采用符合央行安全利益的所有可能的方式大量预付汇票存款"。对于在最后关头能够勇气十足、大刀阔斧地采取该政策，英国央行行长当时实在功不可没，值得称赞，因为当时这个主题并不是非常容易理解；但是该央行行长也需受到严厉谴责，因为他之前选择了一套相反的政策，而不愿意采用新政，而且最后还是在应他人请求且被允诺与执政当局共同承担责任的情况下采取新政的。[①]

银行被迫学习有关危机的最基本规律：当每个玩家试图进行回顾性自保时，即当每个玩家寻求现金和控制以应对突发状况时，只有在可靠的合约中公开提供集体保险才可避免灾难。从 1825 年发生的重大

---

① W.Bagehot, *Lombard Street: A Description of the Money Market* (New York: Charles Scribner's Sons, 1999[1873]), pp.202—203.

事件中可以明显看出,在导致 1931～1933 年大萧条的主导政策——放任自流——与 2008～2009 年秋冬标志央行政策另外一个极端的"介入主义"①之间,存在着精密的平衡。1825 年,央行一开始的毫无作为和明显的勉为其难显示了不可避免的紧张关系。这种紧张一方面是由于国家当局保护金融资本家及有赖于此的市场经济的需求,另一方面是由于任何此类保护过度只会激发他们再次挑起这种危机,这是金融资本主义的道德危机。②

海曼·明斯基在《稳定不稳定的经济》(*Stabilizing an Unstable Economy*)一书中分析央行稳定动荡经济的职责时,总结了央行维持金融资本主义引擎,使其不至于熄灭的最大挑战:

> 当最后贷款人职能的成功实施延伸至央行,以为新市场和新工具提供担保时,这显然存在内在的通货膨胀隐忧;通过确认工具之前的有效性,延伸了对其未来价值的隐形担保。除非长期使用监管措施以控制、限制甚至禁止可能导致最后借款人需求的金融活动,否则这种避免深度萧条的干预措施所取得的成功都将是暂时的;且会发生另外一种可能,而且更加糟糕,以至于需要再次干预的情况。③

---

① 作者在此处用了一个法语词汇"à outrance",可以译为"干预主义"或"介入主义"。——译者注

② No doubt the Bank's reluctance to run the risk of loss by intervening reflected its own status as a private, profit-making institution. Neal records how action was forced by the government's threat to charter new competition, a threat that was fulfilled anyway. Neal, "Financial Crisis of 1825," pp.71—72.

③ H.P. Minsky, *Stabilizing an Unstable Economy* (New Haven, CT: Yale University Press, 1986), p.52.

1914 年之前 10 年一出的闹剧

在参与各种类型投机性项目的金融泡沫破灭之后,会导致大量惊慌和崩溃,而这些都是可预见的,然后,通常情况下会或多或少地产生对政府救济的诉求,这一发展模式在商业和工业资本主义的整个历史中反复上演。在 1914 年之前的那个漫长的世纪中,每 10 年都会不断上演这样的轮回。以伦敦为例:1835 年,第一次是小型铁路热潮——非常符合我们的预期;10 年之后,也就是 1845 年,发生了大型铁路热潮,而这次投机行为在 1847 年危机事件和英国央行暂停实行新法规后达到高潮,该法规直到 3 年前才颁布。[1]

19 世纪 50 年代中期,伦敦为美国规模巨大的铁路热潮提供了金融支持,也因此在 1857 年的崩溃中深受其害。[2] 1863 年,正当美国内战使得英国纺织工业收缩时,来自法国的一次金融创新——模仿美国莫比利埃信托公司(Credit Mobilier of America),将流动资本引向股份制投资银行——成为这轮牛市的主角,其中几乎有 700 家新公司注册,市场上充斥着投机泡沫。[3] 凯纳斯顿进一步阐述道:

> 新的金融公司无法幸免,由于在它们成立之后的一年中
> 爆发了非常残酷的投机主义公司促销浪潮,从而使得任何新

[1]　Kynaston, *A World of its Own*, pp.102—103,151—154.

[2]　A.D.Chandler, *Scale and Scope*: *The Dynamics of Industrial Capitalism* (Cambridge, MA: Harvard University Press; Belknap Press,1977),pp.90—91.

[3]　Kynaston, *A World of its Own*, p.220.

的金融企业都黯然失色。莫瑞尔·埃文斯（Morier Evans）在其《投机笔记》（1864）中说道，"大多数公司毫不客气地挪用银行创建之初的各种资金"，"公然假公济私的金额已经超过了在 1824～1825 年大泡沫期间或稍后 1845 年的铁路狂热期间已知的金额"。[1]

只在 7 年后，1863～1864 年间的金融家又领导了一个狂热的牛市。凯纳斯顿认为，在特罗洛普（Trollope）直观描述投机文化的《我们现在的生活方式》（*The Way We Live Now*）一书中，"麦尔墨特的现实化身"就是艾伯特·格兰特（Albert Grant）。他总结了当时的景象。他写道，1871 年是：

> 每个人都寻求在证券交易所有所作为的一年和一个时代。有些人对证券交易所无比着迷，孜孜不倦地投入股市钱财的钻营之中。我知道，有成百上千的人更愿意在证券交易所盈利 50 英镑，也不愿意凭着自身的专业技能去挣 250 英镑；当时股市存在着一种无名的魔力，1871 年在证券交易所最受欢迎的挣钱方式是通过申购股票，然后高价出售，而挣得的钱财被视为无中生有的财富——经过深思熟虑而体面挣得的财富。[2]

注意，最重要的是，股票名义上所代表的真实资产和股票之间存在

---

① 　Kynaston, *A World of its Own*, p.223.

② 　Kynaston, *A World of its Own*, p.266.

着明显的不相关性。一个多世纪以后，在 1983 年的 IPO 微型泡沫高峰期间，埃伯斯塔特参加认购了迄今为止第一家风险投资支持的公司上市，市值为 10 亿美元。我清晰地记得出价之后当天《华尔街日报》所援引的两个交易员之间的对话："泰索尼（Diasonics）是家什么公司？""我不知道，但我们必须买一些！"

　　国内公司股票不是 19 世纪 70 年代初投机热的唯一目标。当时伦敦还发生了另外一种"外债热潮"。根据《经济学人》杂志：

> 巴拉圭、哥斯达黎加、圣多明各（Santo Domingo）和洪都拉斯在借款方面臭名昭著，它们向外国借了大量资金，而这些资金他们从未偿还，也从未打算偿还……更为离谱的是，在有些情况下，这些借款国几乎没有获得其中任何资金，因为这些资金被部分中介机构的人员中途截取了。这些欺骗英国大众的人，也最大规模地欺骗了他们以其名义借款的国家。①

　　在 1872 年的洪都拉斯第三次借款中，这群贪婪之徒的蓄意欺骗达到难以置信的程度，超过了我们的认知极限。他们计划投资"一条'船舶轨道'，通过该轨道，海洋航行船只将可通过液压电梯在海洋中穿梭，通过可承载巨大船只的 15 条平行轨道，从海峡这头滑到海洋的另外一侧"。②

　　10 年后，"电动机热"（Brush Boom）用"一股电力、电气照明和电气

---

① Kynaston, *A World of its Own*, p.269.
② Kynaston, *A World of its Own*, pp.269—270.

设备制造的开拓领域热浪潮"点燃了伦敦证券交易所。① 该事件非常重要,而且是完全的负面影响,值得一叙,它对伦敦的金融资本主义和英国的创新经济形成了长期的战略性交互影响。当然,它始于精彩。英国电力电灯公司(The Brush Electric Light Company)是其目标:

> 朗伯德街出现了前所未有的股票投机狂潮,整个街道都被蜂拥至银行的人群堵塞了……股票被最大限度地超额订购,几乎所有知名城市已出现在招股说明书中,每股标价 3 英镑的股票以每股 7 英镑的价格或者说 4 英镑的利润在伦敦证券交易所交易。②

这一 133%的认购率堪比 1999 年互联网泡沫时期的首次公开募股。在《1882 年电力照明法》的影响之下,英国电力电灯公司继续为附属公司提供专利特许权。但正当其附属公司未能实现这种预期的快速增长时,其基本的技术和法律地位受到证券交易所的"少量金融大亨"的威胁。托马斯·P. 休斯(Thomas P. Hughes)在其所著的颇具权威的《电力网络:西方社会的电气化,1880—1930》(*Networks of Power: Electrification in Western Society, 1880—1930*)中,汇报了这一事件的终场:

> 在 1882 年春天蓬勃发展之后的一年,英美电力公司(Anglo-American Brush Company)成为一家建立在电弧照明系统

① Kynaston, *A World of its Own*, p.341.
② Kynaston, *A World of its Own*, p.341.

及其价值可疑的白炽灯专利基础上的制造公司，其电弧照明系统的地位在其相关领域不再突出。①

十几年后，亚历山大·西门子（Alexander Siemens）宣告了"电动机热"（Brush Boom）的终结，阐述了金融投机和创新企业之间尚且成迷的关系：

> 无论有多少推迟电气工程发展的其他因素，很明显，最主要的因素在于公众第一次严肃地将电力视为日用商品时而产生的过高期望，无论是因为无知还是有意。
>
> 当时电力公司的促销员告诉公众，电力尚在起步阶段，其科学规律尚不可知，而且确信电力可为我们带来奇迹。这给公众带来了短期的兴奋，也为促销员带来了短期利益；但是之后公众对电力的信心几乎摧毁殆尽，只有在多年的耐心工作下才能逐步恢复。②

凯纳斯顿表明，"电动机热"的后果具有更为广泛的影响，使伦敦坚决反对为那些新兴工业提供融资——"尤其是高科技和资本密集型的电气工程、化学品以及汽车"，而美国和德国逐渐在这些行业建立了领导地位。③ 而当时发展汽车工业正当其时。"电动机热"是说明金融投

---

① T.P.Hughes, *Networks of Power: Electrification in Western Society, 1880－1930*（Baltimore, MD: Johns Hopkins University Press, 1993）, p.62.

② Kynaston, *A World of its Own*, p.342.

③ Kynaston, *A World of its Own*, p.342.

机损害创新技术的一个标志性案例。正如我们将要见证的事实,在每一个关键时刻,金融投机从未置身事外,无论是之前还是今后。在没有任何严谨的方式可以评估一项原始创新的经济收益之时,正是金融投机为此募集了必要的资金。它一次又一次地为金融投资家们提供机遇,在行情上升的市场上出售股票,而这个市场激励着企业家们投资体现前沿科技价值的实物资产。从历史观点来说,如果熊彼特的企业家基本上损失了他们的真金白银,金融家们依然可以在即使所有投资项目都最终失败的情况下从投机中盈利,而损失的就是企业家和股票的初始投资者了。

　　1882 年,伦敦城及其客户们沐浴着当时经济效益最大的技术创新的阳光而迅猛发展。4 年后,出于拜金欲,他们共同跳入最为传统的投机资产中。南非威特沃特斯兰德(Witwatersrand)金矿的发现,在伦敦证券交易所产生了第一波“南非股票掮客”,经纪商们彼此斗争,争取准入资格。凯纳斯顿记录了“追溯到这段时间的证券交易所钟爱的一句格言——一座矿山就是说谎者在地面上所挖的一个洞穴”。[①] 实际上,虽然不得不等待令人信服的证据,证明创新性的采矿技术有助于挖掘更深的矿山,且氰化物可用于从发热矿石中提取金矿,但南非大金矿热来去匆匆。当 1894 年末在这一市场上终于得到确信时,之后的热潮“成为伦敦城重要历史阶段之一,其神话般的地位几乎与南海泡沫并列”。[②] 兰德金矿的年生产值从 518 万英镑增长到 784 万英镑,上升了50%,且英国用于资助这一增长而购买的股票净值预计达到约 4 000 万

　　① 　Kynaston, *A World of its Own*, p.396.
　　② 　D.Kynaston, *Golden Years: 1890—1914*, vol.2 of The City of London, 4 vols.(London: Pimlico,1995),p.109.

英镑。交易量之大,超越了证券交易所正常的工作时间,需加班处理几个小时。1895年3月,警察试图清理这一区域,由于经纪商们拒绝暂停其交易并要求继续,而爆发了"思罗格莫顿街之战"(Battle of Throgmorton Street)。

1898年爆发的布尔战争(Boer War)最终结束了"南非股票掮客"交易,虽然西澳大利亚依然在卖力推销,并且偶尔还有投机资本进入。在它们的影响之下,一个名为哈里·劳森(Harry Lawson)的臭名昭著的促销员试图从初期的汽车市场中制造其预期投资收益中的泡沫。在邓禄普橡胶公司(Dunlop Rubble Company)(其气动轮胎掀起了19世纪90年代中期的自行车热)首次公开募股取得巨大成功后,劳森从戴姆勒公司收购英国公司股权,建立了英国汽车有限公司(British Motor Syndicate,BMS),并聘请该行业惯常的一批同事担任董事。该公司初始股本为100 000英镑,之后通过750 000英镑的股票发行成立了伟大的老式汽车公司。自其首次公开募股不到一年,英国汽车有限公司获得预期的300万英镑收益,其中不低于270万英镑归于以劳森为首的股东。这笔金额非常巨大。凯纳斯顿若有所思地说:

> 在英国电动汽车行业的早期历史中,到目前为止最为重要的金融仲裁者是一个骗子,这有影响吗?答案无疑是肯定的,因为除因缺少营运资本而对戴姆勒等先驱生产商造成不利影响的特定事实外,劳森的冒险故事标志着该行业和城市之间彼此猜忌的不良关系的开端。该行业理所当然非常担心被再次欺诈;而该城市,也非常自然地,会认为该行业充斥着

无利可图的"次品",不愿意也不鼓励加大投入力度。而在 19
世纪 80 年代早期灾难性的"电动机热"之后出现的电力行业,
也发生了明显的类似效应。[①]

1910 年 5 月,伦敦爆发了第一次世界大前的最后一次投机热,也就
是"橡胶热"。东方种植园生产的廉价橡胶攫取了城市的想象力。证券
交易所内"场景较之 15 年前的'南非股票捐客'的老练的交易更为疯
狂",但是在大约几个月后,这场投机热就结束了。[②]

美国信托大泡沫

伦敦股票交易所自身那种对变化不够敏感的特质,令其不热衷于
资助创新技术,而纽约股票交易所则被证明对于科技变革大潮带来的
经济变化有更敏锐的反应,比如当年的铁路。在整个工业化的世界里,
铁路的大规模建设以及由此带来的商品制造成本和运输成本的大幅下
降,缓解了人们的经济压力,与这种压力减轻相对应的是在这场工业革
命中产生的新的生产规模和市场需求。而居民实际收入史无前例地上
扬,无处不在的"……任何分行贸易的经销商和制成品经销商"都在欢
欣鼓舞,这完全就是 100 多年前史密斯报告中提及的情景:"市场扩大

---

① D.Kynaston, *Golden Years: 1890—1914*, vol.2 of *The City of London*, 4 vols.(London: Pimlico,1995), p.148.

② D.Kynaston, *Golden Years: 1890—1914*, vol.2 of *The City of London*, 4 vols.(London: Pimlico,1995), p.520.

了,竞争却减少了。"①在欧洲,卡特尔主义(Cartels)占主导地位。而在
美国:

> 取代卡特尔主义的是《谢尔曼法》(Sherman Act),作为在
> 19 世纪 70~80 年代间出现,以反对垄断联盟而得以通过的法
> 案,非常明确地反对那些旨在控制价格和生产的松散的横向
> 中小企业联盟。②

在取代卡特尔主义的同时,信托产品应运出生,把一个经典的难题
演化成了"三方玩家游戏":在市场经济中,国家采取行动促进竞争;而
金融资本方则相反,他们冻结资金。为了实现其目标,无论是那些上市
的公共事业机构还是工业企业,都需要积极、流动的市场。也就是说,
信托作为纽约证券交易所的调整策略被执行,在 1873~1893 年之间,
作为对"第一次大萧条"同等的长期通货紧缩的反应,给了信托机制的
架构者们充足的动力。由于铁路债券销售被垄断,其回报明显下降,促
使市场急需寻找一种新的金融工具。在纽约的改革主要表现在,收紧
上市要求以及同不受管制的纽约场外交易所(New York Curb Ex-
change)的合作,以使纽交所得以建立起自己的"蓝筹市场,创建一个有
质量的市场受到政府认可……[这样]可以大大提升对投资者的教育水

① A.Smith, *The Wealth of Nations*(New York:Random House,1937[1776]),p.250.
② A.D.Chandler, *The Visible Hand: The Managerial Revolution in American Business*(Cambridge,MA:Belknap,1977),p.375.

平,在 19 世纪末期的美国投资者并不成熟”。①

在我手边恰好有一份来自那个时代的非凡文件,在那厚厚的页面都要脆掉的一卷纸上,印着约翰·穆迪(John Moody)的《关于信托基金的真相:美国的信托运动》(*The Truth about the Trusts:A Description and Analysis of the American Trust Movement*),这是 20 多年前在我父亲的书房里找到的首印版。在他以美国商业界金融权威的身份建立起自己公司的时候,穆迪用翔实的分析来阐述 7 个“大工业信托”(Great Industrial Trusts)的形成和不少于 298 条“小工业信托”(Lesser Industrial Trusts)信息摘要,外加 13 条“重要工业信托重组或调整的过程”(Important Industrial Trusts in Process of Reorganization or Readjustment)、8 条“电话和电报整合”(Telephone and Telegraph Consolidations)、103 条“领先的燃气、电力和铁路的合并”(Leading Gas,Electric Light and Street Railway Consolidations)、6 条“大蒸汽铁路组”(Great Steam Railroad Groups)和 10 条“独立的蒸汽铁路系统结盟”(Allied Independent Steam Railroad Systems)。② 从这份清单可以看出,循环往复的实践导致一个事实,那就是人们把“现代信托”作为一种元经济(meta-economic)的防御手段:“信托是社会条件和那些普遍公认的伦理道德自然演变的结果,是随着社会文明的进步而产生的,是伴随着今天我们每一个人

---

① L.Neal and L.E.Davis,“Why Did Finance Capital and the Second Industrial Revolution Arise in the 1890s?” in N.R.Lamoreaux and K.Sokoloff (eds.), *Financing Innovation in the United States:1870 to the Present* (Cambridge,MA:MIT Press,2007),pp.140—141.

② J.Moody, *The Truth about the Trusts:A Description and Analysis of the American Trust Movement* (New York:Moody Publishing Company,1904).

生活的必要元素。"①

　　对于那些接受过自由和有效市场假说的人来说，穆迪的言论有些陌生，甚至难以接受。但是在经历了工业化和全球化 100 年之后，市场经济和金融资本主义都在逐步走向成熟。穆迪十分正确地将现代信托的兴起解读为一种自然演变的结果，但即便是作为对市场竞争的一种应激反应，其规模以及竞争强度之大还是超出之前预期。信托运动所表现出来的目标，可不仅仅是为了控制市场经济，而是为了确保市场中的每一位参与者都有充足的现金流来承担应尽的财务义务。②

　　他们这样做是金融工程上的一种真正的创新，他们把工业资产组合与他们所代表的金融资产价值联系在一起。新建立的信托基金的价值不是基于曾经分配的过往收益率，而是基于资产组合的红利分配预期。当然，在之前所有的经济泡沫时期，无论他们是否能够证实他们真正拥有有效资产，价格同落后的价值衡量方式早就分道扬镳。但是在信托的框架下，未来的基准价值在信托设立之初就给出了明确的定义。

　　穆迪合理的解释说明了饱受批评的资产注水现象：企业发行的股份远远超过了企业自身固定资产的账面价值：

　　　　通过不同类型证券的组合，一部分证券发行的目的是用于专利权、经销权等。但大部分情况下，除了告知股票发行量

---

① J.Moody, *The Truth about the Trusts : A Description and Analysis of the American Trust Movement* (New York：Moody Publishing Company，1904)，p.494.

② For an insightful discussion of the multidimensional economic and political stresses caused by the episodic waves of globalization beginning in the later nineteenth century, see H.James, *The End of Globalization : Lessons from the Great Depression* (Cambridge，MA：Harvard University Press，2001).

是基于其财产能力之外,股票发行一般不会解释其具体的用途。这些"好意的"股票或是"注水"股票,通常预估了垄断因素的价值。如果这种垄断特性没有预期的那么重要,通常来说就没有其他资产来支持这些债券股票的价值了,崩溃随之而来。①

钱德勒在书中写道,那些能够获得流动性的股票信托是真正有吸引力的,不管它分红与否:

那些发行信托业务的制造商们对于华尔街对信托证书的兴趣感到十分惊讶。他们马上意识到,可以利用不断扩张的市场作为生产和其他投资的资金来源。很快,他们开始认识到,人们对工业企业证券的需求能使其公司增值。由于对工业企业股票的追捧,在他们不断利用自己小型公司的股票同其他公司进行合并从而成为全国闻名的控股公司的过程中,始终能够保持很好的市盈率和换手率。②

当"这些企业开始大量使用股票作为展开兼并收购的支付方式"时,③这种迹象也预示着这场投机将以悲剧收场。2004~2007 年的信用泡沫时期,发行了许多复杂的金融衍生产品,我们的银行在经过所谓的筛选之后去持有这些产品,就好像它们参与的 AAA 信用评级一样,这

---

① Moody, *The Truth about the Trusts*, pp.xix—xx; emphasis added.
② Chandler, *The Visible Hand*, p.332.
③ Chandler, *The Visible Hand*, p.332.

难道真的具有某种实际意义吗？而此时,这种危机信号就更加明显了。

钱德勒引用各种数据指出,在 1898～1902 年间有 212 个企业联合体,同时期有 2 634 家公司由于合并而消失。但在 1903 年,这个信用泡沫破裂了。《华尔街日报》转载了穆迪的研究成果,编排刊印了一份表格,展示了市场合计价值从高峰跌落至谷底的整个过程。

100 个工业股票的价值跌了 43.4%。[1] 穆迪声称:"我们完全不必同情这些被困在这场投机危机中责骂着信托的投机者们。"[2]

甚至可以说,我们不必同情这场信用泡沫,因为正是投资者们自己扩大了泡沫本身,就好像最终由科技创新推动的竞争动力能够被控制而冷却下来一样。而且,就算失败了,他们在面对科技创新带来的经济金融不稳定时努力寻求现金和控制的努力,也展示了我 8 年后发现的策略及其之间的某种历史关联性。

投机精神

在 100 年间,伦敦证交所上演了 10 个短暂的牛市,纽约也产生过信托泡沫:这些都反证了,任何认为"过度投机是最近才出现的特点"的理论都是错误的。相反,投机精神一直都存在。

我在写本书的过程中,其中一个乐趣就是发现之前不知名的投机者。比如曾经叱咤风云但如今已被遗忘的华尔街传奇人物——菲利普·卡瑞特(Philip Carret)。在 1927 年,即那一代人面对最大机遇的时

---

[1]　Moody, *The Truth about the Trusts*, p.479.

[2]　Moody, *The Truth about the Trusts*, p.xxi.

代,他出版了一本书名极具挑衅意味的教科书——《投机的艺术》(*The Art of Speculation*)。书中的大部分内容是关于金融工具的一般性导引、资产负债表和现金流量表结构,以及如何尝试从市场中轻松赚钱的诡计等。

但是,卡瑞特也有深入的分析:他将市场投机者的经济角色定义为流通现金的提供者。用卡瑞特的定义来说,可交易性的不断增长显然是为长期投资者准备的。[①] 他还详细说明了,想要在投机中获得成功,就得深入理解公司价值。但当他注意到管理层在具体经营中拥有宽松的自由裁量权,而且经常忽略股东的利益之后,他又承认,他在书中强调的与市场价值之间的关系假设是没有逻辑基础的。[②]

卡瑞特为初级入门读者提供了与本章主题相切合的观点:"这些未来的投机者们面前是无限的可能性。所有的商品都有可能成为他进行交易和贩卖的对象。"[③]卡瑞特描述的那些由真正的投机商家引起的价格波动所代表的故意投机行为所面临的挑战非常引人入胜。

尝试在这样的变化中做贸易,只是在与交易者进行一场赌注巨大的赌博。令人惊奇的是,成千上万的聪明人都执着于用这样的方式赚钱。一些来源不太可靠却被广泛认可并经常引用的数据显示,90%~95%的边缘参与者在股市中输钱。然而,根深蒂固的赌博直觉以及认为波动不稳的市场中一定会有赚取利益机会的坚定信念,为股票交易

① P.L.Carret, *The Art of Speculation* (Columbia, MD: Marketplace Books, 2007[1927]), p.8.
② P.L.Carret, *The Art of Speculation* (Columbia, MD: Marketplace Books, 2007[1927]), p.10, 41.
③ P.L.Carret, *The Art of Speculation* (Columbia, MD: Marketplace Books, 2007[1927]), p.47.

室带来了源源不断的新成员。[①]

　　卡瑞特所描述的投机者在两代人之后又被理论学家重新发现,这些理论学家将泡沫的出现归因于愚蠢的"噪音交易者"的行为。卡瑞特写下"牛市正在聚集力量并将在 1929 年 10 月达到顶峰"这些话时,并没有真正预见什么。

超级泡沫

　　正如卡门·莱因哈特(Carmen Reinhart)和肯尼斯·罗格夫(Kenneth Rogoff)所说,对于几乎所有 1929 年金融危机之后的两代人来说,金融市场一直压抑不堪。[②] 银行控制、外汇控制和普遍的风险厌恶,压制了整个投机体系将近半个世纪。在美国,通过 20 世纪 60 年代早期"集成电路热"(-onics)的出现,由国防部和美国宇航局资助的电子公司大批涌现,以及 60 年代后期活跃的股票市场上的金钱游戏可以看出,战后恢复繁荣渐渐浮现。70 年代的经济滞涨延缓了这种我在 1983 年市场复苏时首次察觉到的繁荣。

　　对于我们来说,这几个月就如同混乱之巅,但相对于互联网泡沫的过度投机而言,就小巫见大巫了。1983 年 IPO 市场上的迷你泡沫标志着乔治·索罗斯所说的前所未有的全球现象——持续了整整一代的"超级泡沫"——的产生。在这 25 年间,在这个工业化世界中,公共部

[①]　P.L.Carret, *The Art of Speculation* (Columbia, MD: Marketplace Books, 2007[1927]), p.57.

[②]　C.M.Reinhart and K.S.Rogoff, *This Time is Different : Eight Centuries of Financial Folly* (Princeton University Press, 2009), pp.205－207.

门大概占了国民经济的 10% 或更少，而与此同时，当代金融机构和市场表现出与 19 世纪"小政府资本主义"（Small-State Capitalism）的放任自由机制一样的过度投机的倾向。然而在现代，每个投机浪潮的崩溃都只会在现实经济中造成轻微的经济衰退。表示经济波动的时间序列不定性的降低反映出，我们已进入"大缓和"时期。但在这种"稳定"背后，世界经济实则进入了一个前所未有的杠杆周期。① 一系列相对分散的金融资产领域中产生的泡沫加强了这个杠杆周期，比如 20 世纪 80 年代末美国企业兼并收购狂潮中的垃圾股、90 年代中期出现的新兴市场债券、1998～2000 年间股市中的互联网泡沫。这个泡沫在世纪之交崩溃之后，房地产成为美国、欧洲和从中欧到中国的主要新兴市场的新关注焦点。

从 1981 年开始的整个时期，美国私营部门的贷款从占 GDP 的 123%一路飙升至 290%，住房贷款翻了一倍，与 GDP 总量持平，住房贷款与可支配收入之比从 65%飙升到了无法持续的 135%。② 与此同时，华尔街在代际间转型也能够被量化。1970 年，美国证券经纪人和交易商合计持有金融资产总量是 160 亿美元。在 80 年代前半期，由于新的商业模式站稳了脚跟，金融资产总量从 1979 年的 330 亿美元飞升至 1986 年的 1 850亿美元。短暂的停滞后，随着财务状况好转，在 1990～2001 年间翻了五倍达到 1.5 万亿美元，金融资产自 20 世纪 90 年代开始爆炸式增长。从那之后，它们在 5 年时间里翻一番，在 2007 年达到

---

① See J. Geanakoplos, "The Leverage Cycle," in D. Acemoglu, K. Rogoff and M. Woodward (eds.), *NBER Macroeconomic Annual 2009*, vol.24 (University of Chicago Press, 2010), pp.1—65.

② N.Roubini and S. Mihm, *Crisis Economics: A Crash Course in the Future of Finance* (New York: Penguin, 2010), pp.82—83.

了 3 万亿美元。[①]

　　有着长远眼光的申铉松(Hyun Song Shin)[②]表示,金融部门资产(商业银行和证券经营交易商)的增长趋势与 20 世纪 50～80 年代期间非金融公司和住房部门的资产的发展趋势一致,都增长了 10 倍。之后开始出现分歧。商业银行的财务报表仍与非金融公司和房地产业相一致,2007 年达到巅峰,翻了近乎 10 倍。但当投资银行——经济贸易商——从代理商转型成负责人时,他们使自己加了杠杆的资产增值了至少 100 倍。[③]

　　后来发展成为超级泡沫的一系列级别不同的金融资产泡沫,证实了何为一般意义上的"平庸现象"。然而,渐渐地,由于它们的成果不断被政府和管理者的有效干预压制,它们超越了平庸,制造了真正与众不同的现象:第一次"大政府资本主义"(Big-State Capitalism)全球危机。

---

　　① Federal Reserve,Flow of Funds Accounts,L.129,1965－2009.www.federalreserve.gov/relea-ses/z1/Current/data.htm.

　　② 申铉松(Hyun Song Shin),普林斯顿大学经济系教授、国际清算银行(BIS)经济顾问与研究部门负责人。他认为危机的根源是欧洲银行业从美国借入大量美元,并在不受监管的情况下,通过影子银行购买美国的资产抵押债券;当然也有美国利率水平过低和证券化程度过高等问题。——译者注

　　③ H.S.Shin,*Risk and Liquidity*(Oxford University Press,2010),pp.168－170.

8

对泡沫的解释

2008 年的金融危机以及它的严重经济后果催生了大量的学术研究,这些研究既有经验主义的总结,也有深刻的学术探讨。然而,聚焦不连续的但又从未间断的金融过程,进行艰苦的历史分析,这种选题相对非常有限。其中比较杰出的有两本著作:一本是查尔斯·金德尔伯格(Charles Kindleberger)的《疯狂、恐慌与崩盘:金融危机史》(*Manias, Panics and Crashes: A History of Financial Crises*),这本书于 1978 年第一次出版并于 2011 年由罗伯特·阿利伯(Robert Aliber)予以修订再版;另外一本书是卡门·莱因哈特和肯尼斯·罗格夫的《这次不一样:800 年金融危机史》(*This Time is Different: Eight Centuries of Financial Folly*)。在第一本书中,作者用空前的"疯狂"以及伴随而来的恐慌和崩盘来评价副标题中的金融危机史。第二本书则是一本记录货币贬值、债务违约和银行破产的权威性编年史。很久以来,包括现在,泡沫都没有引起足够的重视。[①]

疯狂与信用体系

要理解金融泡沫的机理，首先要将信用市场中的过度投机与股票市场的投机行为以及它们造成的影响区分开来。如果一旦疯狂投机对信用体系造成影响，必然导致巨大的金融危机以及后来的实体经济萎缩。当市场不完全、缺乏有效的对冲措施时，实体经济萎缩是不可避免的。在现实世界中，之所以这种情况必然会发生，正如富兰克林·艾伦（Franklin Allen）和道格拉斯·盖尔（Douglas Gale）在《理解经济危机》（*Understanding Financial Crises*）一书中得出的结论一样：

> 当市场不完全时，金融机构被迫出售资产来获得流动性。由于流动性供需在短期内很可能会缺乏弹性，这种不确定性虽然不是那么严重，但是依然导致资产价格大幅波动。持有流动性资产涉及机会成本，而流动性提供者仅能通过在世界某些国家中以跳楼价购买资产的方式收回这一成本，所以，套利者私人提供的流动性始终不足以确保资产价格的完全稳定性。因此，小的冲击就可以造成显著的资产价格波动。如果资产价格波动足够严重，银行可能会无法实现其固定承诺，金

---

① C.P.Kindleberger and R.Z.Aliber, *Manias, Panics and Crashes: A History of Financial Crises*, 6th edn.(New York: Palgrave Macmillan, 2011) and C.M.Reinhart and K.S.Rogoff, *This Time is Different: Eight Centuries of Financial Folly*(Princeton University Press, 2009).

融危机就会全面爆发。①

　　银行系统受损之后,它会计算投资投机项目造成的损失,并必然减少所有经济活动所依托的信贷供给。相比之下,股市泡沫所带来的后续损害相对来说要少得多。1929 年经济大危机之前,股市投资中来自信贷的资金十分有限,当时政府机构甚至还未开始实施保证金制度来限制通过借款购买股票。据莱斯特·钱德勒计算,在经济危机之前,华尔街经纪人和交易商的总贷款最高值不到在纽约证券交易所上市的股票价值的 10%。② 1929 年股价暴跌之后确实出现了经济衰退,但 1931～1933 年间一波又一波的银行业危机才是冻结世界市场经济、导致大萧条的真正原因。

　　金德尔伯格、阿利伯、莱因哈特和罗格夫均赞同,“私人债务激增”是金融危机前的临界状态,国外资本流入——“财源滚滚涌现”③——通常加剧了私人债务激增。金德尔伯格与阿利伯就此展开论述:

　　　　疯狂与恐慌周期起因于信贷供给的顺周期性变化;经济状况良好时,信贷供给相对快速增加;而当经济增长放缓时,信贷的增长速度急剧下滑……经济扩张时,投资者们越来越乐观,并且更加热切地追求获利机会,在遥远的将来,这些机

　　① 　F.Allen and D.Gale, *Understanding Financial Crises* (Oxford University Press, 2007), pp.127 – 128.

　　② 　L.V.Chandler, *American Monetary Policy*, 1929 – 1941 (New York: Harper&Row, 1971), pp.31 – 32.

　　③ 　Reinhart and Rogoff, *This Time is Different*, p.157.

会将使其盈利，而贷方也变得不那么抗拒风险。理性繁荣转变为非理性繁荣，经济情绪高涨，投资支出和消费支出增加。人们普遍认为，"是时候上火车了，不然车就要开走了"。资产价格进一步上涨，极为有利可图的机会不复存在。预期获得短期资本收益的资产购买所占的比例越来越大，而且极大比例的资产购买是由信贷提供资金的。[1]

金德尔伯格和阿利伯在此援引了海曼·明斯基的定性模型，即"金融不稳定性假说"。该假说包含两个定理：第一，"经济在一些融资机制下是稳定的，在一些融资机制内是不稳定的"；第二，"经过一段长时间的繁荣，经济会从有助于稳定系统的金融关系转向有助于不稳定系统的金融关系"。[2] 信用体系和经济一般在连续的信心与冒险阶段中发展或退化。保守的初期为对冲性融资阶段：借款人的运营现金流足以覆盖未偿还债务的利息，并可以在到期时偿付本金。当借款人和贷款人的预期被经验证实，他们一起进入投机性融资阶段：运营现金流足以按时支付利息，但本金必须滚动翻新、进行再融资来防止拖欠。最后，体系进入庞氏融资阶段：债务人必须借自己欠下的利息来维持具有偿付能力的假象。[3]

在明斯基职业生涯的最后 10 年中，在他从华盛顿大学圣路易斯分

---

① Kindleberger and Aliber, *Manias*, *Panics and Crashes*, p.13.

② H.P.Minsky, "The Financial Instability Hypothesis," The Levy Economics Institute of Bard College Working Paper 74 (1992), pp.7-8.

③ H.P. Minsky, *Stabilizing an Unstable Economy* (New Haven, CT: Yale University Press, 1986), p.70.

校退休并加入巴德学院利维经济研究所（Levy Economics Institute at Bard College）之前，得益于马克吐温银行的一名资深董事会成员为我们做的引荐，我有幸对其进行了深入了解。因此，当明斯基的研究超出主流经济学和金融学的范围时，我有机会了解到他对前所未有的"大国家"资本主义的出现所做的预见性分析。随着 1982～2007 年的超级泡沫一步步展开，证明这是一项非常有价值的远见。

"大政府资本主义"

在制度环境、学术环境及技术环境中，超级泡沫的产生需要一些相互作用的转变。首先，"大政府资本主义"在大萧条和第二次世界大战的余波中产生。不论这一改变主要是由对公共福祉的政治承诺所驱动（如欧洲），还是由对国家安全的承诺所驱动（如美国），国家在国民经济中所占的比重从 1929 年的不到 10% 增长到 30%（美国）甚至高达 50%（部分欧洲国家）。据明斯基的理解，对抗"它"——大萧条——的关键制度壁垒再一次发挥了作用。[①]

为解释大政府所起到的稳定作用，明斯基明确了大量财政赤字对财政压力较大的经济体所做的三个互补性贡献：财政赤字可以产生收入、扩大就业；可以带来现金流，使企业部门的收入不会因为家庭决定存钱而非消费而降低；当国家为了应付负现金流，决定发行债券以筹集资金时，财政赤字还可以为投资者提供低风险的投资工具。明斯基继

---

① H.P.Minsky, *Can "It" Happen Again? : Essays on Instability and Finance*（New York：M.E. Sharpe，1982）.

续说道：

> "大政府"对经济的影响要比常规观点所能理解的影响
> 强大得多，范围也更加广泛，这是因为，常规观点忽视了政府
> 赤字的资金流量和投资组合的含义。常规观点仅关注政府在
> 总需求上的支出所造成的直接和次级效应。而经过扩展的观
> 点则既考虑到了其他部门由于履行承诺所需要的现金流，也
> 考虑到了金融风波之后对投资组合中安全资产的需求。①

在整个超级泡沫中，中央银行还会在必要时采取积极的干预措施，
增加政府赤字。在美国，这些干预措施被称为"格林斯潘对策"（Greens-
pan Put）。1987 年，"格林斯潘对策"第一次成功部署应对了股市崩盘；
然后，为支持 1989～1994 年信贷危机的持久解决，"格林斯潘对策"再
次被启用；1998 年，当俄罗斯和亚洲的债务危机最终导致长期资本管理
公司全面溃败时，这一对策再次被使用；2001 年，当互联网泡沫最终破
灭时，又一次使用了"格林斯潘对策"。在每一种情况下，美联储都降低
政策利率，并向银行系统提供大量的资金。

乔治·索罗斯（George Soros）与明斯基持相同观点。他认为，政府
为私营部门提供担保承诺，使其看起来，似乎信誉越来越高是导致超级
泡沫的原因：

> 使超级泡沫如此特殊的原因正是金融危机在壮大超级泡

---

① Minsky, *Stabilizing an Unstable Economy*, p.21.

沫方面所扮演的角色。因为可以将市场安全无虞地交托给市场工具这一信念是错误的,所以超级泡沫引起了一系列的金融危机……每当金融危机发生时,政府机构就会干预,合并或接管即将倒闭的金融机构,应用货币或财政措施来保护经济。这些措施加强了不断增加的信贷和杠杆率的大趋势,但只要它们行之有效,它们同时还会增强这个普遍的误解,即可以将市场安全无虞地交托给市场工具。然而真正的原因是,政府机构的干预拯救了这个系统。历次危机都得到拯救,检验和强化了一个错误的理念,正因如此,它们使超级泡沫进一步膨胀。①

最近,莫里茨·舒拉里克(Moritz Schularick)和艾伦·泰勒(Alan Taylor)对索罗斯的言论加以量化,对从 1870 年至今的较长时期作了分析。在直到 1939 年的"小政府资本主义"早期阶段,银行贷款与广义上的货币供应量之比年增长率仅为 0.11%;而战后时期,这一比率以每年 2.19% 的速度增长——超过之前的速度 20 倍。而且,这还未考虑到非银行融资来源的出现,也就是从 20 世纪 80 年代起激增的证券化工具和对冲基金的"影子银行"系统。舒拉里克和泰勒的结论呼应了索罗斯的推论:

货币与信贷之间的稳定关系在大萧条和第二次世界大战

① G.Soros, *The Soros Lectures at the Central European University* (New York: Public Affairs, 2010), p.39.

后破裂,因为一种新的长期趋势开始确立并一直持续,直到今日的危机。我们推测,这些改变决定了更广泛的宏观经济环境和财政政策,同时又反过来受到它们的影响:20世纪30年代后,法定货币的上升、最后贷款人制度,以及我们的财政正缓慢退回自由放任政策,这些都刺激了信贷的扩张……为了缓和金融危机对经济的真实影响,政策制定者们为防止金融部门出现周期性去杠杆化而连续采取增加杠杆的措施,这种依靠杠杆的增长一直延续到2008年才结束。①

因此,"三方玩家游戏"的成熟反而增加了这个游戏的系统不稳定性。

现代金融理论

导致超级泡沫产生的第二个因素发生在理论领域。现代金融理论使参与者既拥有界定、利用新证券的工具,又具备对冲证券交易的策略。理论还为监管型国家的退却提供了解释。正如明斯基所预测的那样,只有政府机构采取措施"去控制、限制甚至禁止那些导致最后贷款人需求的融资行为",才能够防止一切重演。然而,在政治领域,伴随超级泡沫看得见的举措是1999年《格拉斯-斯蒂格尔法案》的废除以及2000年立法免除了对金融衍生产品的监管。结果,经济体系的金融化

---

① M.Schularick and A.M.Taylor, "Credit Booms Gone Bust: Monetary Policy, Leverage Cycles and Financial Crises, 1870—2008," *American Economic Review*, 102(2) (2012), p.1058.

达到了前所未有的高度。

金融学理论革命的基础于 20 世纪 50 年代奠定,那时肯尼斯·阿罗和杰勒德·德布鲁创建了一般均衡数学模型。该模型的理论基础是,假定存在一个由相机合同构成的无限阵列,相机合同指明哪些货物和服务将在何时、何地、以什么条件交付。[①] 我一直认为,从理论上来说,阿罗—德布鲁模型中解释的一般均衡概念的基本要素是可以理解的,就像某种存在的反证一样:其定义的世界与我们生活在其中的世界,即我们所了解的世界完全相反。但是,其数学公式被当作通往完全有效市场的乌托邦路线,一旦实现了乌托邦,国家在市场经济中的唯一合法角色就是监管人。

大约在同一时期,哈里·马科维茨(Harry Markowitz)将风险定义为股票价格在一个时间序列上的统计方差,从而建立起了资本资产定价模型(Capital Asset Pricing Model,CAPM)的基础。[②] 10 年后,费希尔·布莱克(Fischer Black)、迈伦·斯科尔斯(Myron Scholes)和罗伯特·莫顿(Robert Merton)共同开发了一种期权定价方法,大大扩展了金融工具的范围以及金融工具交易的规模。[③] 对于类似的满怀希望的理论家和实践者,似乎阿罗—德布鲁那虚构的完美、永久对冲的世界触手可及。因此,学术金融理论家们加入了"三方玩家游戏"中这一竞争最为激烈的领域。

---

①　K.J.Arrow and G.Debreu,"Existence of an Equilibrium for a Competitive Economy,"*Econometrica*,22(1954),pp.265—290.

②　H.M.Markowitz,"Portfolio Selection,"*Journal of Finance*,7(1)(1952),pp.77—91.

③　F.Black and M.Scholes,"The Pricing of Options and Corporate Liabilities,"*Journal of Political Economy*,81(3)(1973),pp.637—654 and R.C.Merton,"Theory of Rational Option Pricing,"*Bell Journal of Economics and Management Science*,4(1)(1973),pp.141—183.

唐纳德·麦肯齐(Donald MacKenzie)在其综合性著作《引擎而非相机》(*An Engine Not a Camera*)中详尽地探讨了这样一种方式：现代金融理论并非作为相机来反映金融市场行为，而是作为引擎来改变金融市场行为：

> 金融理论已经通过至少三种途径——技术、语言和立法——融入金融市场的基础结构中。这三种途径在金融衍生产品中最为明显，而金融衍生产品的产生与发展可能是20世纪70年代以来全球金融的最大变化。[1]

从技术层面说：

> 软件中执行的衍生产品定价模型给予衍生产品市场中的大玩家(尤其是投行)通过数学方法分析并分解其投资组合所涉及风险的能力，这对于其在此市场中进行大规模操作的能力至关重要。

从语言角度讲，"金融理论提供了一种话语权，特别是面对那些具有令人困惑的复杂性的市场的时候"。最后，金融理论明确地以一种革命性的方式使之合法化：

---

[1]   D.MacKenzie, *An Engine Not a Camera：How Financial Models Shape Markets* (Cambridge, MA：MIT Press, 2008), p.250.

说金融市场是"有效的"——其价格几乎立刻纳入了所有与价格相关的可用信息，就是要赞美它，一直以来正统金融经济学正是这么形容位于先进工业世界中心的资本市场的……不仅许多外行人对金融衍生产品有一种困扰，就连许多市场监管者也如此。衍生产品仅仅是提高价格的赌注……经济学家通过提供初步合法性，使金融衍生产品市场成为可能。[①]

当会计师和监管者接受市场效率学说，要求在银行及客户的资产负债表上逐日结算资产与负债时，胜利得到了确认，而且强力推动金融系统进入旁氏融资体制。[②]

对于之后发生的大灾难，不能仅仅指责金融理论家。实践者们过于想要出于计算方便的原因绕过数学运算。因此，实践者们发明了为评估潜在损失而建立起的标准方法——风险价值模型（Value at Risk，VaR），他们构建一种排除最极端可能结果的工具，因为其定义为量化在某些指定的 95% 或 99% 的时间中可能发生的风险。VaR 方法经常被假定"正态"收益分配的模型使用，尽管观察结果为，投资正收益和负收益的分配明确呈现出"厚尾性"——泡沫和破产的统计学信号。再一次，以效率为借口，为确立收益分配而审查的历史记录通常不超过两年或三年。而且，因为风险管理的全部目的是为了限制可能的损失从而限制可能的收益，当在前厅——也就是获得营业收入的地方——配备更好的工作计算机、男性荷尔蒙激增的交易商，与中层办公室中的风险

① D.MacKenzie, *An Engine Not a Camera*: *How Financial Models Shape Markets*(Cambridge, MA: MIT Press, 2008), pp.251—252.

② H.S.Shin, *Risk and Liquidity*(Oxford University Press, 2010), pp.9—10.

控制管理人员博弈时，被单向酬劳计划激励的管理者往往熟视无睹。

将现代金融理论转化为市场转型工具的高峰是 1997 年信用衍生产品的发明及其后来的滥用。摩根大通公司的年轻创新者们的初衷是，重新配置银行的公司贷款账簿并使其多样化。公司债券的标准化合同使其可以在多少具有流动性的市场中交易数百年，而贷款不同于公司债券，其过于个性化，因而流动性相对欠缺。信用违约互换使银行能够在多样化的公司贷款投资组合上转移违约风险，从而降低其存款准备金并仍保留债务所有权以及与债务所代表客户之间的关系。这对提高银行的资产负债表管理效率做出了极大的贡献。

然而，关键是，此语境中的术语"互换"在过去和现在都具有误导性。在外汇和固定收益市场中出现的工具涉及两种金融资产的无条件互换——例如，特定时期里大量的固定和浮动利率付息的互换，或者一定数量的美元与英镑之间的互换。但是，信用违约互换合同是一种完全不确定的约定，即一方定期向其合约方支付费用来购买保护；反过来，只有当第三个"参考"实体发生事件（通常是违约）时，合约方将支付约定的数额。这听起来像是保单，如果就经济实质而言，它确实如此。但是，这个完全不受监管的信用违约互换合同与合法定义的保险在两个关键方面有所区别：第一，保护合约出售方没有义务针对合同中确立的或有义务建立准备金；第二，保护合约购买方必须在参考实体中不具有"可保权益"。这样，那些希望在债务发行人健康运行方面下赌注的人就与那些寻求规避已暴露风险头寸的人具有同等机会来使用这一工具。

这一创新的吸引力被信用违约互换合同尚未偿付的总金额的爆炸

式增长所证实,10 年内它的规模从零增长到 60 万亿美元。信用违约互换造成了有效风险转移的错觉,因此使其购买者通过承担更多风险来获得更多收益。但是,风险转移的有效性实际上仅与菊花链(Daisy Chain)[①]中最弱的对手方得到现金的机会差不多。监管者和信用评级机构都抱有风险降低的幻想,因为一旦潜在债务池曝光,其波及范围会很大。

随着信用违约互换的激增,正在分散违约风险的潜在证券投资组合的性质发生了根本转变,而明斯基对此一点都不惊讶。在摩根大通的书中提到:从相对保守的低风险的贷款开始,后来信用违约掉期几乎被应用到所有的结构性理财产品之中。这其中最臭名昭著的债务抵押债券的基础资产是高风险的次级抵押贷款。

如果这些债务的违约风险在现实世界中超出了财政部门承受范围,原本用来转移风险的链条会产生一系列连锁的清算反应。[②]

信息技术革命和超级泡沫破灭

最后,如果没有信息技术革命,现代金融理论对现代金融实践的影响也将不复存在。在金融行业,计算机技术的进步产生了超越其他任何行业的革命性影响。这是由一群聪明、富有且极具竞争力的人领导

---

①　Daisy Chain,中国内地学者通常译作菊花链,虽然并不是十分贴切。作为电子工程术语定义,它是一种沿总线传输信号的方法,其中设备串联,而信号则从一台设备传向下一台设备。菊花链连接方法可根据设备在总线上的电气地位分配其优先级。——译者注

②　G.Tett, Fool's Gold: How the Bold Dream of a Small Tribe at J.P.Morgan was Corrupted by Wall Street Greed and Unleashed a Catastrophe (New York: Free Press,2009), chapters 3 and 4.

的世界。他们一直在浩瀚的数据海洋中遨游。这些交易员部署计算机系统,不仅为了完成和记录证券交易所不断增长的交易量,他们利用计算机来分析数据,旨在寻找可观的套利机会,创造新的交易工具,如货币掉期交易和利率互换交易、实时更新的股票指数和各种基于资产的抵押证券,并从抵押贷款延伸到信用卡应收款和学生贷款。

如果没有计算机,上述这些丰富的交易产品是根本无法想象的,更不用说操作它们了。华尔街是第一个采用新的后 IBM 分布式计算机架构的商业市场。它为交易员配备了高性能工作站和一个可以连接到数据库的互联网。如此一来,交易员实时完成交易,他的交易策略也能实时获得数据支持。随着我接触到 OpenVision 和 VERITAS,然后进入 BEA,我发现华尔街是最早应用信息技术创新产品的市场。电子计算机工作可以使传统上由贷款者购买和持有的信用工具变成可交易的证券,使整个信贷系统的股票和债券市场的设立及发行模式得到拓展,当然它也可以被用作建立所谓"损失保险"这一虚假承诺的工具。

申铉松提供了一份关于 2008 年金融危机的严密分析报告,总结了导致其发生的影响因素。由于"格林斯潘对策"的背书,而且在压力上升的每个阶段都有政府带来的额外补助,银行可以一个个地捅破泡沫并且扔到一边,从而依然可以维持其杠杆率的目标水平。当其股票的市场价值再次上升,在它们的资产负债表上就会有所反映,他们会降低银行的资本充足率使其低于应有目标水平。由此得到的过剩资本能够给非金融领域带来更多贷款,事实上它们就是这样做的,从住宅抵押贷款的门槛下降到微不足道的标准可见一斑。但关键是,当非金融领域无法提供足够的资产,银行之间可以相互借钱,互相粉饰报表,从而使每家银行的资产情况都可以达到监管要求。① 金融领域的资产供给是由现代金融理论做支撑，通过信息技术的应用来实现的，其范围几乎可以说是无限的。但是，在市场经济中，不可能有无限增长的现金流来支撑金融结构的过度扩张。抵押贷款逾期还款量的逐渐小幅上升，就会成为触发游戏结束的致命按钮。

在 2008 年，超级泡沫的破裂给所有发达国家的经济表现和政治议程带来了非常严重的后果，经济和金融领域首当其冲。但是，经济学和金融学这两个学科从很久之前的相互依存到各自分离，现在又再次交织融合在一起。金融危机及其经济后果已经打破了"金融市场必然是有效的并且可以为金融资产提供可靠价值"的假设。这些金融资产的基础来自非金融领域，也就是实物资产的基本价值，即所谓的实体经济。如果这种假设是正确的，经济学和金融学完全可以各走各的路，彼此相信对方都能保证其效率。现在，它已经被证明完全是不正确的，所以理解金融资本主义和市场经济可能发生的相互联系已成为重要议题。

理论解释

正如我们所见，金融资产价格泡沫随处可见，而且越是使用延期付款这种投机方式，之后跟随的"大钢琴粉碎"（我母亲的话）风险越是巨大。但是，证实资产价格泡沫本身的出现——资产市场价格与归于所有者的现金流贴现现值之间的分歧——对理论家形成了挑战。直到最近，大部分内容还是有必要依赖于高水平的新闻报道和通俗历史来探

---

① Shin, *Risk and Liquidity*, pp.111−125, 153−160.

讨这个话题:从丹尼尔·笛福(Daniel Defoe)的《证券交易所的剖析》(*Anatomy of Exchange Alley*)——其中充满了对南海泡沫事件的谴责,到查尔斯·麦凯(Charles MacKay)的《非同寻常的大众幻想与群众性癫狂》(*Extraordinary Popular Delusions and the Madness of Crowds*),再到约翰·肯尼斯·加尔布雷思(John Kenneth Galbraith)的《大崩盘》(*The Great Crash*)和约翰·布鲁克斯(John Brooks)的《沸腾的岁月》(*The Go-Go Years*)。[1] 内容最全面、见解最深刻的著作要数爱德华·钱塞勒(Edward Chancellor)的《资本的游戏:金融投机史》(*Devil Take the Hindmost*),该书出版于 1999 年,那时的互联网泡沫为其金融投机史增添了一个章节。[2]

所有试图建立严谨股市泡沫模型的努力,都必须从抵抗完全有效市场假说的教条开始。再说一次,其宣称金融资产的价格纳入了所有相关信息,并相当于其所代表真实资产的基础经济价值。由于有效市场假说(Efficient Markets Hypothesis,EMH)的假设显然缺乏现实性,有效市场假说建立早期便受到了攻击,尤其是桑福德·格罗斯曼(Sanford Grossman)和约瑟夫·斯蒂格利茨(Joseph Stiglitz)证明了"信息有效市场的不可能性"。[3]

---

① D.Defoe, *The Anatomy of Exchange Alley*; *Or, a System of Stock-Jobbing*(Stamford,CT:Gale ECCO,2010[1719]); C.Mackay, *Extraordinary Popular Delusions and the Madness of Crowds*(Petersfield:Harriman House, 2009[1841]); J.K.Galbraith, *The Great Crash*, *1929*(New York:Houghton Mifflin,1988[1954]); J.Brooks, *The Go-Go Years*: *When Prices Went Topless*(New York:Ballantine, 1974).

② E.Chancellor, *Devil Take the Hindmost*: *A History of Financial Speculation*(New York:Penguin,1999).

③ S.J.Grossman and J.Stiglitz,"On the Impossibility of Informationally Efficient Markets,"*American Economic Review*,70(3)(1980),pp.393—408.

　　哈希姆·匹萨任（Hashem Pesaran）则证明了，有效市场假说在其越来越弱的形式中的脆弱性，当各种不同投资者的信念出于对盈利的希望或对损失的恐惧而在比较重要的场合趋同时，他严谨探讨了泡沫与崩盘的产生。[1]　不过，颇为反常的是，在长达一代人的时间内，对于削弱有效市场假说的最不切实际的反应被证明在该学科内最具影响力。通过理性预期假说（Rational Expectation Hypothesis，REH），可从中得出金融市场表现得好像完全、有效的市场这一结论的必要假设，从外部世界移到"理性的代表性代理人"的思想中。这种代理人不仅应该可以获得所有相关的信息并拥有处理信息的能力，而且应该具有一个关于信息含义的模型——什么样的经济过程产生了这些消息以及这些信息会带来什么样的未来收益，而这恰巧是事实。[2]

　　如果我们暂时把怀疑放到一边，先接受它们的假定前提，则采纳有效市场假说和理性预期假说的心理战术的最重要理由是，金融系统市场会在实体经济中相互竞争、非此即彼的项目之间有效地分配资本。因此，有效市场假说和理性预期假说的拥护者们开始否定这一事实：在我们注定要生存其中的世界里，经济和金融参与者仅能获得不完整的信息。[3]

　　[1]　H.Pesaran,"Predictability of Asset Returns and the Efficient Market Hypothesis," in A.Ullah and D.E Giles（eds.）, *Handbook of Empirical Economics and Finance*（Boca Raton, FL: Chapman and Hall/CRC, 2010）, pp.281—312.

　　[2]　Robert E.Lucas Jr., the founding theorist of the doctrine, summarized the path to REH in his Nobel Prize lecture: "Nobel Lecture: Monetary Neutrality," *Journal of Political Economy*, 104（4）（1996）, pp.661—682. Available at www.nobelprize.org/nobel_prizes/economic-sciences/laureates/1995/lucas-lecture.pdf.

　　[3]　R.Frydman and M.Goldberg, *Beyond Mechanical Markets: Asset Price Swings Risk, and the Role of the State*（Princeton University Press, 2011）, pp.55—102.

　　在更深层次上,追求分配效率作为经济学中最主要的美德,使追随者无视创新型经济的作用机制,在创新型经济中,实验过程中产生的浪费对于进步必不可少,而对浪费的宽容正是前沿科技领导能力的首要条件。这是因为,如果一段时间内经济增长是由投机性融资带来的不可预测的技术创新所驱动的,那么从静态经济角度而言,任何时刻的研发资源分配都必定会显得效率低下。相反,如果尝试将创新型经济的作用机制表达为在有效市场中理性代理人的"跨期优化"训练,就会为了追求严谨而牺牲掉相关性。因此,乔瓦尼·多西(Giovanni Dosi)将保罗·罗默(Paul Romer)、菲利普·阿格因(Philippe Aghion)等人的"新增长理论"的特点总结为:

> 创新是经济动力机制的内在元素,要么作为一种学习外在性,要么作为追求利益最大化的代理人有意为之、耗资巨大的努力的结果。不过,在后一种情况下,内在化的主要代价是减少创新活动以达到最佳跨期资源分配的均衡结果。因此,这样一来,我们也失去了真正的熊彼特式创新概念,即一种不均衡现象——至少暂时如此。①

---

① G.Dosi, *Further Essays on Economic Organization*, *Industrial Dynamics and Development* (Cheltenham:Edward Elgar,forthcoming),p.7.Emphases in original.In their comprehensive survey of neoclassical growth theory,Aghion and his collaborator Peter Howitt explicitly consider the fundamental critique offered in A.Bannerjee and E.Duflo,"Growth Theory Through the Lens of Development Economics," in P.Aghion and S.N.Durlauf (eds.), *Handbook of Economic Growth* (Amsterdam:Elsevier North-Holland,2005) before themselves noting the existence of "other important issues that either have been barely touched on or simply not addressed at all," such as "the impact of financial bubbles" and "the contribution of basic science and open research to growth." P.Aghion and P.Howitt, *The Economics of Growth* (Cambridge,MA:MIT Press,2009),pp.429-430 and 439-440.

　　有效市场假说与理性预期假说的核心弱点在于,宣称股票市场上的定价等于基础价值,而基础价值定义为金融财产背后的实物资产未来产生的预期现金流的净现值。在长长的一代人的时间里,如何解释与基本面的任何明显变化不相关的资产价格波动,对于理论家而言一直是一项挑战。1982 年,奥利维尔·布兰查德(Olivier Blanchard)(IMF 目前的首席经济学家)和马克·沃森(Mark Watson)发表了一篇论文《泡沫、理性预期和金融市场》(*Bubbles, Rational Expectations and Financial Markets*),严肃讨论了这种失常现象。[①] 尽管他们坚持标准的新古典主义假设,即"实体经济"中某些地方的数据生成过程是静止的,而且所交易证券的基础价值是已知的,但他们不能从统计学的角度反驳,在上市公司的整个生命周期中,所观察的股票价格偏离了投资者实际获得的预期现金流的现值。

　　3 年后,让·梯若尔(Jean Tirole)创建了一个新古典模型并公布于世。在这个模型中,泡沫的作用是将资产从年轻一代转移到年长一代手中;也就是说,泡沫按照梯若尔虚拟经济中的实际利率增长。[②] 不过,在正式模型后面附的非正式说明中,梯若尔观察到,资产的"金融市场基本价值"(定义如上)可能与其"真正的市场基础价值",也就是实际消费中的价值不同;而且,"真正的市场基础价值的定义可能存在歧义"。[③] 他的结论是,泡沫"与优化行为和一般平衡相抵触",这无疑是在称赞主

　　① O.Blanchard and M.Watson, "Bubbles, Rational Expectations and Financial Markets," National Bureau of Economic Research Working Paper 945 (1982).

　　② J.Tirole, "Asset Bubbles and Overlapping Generations," *Econometrica*, 53(5) (1985), pp.1071 - 1100.

　　③ J.Tirole, "Asset Bubbles and Overlapping Generations," *Econometrica*, 53(5) (1985), pp.1091 - 1092.

流新古典理论适应显然反常的市场行为的能力,因为它掩盖了正式模型背后一直在持续的深层紧张局面。

尽管布兰查德、沃森和梯若尔都未能找出矛盾的来源,不过在过去20年里,越来越多的文献将此作为其研究内容。① 1990年,布拉德·德隆(Brad DeLong)、安德烈·施莱弗(Andrei Shleifer)、劳伦斯·萨默斯(Lawrence Summers)和罗伯特·瓦德曼(Robert Waldmann)在芝加哥大学的《政治经济学杂志》(*Journal of Political Economy*)上,发表了针对有效市场传统的挑战性文章——以他们四人姓氏首字母命名为"DSSW"。《金融市场中的噪声交易者风险》(*Noise Trader Risk in Financial Markets*)一文证明了,无知"噪声交易者"[菲利普·凯睿(Philip Carret)称之为"股市赌徒"]的随机交易会增加原本理性的"套利者"所面临的风险,以至于后者无法负担与前者进行博弈。②

7年后,施莱弗和罗伯特·维什尼(Robert Vishny)在其论文《套利的限制》(*The Limits of Arbitrage*)中,将这个争论又推进了一大步。③ 理性套利者不仅要面对可以随意调整价格的"噪声交易者",而且还依赖于那些通过观察短期表现来评估其投资经理人工作表现的投资者,他们也是套利者。随着价格与套利者以某种方法"知晓"的基础价值偏离得越来越远,无论他是哪种套利者,如果推动套利者增加其对市场的赌注,那么投资者就更加可能撤资并强制清算,这时"理性"预期收益最为

---

① See F.Allen,A.Babus and E.Carletti,"Financial Crises:Theory and Evidence,"*Annual Review of Financial Economics*,1(2009),pp.109—110.

② J.B.DeLong,A.Shleifer,L.Summers and R.Waldmann,"Noise Trader Risk in Financial Markets,"*Journal of Political Economy*,98(4)(1990),pp.703—738.

③ A.Shleifer and R.Vishny,"The Limits of Arbitrage,"*Journal of Finance*,52(1)(1997),pp.32—55.

诱人。

　　施莱弗和维什尼的模型建立在"噪声交易者"不恰当地悲观并拉低价格的实例上。在这种情况下,套利者使用杠杆作用仅会加剧价格下滑,因为固定债务负担必须清算为股价下降时所持有的抵押品的价值。这一机制的影响范围正在被大量解释 2008 年金融危机成因的论文和著作所记录,而且数量还在不断增长。然而,套利的限制同样适用于价格上涨时。关键因素是投资者资产负债表右侧项目的状况,也就是投资者可以获取资金的项目如何支配资产负债表左侧项目的管理。这些是决定投资者对抗趋势、可以承受错误举动的时限的关键因素。

　　在现实世界中,两个投资者截然不同的结果提供了对于施莱弗—维什尼反转模型的戏剧性证明。沃伦·巴菲特(Warren Buffett)和朱利安·罗伯逊(Julian Robertson)拒绝参与互联网泡沫。巴菲特的资金基础是伯克希尔·哈撒韦公司的保险资金,他管理的是封闭式基金,过去和现在一直在自我更新,因而具有有效的持久性。如果投资者不满意,那么他仅能求助于出售或卖空股票。实际上,伯克希尔·哈撒韦公司之前的表现一直落后于纳斯达克指数,只有在泡沫的最后两年里,它们之间的差距才有所缩小。不过,尽管似乎听到了"狗叫声",巴菲特的大篷车还是有惊无险地通过了。与此相反,朱利安·罗伯逊老虎集团的对冲基金投资者则遭遇到毁灭性的打击。他们仅经历了传统的 3 个月锁定期。1998 年,老虎集团的资产和表现达到顶峰。为酬谢罗伯逊长期的优秀表现,投资者给予他疑罪从无的权利,并一直持续到 2000 年第一季度。后来当泡沫通过最高点并破灭时,他们强制罗伯逊停止交易、返还剩余的资金。

英格兰银行的安迪·霍尔丹(Andy Haldane)认为,股票价格的波动与相关"已贴现预期利润流"的回顾性措施有关,并且发现:

> 在过去一个世纪中,美国股价平均比基本面的波动性高3倍……不过,过度波动的趋势也很能说明问题。直到20世纪60年代,价格波动幅度要比基本面高出大约2倍。从1990年起,价格波动幅度要高出大约6~10倍。随着金融创新的起步,股价的过度波动性越发严重。[①]

一个值得从事的研究项目是,过去两代人以来股市的制度转变与其行为之间的关系。乔希·勒纳(Josh Lerner)和彼得·图法诺(Peter Tufano)考虑了共同基金业发展的重要意义,并为此项研究奠定了基础。1950年,那时共同基金的战后繁荣还未开始。至2008年间,在竞争激烈、透明的市场中快速发展的共同基金已经从只占美国家庭资产的不到1%发展到10%,而直接持有股票和债券的比率从略高于50%下降到不足30%。[②] 共同基金资产管理人只能承受在有限时间内犯错。此外,作为所有股票基金资产的一部分,指数型基金从1995年的4%上升到2009年的大约14%。[③] 而且,指数型基金的合同中承诺每天

① A.Haldane,"Patience and Finance," paper presented to Oxford China Business Forum, Beijing, September 9,2010,p.15.www.bis.org/review/r100909e.pdf.

② J.Lerner and P.Tufano,"The Consequences of Financial Innovation:A Counterfactual Research Agenda," paper presented to a meeting of the Commission on Finance and Growth, Watson Institute for International Studies, Brown University, December 10,2010,p.30.

③ Investment Company Institute, *2010 Investment Company Fact Book* (Washington, DC: Investment Company Institute),p.33.

跟踪股票的动态,不管波动多么巨大和极端,从而降低市场中补偿性、均值回归压力的权重。

再次证明,那些打算宣称扩展股票市场效率的创新很可能导致价格与价值之间越来越大的分歧,不论价值是如何定义的。最近,在一种基于交易效率特权的归谬法中,由计算机驱动的"高频交易"主导了股票市场上的交易量。为了追求相对于短期趋势以及与其他证券价格相互关系的短暂的证券错误定价,对计算机算法进行了调整以执行大量小额订单,从而在将对价格的影响降到最低的同时,去获得十分明显的套利机会。

这里十分重要的是,超过一半的股票交易量反映了如下策略:不管从定义还是从设计而言,这些策略均未反映出潜在经济资产的难以捉摸的基本价值。

除了理性—泡沫文献外,第二大理论体系从个人角度心理特质来解释按新古典理论要求所定义的理性行为的偏离。丹尼尔·卡内曼(Daniel Kahneman)和阿莫斯·特沃斯基(Amos Tversky)由于发展了前景理论(Prospect Theory)而获得了诺贝尔奖。前景理论是一种用于理解人们在一个确定性的结果与具有相等预期概率值的冒险之间如何评估和选择的金融学理论。一般而言,受试者被给予两个选择:第一,肯定会得到 1 美元;第二,50% 几率得到 2 美元,50% 几率什么也得不到。为了确保确定性的结果而放弃的预期价值量,正是反映了个人规避风险的尺度。[1] 令人难以理解的是,新古典经济学家利用前景理论,将金

---

[1]　D.Kahneman and A.Tversky,"Prospect Theory:An Analysis of Decision under Risk,"*Econometrica*,47 (1979),pp.263—291.

融市场并不像模型那样表现的原因,归结为人类固执地决定拒绝理论指导。

最近,越来越多的学者发展了"由不同信念驱动的投机交易模型"——普林斯顿大学的何塞·施可曼(José Scheinkman)和熊伟(Wei Xiong)这样描述此项工作的特征。[1] 在互联网泡沫破灭后,我关注了斯坦福大学莫迪凯·库尔茨(Mordecai Kurz)的研究项目,他将其特征总结为"理性信念"。库尔茨严谨地证明了关于世界运转机制的许多模型与统计记录相一致;因此,关于价格与价值的互相抵触的观点也许同样"理性",而错误模型的风险为经济基本面未来收益内在的波动性添加了"内在不确定性"。[2]

施可曼和熊伟以一种互补的方式证明了,"过分自信如何导致代理人就资产基本面产生分歧"。关键是,在购买股票时,每名投资者同样获得一个隐含的选项——将股票卖给另一个更加自信的投资者:"代理人支付的价格超出了他们自己对未来股息的估值,因为他们相信,未来他们会找到愿意支付更多的投资者。"[3]这样一来,他们刺激了价格和交易量升高,而不管基本面已证实的任何信号。布兰查德和沃森也观察到,在 1982 年,泡沫的本质已经发展成为庞氏融资,因此崩溃不可避免,毕竟傻瓜是有限的。[4]

---

[1] J.Scheinkman and W.Xiong, "Advisors and Asset Prices: A Model of the Origins of Bubbles," *Journal of Financial Economics*, 89 (2008), pp.268—287.

[2] See M.Kurz, "Rational Beliefs and Endogenous Uncertainty," *Economic Theory*, 8(3) (1996), pp.383—397.

[3] J.Scheinkman and W.Xiong, "Overconfidence and Speculative Bubbles," *Journal of Political Economy*, 111(6) (2003), p.1183.

[4] Blanchard and Watson, "Bubbles, Rational Expectations and Financial Markets," p.8.

2007 年,普林斯顿大学的哈里森·洪(Harrison Hong)以及后来成为美国金融协会会长的杰里米·斯坦(Jeremy Stein),明确赞成在主流金融经济学内部使用分歧模型。他们回顾了金德尔伯格和阿利伯的理论,以重新使用过量交易的概念;而从亚当·斯密到约翰·穆勒等古典经济学家,都是运用这个术语来确定投机激起交易量增多的时期,因为卖家购买商品是为了从转售中实现资本收益,而不是在消费或生产中实际使用商品。①

我认为,这种行为—金融文献是对理性—泡沫文献的补充,而非与其相抵触。理性—泡沫方法是有用的,因为它说明,即使遵守理性预期假说的根本假设,也不能保护投资者受到真实世界不确定性的影响:每个人都指出自己的行为是理性行为,但正是这种理性行为本身引起了泡沫和崩盘的系统现象。另一方面,行为—金融方法需要扩展到金融市场以外的世界。我要回到我在实践金融学第一节课上所讲的内容,也就是关于一名客观的分析员评价一家未上市公司价值的过程。任何公司的基本价值从以下几点产生:根据公司自身历史财务业绩这些不完整的信息来进行推论;选择市场上某家可比较的公司的估值;以及涉及此类公司的已完成并购交易。当考虑要将某项新技术推向市场时,人们会宣称该技术所具有的基本价值,但这一宣称的可信度范围很大,有时甚至会到无知的程度。

就两种文献都内含对于可知基本价值试金石的残留信念而言,它缺失了股票市场的首要现实。威廉姆·高德曼(William Goldman)是一名小说家和编剧,他传奇性地界定了好莱坞定律:"所有人都一无所

---

① Kindleberger and Aliber, *Manias, Panics and Crashes*, p.30.

知。"股票市场的规律更加温和，也更加复杂："没有人知道得足够多，每个人在某种层次上了解自己以及其他所有人。"如果股市泡沫模型认为一些投资人比任何投资人了解得都要多，那这个模型一定是有缺陷的。

不过，那些以假设存在理性的代表性代理人开始的市场模型更加可信。资本市场充斥着形形色色的人，他们的信念以及对其信念的可能未来结果的置信度有着天壤之别。毕竟，市场的发明是为了让一系列参与者彼此交易所有权和资产。所以，代表性代理人的概念是不合逻辑的，只有不切实际的信念——无须付出任何代价，交易活动就会汇聚于基本价值，而根据假设，代表性代理人已经知道基本价值是多少——才能证明其合理性。

2000年终结的互联网泡沫现象就是佐证。从1999年第三季度开始，风险投资基金向其有限合伙人分配的总价值急剧上升，从1999年第三季度的39亿美元上升到同年第四季度的107亿美元，然后在2000年第一季度又几乎翻了一番，达到211亿美元。这是风险资本公司迄今为止最大的收益。同时，股票分配与现金分配之比从1999年第三季度的1.27上升到同年第四季度的2.91，并在2000年第一季度达到峰值3.93。在感受到之前缺乏流动资金供应所造成的销售增加的影响之前，通过分配股票而不是出售股票然后分配现金，风险基金可以按照市价记录其收益的价值。① 根据其与IPO承销商的合同条款，风险基金通常被锁定6个月，风险投资家终于可以自由地允许其有限合伙人将股权出售给更大的傻瓜，而他们确实这么做了。但是请记住：这一信号的产生与观察都

① M.D.McKenzie and W.H.Janeway,"Venture Capital Fund Performance and the IPO Market," Centre for Financial Analysis and Policy,University of Cambridge Working Paper 30 (2008),p.39.

要求市场中存在多个对于价格与价值之间关系有相左意见的交易商。

　　泡沫破灭之后不久,伊莱·奥菲克(Eli Ofek)和马修·理查德森(Matthew Richardson)分析了"内幕交易数量的陡升",并得出了恰当的结论:

> 　　在将近 1999 年后半段,特别是 2000 年春天,大量的投资者——内行人、风险投资家、金融机构、精明的投资者——可以通过解除其锁定协议,自由出售其互联网公司股票。就这些投资者对于现有投资者所拥有的收益持不同程度的乐观态度而言,投资者的信念可能会并入股价。随着潜在出售量的增加,这群新投资者,不管是持悲观态度还是不可知论,开始压倒乐观的投资者。①

　　泡沫高峰期交易量的增加直接反驳了理性—泡沫模型,因为该模型认为,当价格日益偏离本应知晓的基本价值时,交易量会下降。

　　不同意见和置信度之间的动态平衡,正如所有市场参与者都可以观察到的价格与交易量数据所揭示的那样,反过来会形成反馈,影响彼此的意见和置信度。这是市场中普遍存在的信息外在性,它导致后续更加成熟地应用博弈论来说明市场行为。申铉松捕捉到了金融资产价格所起到的双重作用。一方面,价格代表对基本价值预期的不完全反映。但是另一方面,价格对于投资者而言是行动的信号:

---

　　①　E.Ofek and M.Richardson,"DotCom Mania: The Rise and Fall of Internet Stock Prices," *Journal of Finance*,58(3)(2003),p.1131.

当市场参与者的决策区间由于短期激励措施、有约束力的限制或其他市场缺陷而变窄时，短期价格波动影响到这些市场参与者的利益，并由此影响他们的行动。然后可能会出现反馈环路，在反馈环路中，对短期价格变动的预期会导致市场参与者做出导致价格变动扩大的行为。①

乔治·索罗斯根据其对金融市场的一辈子的研究，把这种现象称为"反身性"（Reflexivity）。这也是为什么即使基本价值已知，还是能够观察到资产价格的泡沫和崩盘。请注意债券价格的波动性，其中未来现金流由显性契约定义：投资级债券价格波动，期限利差和信用利差由于响应不同投资者对于不确定未来的预期而不停地进进出出，甚至在违约侧的收益已知时也是如此。②

所有以金融市场的内在不确定性建模的实践以及将价格与价值脱钩的尝试，重新奏响了凯恩斯在《通论》中阐述的著名的"选美论"：

专业投资可以比作报纸上的选美比赛，竞争者们必须从上百张照片中选出 6 张最美的脸，而选择最接近于竞争者整体平均偏好的竞争者将获得奖励；所以每个竞争者都必须挑选，不是选他自己最喜爱的脸，而是选他认为最可能吸引其他竞争者喜爱的脸。所有竞争者都从同样的角度来看待问题。这不是选择

---

① Shin, *Risk and Liquidity*, p.10.

② I owe this insight to José Scheinkman.

根据个人判断真正的美人是谁,甚至也不是选择大众真正认为谁最美。我们到达了第三级,我们在此将自己的聪明才智用于预期,大众意见所预期的大众意见是什么。①

本着同样的精神,安德烈亚斯·帕克(Andreas Park)和哈米德·萨伯瑞恩(Hamid Sabourian)说明了,消息灵通的投资者可能被其对市场行为的观察所误导,抛弃自己的信念并选择随波逐流或逆势而行。一旦投资者这么做,他们要么为市场增添动力,要么帮助市场价格回到平均值。在这两种情况下,他们的行为都是"理性的",因为二者均基于对短期内预期价值的计算,投资者在自己的"私人信息"与市场产生的证据之间权衡。②

最后,从根本上来讲,在"理性"这个术语及其对立面中存在一种混乱的联系,它影响学术和大众对于经济和金融代理人的思考和行动的讨论。这一联系大部分产生于理性预期假说理论家对该术语的滥用。正如罗曼·弗里德曼和迈克尔·戈德博格所写:

　　一个理性、追求利润的个体理解其周围的世界会发生非常规的改变。她只是无法相信,与其经验相反,她发现了一个"真正"支配一切的预测策略,更不必说,其他人也发现了这个

---

① J.M.Keynes, *The General Theory of Employment, Interest and Money*, in E.Johnson and D. Moggridge (eds.), *The Collected Writings of John Maynard Keynes*, vol.7 (Cambridge University Press and Macmillan for the Royal Economic Society, 1976[1936]), p.156.

② A.Park and H.Sabourian, "Herding and Contrarian Behavior in Financial Markets," *Econometrica*, 79(4) (2011), pp.973—1026.

策略。①

但是，当投资者在不确定性条件下做决定的经验法则被贴上非理性的标签时，我们同样会产生困惑。从最基本的角度而言，当数百万年的进化压力表达出托马斯·霍布斯(Thomas Hobbes)对于人类状态的观点——"最糟糕的是，人们处于暴力死亡的持续恐惧和危险之中，人们的生活孤独、贫困、卑污、残暴，而且生命十分短暂"②，把风险规避称为非理性似乎不太合适。

在创新与金融市场交织在一起的市场前沿工作 40 年后，我的经验使我赞扬弗里德曼和戈德博格所做出的努力，他们试图在理性预期假说的机械模型与异想天开的方法之间定义一个中间地带。根据新的信息识别预测策略"谨慎适度的修改"的定性信号的标准是，投资者的行为有多么谨慎。③ 它相当于"程序理性"，在一代人以前，赫伯特·西蒙(Herbert Simon)就已经将效用最大化的"实质理性"定义为替代选择，而"实质理性"使新古典模型"实质上重复但无可辩驳"。④

谨慎、程序理性的投资者永远在试图辨认，目前的股票交易体制是否被均值回归或者向上或向下的势头所主导，因为他们懂得，一个体制

① R.Frydman and M.Goldberg,"The Imperfect Knowledge Imperative in Modern Macroeconomics and Finance Theory," in R.Frydman and E.Phelps(eds.), Micro-Macro: Back to the Foundations(Princeton University Press,forthcoming),p.27.

② T.Hobbes, Leviathan, ed.R.Tuck (Cambridge University Press,1993[1664]),chapter 13.

③ Frydman and Goldberg,"The Imperfect Knowledge Imperative," pp.36—37.

④ H.A.Simon,"Rationality in Psychology and Economics,Part 2: The Behavioral Foundations of Economic Theory,"Journal of Business,59(4) (1986),p.222.Also see H.A.Simon,"Rationality as a Process and Product of Thought,"American Economic Review,68(2) (1978),pp.1—16.

持续的时间越长，就越可能转变为另一种选择。最具创造性的金融理论家以及以战略为导向的实践者都认识到发展一种研究项目的迫切需求，该项目以金融生活的现实而非有效市场假说和理性预期假说的误导性理论为开端。

作为对这些市场环境未来探索的一大贡献，我发现自己回到了我对计算机技术产生兴趣的初始阶段，我大约在 40 年前开始对计算机产生兴趣。想象一个虚拟市场，首先市场中充斥着一组股票发行公司，而这些公司经营成果的可预测性范围从很高（AT&T，1970）到无（任何时候的早期 IPO）。然后再加入一群在两个维度上千差万别的投资者：第一个维度，每个投资者能够评估多个发行公司业绩可预测性的程度。第二个维度，基础性的资金流动性程度，也就是投资者逆势而行的相对能力。然后开始游戏。

总之，凯瑟斯（Cassius）是错误的，或者说都是因为星星惹的祸。我们出生在受热力学第二定律制约的宇宙中，时间之箭仅朝一个方向射击，我们不能让方程式倒转。我们将一半时间用于争论我们实际体验到的过去的意义，将另一半时间用于推测具有无限可能的未来。在这样的背景下，将市场失效归因于投资者的不理性根本就是放错了重点。相反，就我们自己而言，无论是他们还是我们，都在竭尽全力做到最好。我们运用从宇宙中的生存法则，来评价那些在展开的历史帷幕中可以看出或多或少具有误导性的模型，认为这些模型或多或少都不足以指导我们的行为。

一些新金融理论家将模型建立在市场参与者的行为之上，这些市场参与者知道自己无法获得充分的信息，而且仅允许在有限的时间内犯错,他们坚决抵抗随波逐流的努力具有一定的英雄品质。我相信,凯恩斯会对他们的努力表示尊重,同时推动他们更进一步接受宇宙内在的本体论不确定性:

> 我们不能下结论……认为一切依赖于非理性心理的浪潮。相反,长期预期状态通常是稳定的,即使当长期预期状态不稳定的时候,其他因素也会施加其补偿性影响。我们仅仅在提醒自己,人类的决定影响未来,不管是个人、政治还是经济方面都是如此。因此,决定不能依赖于严格的数学预期,因为这种计算没有依据;正是我们内在的活动冲动使一切向前发展,我们的理性自我在许多选项中选出了我们能做到最好的选择,计算我们能到达的范围,但我们经常由于一时的兴致或情感或机会而跟不上我们的动机。①

---

① Keynes, *General Theory*, pp.162—163.

9

泡沫的必要性

除了因过度泡沫酿成的破产外，为什么泡沫有其重要性呢？它们的重要性在于他们不仅可以将财富从大傻瓜转到小傻瓜，还可以转移到掠夺大傻瓜的无赖身上；更为关键的是，它们可以将财富转移到侥幸的投机者和有洞察力的企业家身上。后者在市场经济中享有获取现金的有利条件，并利用该条件取得惊人的成果。泡沫重要，因为正如凯恩斯所概括的：

> 证券交易所的每日重估……势必对目前的投资率具有决定性的影响。因为当我们可以用同样的金额购买一家类似的现有企业时，斥巨资建立一个新企业是毫无意义的；同时，如果新项目有可能在证券交易所迅速上升并赚取眼前利益，人们就会面对在新项目上花费巨额投资的诱惑。因此，有一类

投资是由那些在股票交易所交易人的平均期望所支配的,通过股票的价格表现出来,而不是职业企业家的真正预期。[①]

一个时代之后,詹姆斯·托宾(James Tobin,资产组合选择的开创者,获诺贝尔经济学奖)和威廉·布雷纳德(William Brainard,耶鲁大学经济学教授)明确地扩展和实践了凯恩斯对于 q 比率的定义:

> 是指相同实体资产的两个估值之间的比率。一个市场估值作为分子,是在市场上对现有资产的交易价格。另外一个估值作为分母,是重置或再生的成本,即在市场上生产新的产品的价格。[②]

后来被人们所熟知的托宾 Q 比率,量化了这种明显的套利机会。后者产生于企业资产在金融市场估值与投资新的资产成本之间的差距。在另外一个金融市场固有的信息效率低下的实例中,这种套利机会的不断涌现为那些斗志昂扬的人提供了战胜市场的顽强力量,正如爱德华·钱塞勒在描述一个位于伦敦的资产经理的书中所写。[③]

如果把一个出众企业的垄断利润资本化,托宾 q 可能大于 1;当新

① J.M.Keynes, *The General Theory of Employment*, *Interest and Money*, in E.Johnson and D. Moggridge (eds.), *The Collected Writings of John Maynard Keynes*, vol.7 (Cambridge University Press and Macmillan for the Royal Economic Society,1976[1936]),p.151.

② J.Tobin and W.C.Brainard,"Asset Markets and the Cost of Capital," in R.Nelson and B. Balassa (eds.), *Economic Progress*: *Private Values and Public Policy*, *Essays in Honor of William Fellner* (Amsterdam: North-Holland,1977),p.235.

③ E.Chancellor (ed.), *Capital Account*: *A Money Manager's Reports from a Turbulent Decade*, *1993 — 2002* (New York: Thomson Texere,2004),especially pp.7—41.

兴技术使现有资产失去时效,托宾 q 也可能小于 1。无论哪种方式,它用大致的顺序量化了凯恩斯所说的在创新经济体的动力中最关键的关系:正是他们扮演了投机和企业之间的桥梁。因此,它表达了"三方玩家游戏"的维度,以及金融资本家和市场经济之间的维度。后者是我一生作为从业者的职责。[1]

凯恩斯对关于投机和企业的冥想止于他的深刻洞察,无论是职业投资人还是其他任何人,都无法良好地建立起关于"哪一类投资"的回报是"真正期望"的相关模型。事实上,虽然这是事实,"职业投资人和投机者的精力和技能,并非主要关注于一项投资在整个持有期内可能收益的超长期预测"。[2] 他们不时地专注于那些具有巨大经济意义的投资,因为他们体现了创新和变革性的技术。而正是这些投资是最不具有确定性的。

这正是为什么他们的投资安排往往取决于投机的力量,而不是取决于那些企业。正如罗曼·弗里德曼和迈克尔·戈德博格巧妙的解释:

> 在绝大多数情况下,投资项目的前景和未来的收益,不能

---

①　A demonstration of how far from reality neoclassical financial economics has evolved is that a working paper for the National Bureau of Economic Research published in January 2012 begins by asking:"How can one explain the attention devoted to secondary financial markets? Why does the press so frequently report the developments in the stock market? Can this be rationalized in a world where secondary market prices are passive …in that they merely reflect expectations and do not affect them, as in many economic models, including most of those used in the asset-pricing literature?" P.Bond, A.Edmans and I.Goldstein, "The Real Effects of Financial Markets," National Bureau of Economic Research Working Paper 17719 (2012), p.3; emphasis added.

②　Keynes, *General Theory*, p.154.

用标准概率来理解……就创新性产品和工艺而言,这无疑是正确的。因为它们的回报估值无法仅仅依据现有产品和工艺的过往利润计算。①

学术探索的"凯恩斯之桥"

继变革性技术融资的最新世界级的泡沫后,学术经济学家们终于领悟到凯恩斯关于创新洞见的意义。最近的 3 篇论文都可以表明。第一篇是由麻省理工学院的乔治—马里奥斯·安格勒特(George-Marios Angeletos)、圭多·珞任佐尼(Guido Lorenzoni)和西北大学的亚历山德罗·帕文(Alessandro Pavan)撰写。论文建立了一个金融市场的动态和技术创新的经济之间的理论联系。作者们将主流范式延伸到演示理性的企业家和商人,他们深知自己的信息有限,证实他们如何观察对方的行为,并建立"高阶信念"来合理化他们自己对实体资产的过度投资,以及对相应金融资产定价过高的行为。② 安格勒特、珞任佐尼和帕文将他们在充斥着对新投资机会和不同的盈利性信息的经济体中,实体和金融领域的相互影响的正式分析总结为:

通过传达关于收益性的积极信号,更高的投资总额提升

① R.Frydman and M.Goldberg, *Beyond Mechanical Markets*: *Asset Price Swings*, *Risk*, *and the Role of the State* (Princeton University Press, 2011), pp.41—42.

② G.-M.Angeletos, G.Lorenzoni and A.Pavan, "Beauty Contests and Irrational Exuberances: A Neoclassical Approach," National Bureau of Economic Research Working Paper 15883 (2010).

了资产价格,从而提高了投资的积极性。这种实体经济和金
融活动之间的双向反馈,使经济决策对更高一级的预期变得
敏感,并且放大了噪音对均衡结果的影响。其结果是,经济主
体可能会表现为好像参加了凯恩斯主义的"选美比赛",同时
经济可能会表现出外部观察者眼中看到的好像"非理性繁荣"
式的波动。重要的是,这些效应是低效率的症状,是由信息的
分散驱动的,并且获得另外一种新古典主义的常规设定环
境。①

人们可以推测出,作者一再标注斜体的"好像"二字,并强调他们的
"理性的"代理人所运作的"新古典主义的常规设定环境",无非都是对
仍占主导地位的新古典主义诸神们的必要顺从。但是,他们使用短语
"信息的分散",并不能掩盖他们探索在本体论的不确定性下做出决定
的后果的事实。本体的不确定性正是凯恩斯的经济学核心中不可避免
的情况。作者们隐晦地指出,"论文中分析的效应在激烈的技术变革时
期可能表现得更为强烈,即当有关新的投资机会盈利能力的信息可能
高度分散的时候"。② 当然,缺失的信息不是"分散";它的碎片并非分散
在那里,可以拼接组织从而使市场变得有效。由于企业家和交易员都
是在信息缺失下做出尽其所能的最好的决定,所以这些信息只能在事

　　① G.-M. Angeletos, G. Lorenzoni and A. Pavan, "Beauty Contests and Irrational Exuberances: A Neoclassical Approach," National Bureau of Economic Research Working Paper 15883(2010), pp.31－32; emphasis in original.

　　② G.-M. Angeletos, G. Lorenzoni and A. Pavan, "Beauty Contests and Irrational Exuberances: A Neoclassical Approach," National Bureau of Economic Research Working Paper 15883 (2010), p.32.

后被发现。

　　另外两篇论文比较相似。詹姆斯·R.布朗(James R.Brown)、史蒂芬·法扎里(Steven Fazzari)和布鲁斯·彼得森(Bruce Petersen)提供了一份关于新兴科技企业对外部股权资本依赖的实证分析,这些资本用以资助研究和开发。通过 1994～2004 年间 10 年的数据分析,他们跟踪了年轻公司大幅增长的股权融资与远远高出趋势的研发投入之间的相关性。他们发现,"仅凭众多年轻的科技企业的金融周期,就可以解释 75%的研发热潮及随后的下滑"。这些都伴随着科技泡沫。泡沫可以资助创新前沿不断向前延伸。① 这是一个对泡沫的必要性做出肯定定义的信号。这些实证研究结果证实了约瑟夫·斯蒂格利茨十分有见地的理论直觉。大约 15 年前,斯蒂格利茨将他关于信息不对称产生的影响的研究延伸到包含"资本市场的不完善"。他特别指出,最脆弱的公司("年轻的"公司)中最危险的企业支出(那些致力于资助研究和开发的花费)很可能是反复无常的:在经济衰退时不成比例地减少,在经济繁荣时不成比例地增加。②

　　对比来看,拉玛那·南达(Ramana Nanda)和马修·罗德-克罗普夫(Matthew Rhodes-Kropf)构建了一个理论模型,用来支持他们所谓的"融资风险";也就是说,即使在没有对项目"基本"净现值预估产生不利变化的情况下,创新型企业仍无法获得融资的概率。作者通过恰当地、

---

① J.R.Brown, S.M.Fazzari and B.C.Petersen, "Financing Innovation and Growth: Cash Flow, External Equity, and the 1990s R&D Boom," *Journal of Finance*, 64(1) (2009), p.152; emphasis in o-riginal.

② J.Stiglitz, "Endogenous Growth and Cycles," in Y.Shionnoya and M.Perlman (eds.), *Innova-tion in Technology, Industries and Institutions: Studies in Schumpeterian Perspectives* (Ann Arbor, MI: University of Michigan Press, 1994).

比较含蓄地引用凯恩斯的选美大赛的例子，设计了一个模型。它展现
了早期风险投资人是如何评估其他风险投资者在投资后期的几轮投
资，并带领初创公司走向上市或被战略投资者收购的可能性。尽管新
古典主义过时的包袱要求，所有预测必须是正确的，才能建立必要的
"理性均衡"，但他们提供了对线性股权（line-of-equity）融资策略的理论
验证。该策略是我们在美国华平投资集团实际操作中建立的。只有当
拥有充足资源的投资者投资无数回合，才能确定"打破无投资平衡"，并
使一个有价值的企业达到正现金流或在任何资本市场的环境下都能成
功退出。[1] 更普遍的情况是：

> 那些新兴科技，比如铁路、汽车、互联网或清洁能源技
> 术……实际上可能需要"热门的"金融市场。这种市场的融资
> 风险非常低，并有许多投资者，以帮助这些科技最初的推广。[2]

约翰·伊特威尔（John Eatwell）巧妙地总结了泡沫在股票中发挥的
有益的作用。考虑到理性投资人可能会因为规模化的挑战、自身无法
利用积极的外部环境和潜在回报的超长期性而抑制他们对重大创新的
投资行为，伊特威尔写道：

> 泡沫的作用在于，它们可以减少因人们的理性行为而导

---

① R.Nanda and M.Rhodes-Kropf, "Financing Risk and Innovation," Harvard Business School Working Paper 11—013 (2011), p.25.

② R.Nanda and M.Rhodes-Kropf, "Financing Risk and Innovation," Harvard Business School Working Paper 11—013 (2011), p.36.

致的社会效率低下的影响。换句话说,我认为在没有泡沫的
情况下,理性的个体行为会导致社会非理性的结果;而泡沫在
诱发人们非理性行为的同时,可能会(也是唯一的可能)使经
济转变为社会更理性的状态。[①]

伊特威尔用极具含义的词语"理性的"来描述,但这不能掩盖这个
正面的、虽然有点凌乱的结论:泡沫可以通过克服潜在的协调失败,来
创造出一个新的、更有效率的经济。不管投机高风险的金融资产的实
际投资命运如何,这种看似反常的赚钱机会恰恰是拉动经济进步的"马
车"。

所有这些研究,无论是理论的还是实证的,都被 20 世纪 90 年代末
的巨大泡沫所推动。但其意义超越了那个独立事件。这些学者正在重
建金融与实物资产、金融家与企业家、金融体系与实体经济之间相互关
联的投资依存关系。在他们对凯恩斯经济学这个基本层面的重新发现
中,不管承认与否,他们都展示出与前人差不多的洞察力。那些前人重
新发现凯恩斯的宏观经济政策对私人领域需求的失效做出反应的相关
性。我希望,它们会至少在一个相当长的时期有一定的影响。

投资新的网络

10 年前,在千禧年之交,我生活并工作在互联网泡沫之中。它是由

---

① J.Eatwell,"Useful Bubbles," in J.Eatwell and M.Milgate (eds.), *The Fall and Rise of Keynesian Economics* (Oxford University Press, 2011), p.88.

两个重叠的但截然不同的成分组成的。首先,像 19 世纪的铁路繁荣与
20 世纪 20 年代的电气化热潮一样,泡沫资助了基础设施的建设,以支
持互联网技术的应用和在其基础之上的全球部署。其次,它资助了探
索的加速,类似达尔文主义运动式的摸着石头过河的探索,去发现在这
个新的经济环境下要做什么。这种新经济环境促成了有史以来第一
次,包含了信息的双向流动,以及在任意长的距离和复杂网络条件下的
交易。

　　在这些方面的第一个成果是模仿了之前的金融热潮,其经济成果
是新的网络开拓性部署:彻底改变交通、通信、电力分布的物理的基础
设施。这种网络的经济价值是非常难以评估的。由梅特卡夫定律
(Metcalfe's Law)派生出来的一个论据主张,一个网络的价值与联网设
备或用户数量的平方呈正比增长。[①] 然而,一个网络的价值不仅是节点
数目的函数,还是网络特定的用途的函数,即包含网络上的应用程序的
全部价值。

　　变革型的交通网络——18～19 世纪的收费公路、运河和铁路——
是货物和人员在已建立的生产和消费中心之间进行物理运动的更有效
的渠道。但是,随着人口密集的节点之间的连接已经完成,铁路成为经
济发展的动力,它不仅开辟了新的结算领地,同时迫使整个服务领域的
生产和消费的重建。对于通信网络,电报的应用可能已明显成为一种
近乎及时的传递抽象信息的手段。这种抽象信息原本是由邮递员来传
递的。甚至,随着相距甚远的市场之间的价格汇报时滞性的消失,先是

---

①　See S.Simeonov, "Metcalfe's Law: More Misunderstood than Wrong?" *High Contrast* (blog)
(July 26, 2006) .http://blog.simeonov.com/2006/07/26.

在芝加哥和纽约,然后是在纽约和伦敦,通信延迟的减少彻底革新了金融交易。

其中一个具有不确定性的例子是关于电话和无线技术的早期部署。我们以电话为例,通过对个人之间的直接交流的标准用途的转换,家庭的娱乐广播成为电话的一个早期应用:在 19 世纪 90 年代的第一年,电子乐器系统(Electrophone)①在伦敦提供音乐会、歌剧、音乐综艺,甚至包含教会的订阅服务,多种娱乐活动由电话传递到住宅、医院等其他场所。② 相反,直到第一次世界大战之后公共广播的引入,由无线电报实现的点对点的通信才成为无线电通信的主要应用。

电气化为过去一代的信息和通信技术的革命提供了一个甚至更加类同的历史比较。约瑟夫·奈(Joseph Nye)详尽研究了 40 年间对电力应用商业回报的探索:从市政照明、电气化制造的有轨电车到家用电器的迅速增长。③ 比上述电网增长更明显的案例是,互联网的部署创建了一个更多维度的可能应用空间,比如信息高速公路。它利用泡沫的必要浪费资助孕育了亚马逊、eBay 和谷歌等公司的兴起。

电力的商业化发展预示着信息和通信技术的商业化发展。它们都属于通用技术(General-Purpose Technology,GPT)。它们的开发和应用体现了创新过程的非线性特性。蒂莫西·布雷斯纳汉(Timothy

---

① 电子乐器系统(Electrophone),是 1895～1925 年间在英国运营的一个分布式的电子乐器的音响系统,它使用传统的电话线,将剧院和音乐厅实况转播节目、星期日教会服务通过专用耳机提供给用户收听。但是,它在 20 世纪 20 年代初期与广播电台的竞争中落败。——译者注

② BBC News,"The 19th Century iPhone," May 17,2010.http://news.bbc.co.uk/1/hi/technology/8668311.stm.

③ J.Nye, *Electrifying America: Social Meanings of a New Technology* (Cambridge,MA: MIT Press,1992),pp.85—97,111—132,185—206,238—277.

Bresnehan)提供了一个基本的定义：

　　一项通用技术应该是：(1)被广泛使用；(2)能够持续不断地进行技术改进；(3)实现应用领域的创新。假设(2)和(3)的组合被称为"创新的互补性"。更确切地说，创新的互补性意味着，通用技术的创新提高了在每个应用领域的创新回报；反之亦然。[①]

　　关键因素是通用技术核心部分的创新与各个领域的应用之间的正面反馈，从住宅照明到电力广泛用于生产制造，从供应链管理到互联网的社交媒体。随着通用技术对人们追求更好的需求的多维度回应而做出改进，可以产生在一段延伸的时间内持续性的创新成果。如果通用技术的范围足够广泛，则"相应在总体水平上的收益递增也很重要"。[②]

　　鉴于对未来经济收益的不确定性，资助网络的早期布置和不断拓展有两种融资模式。但是，任何一种模式都脱离了这个项目在其经济寿命中预期收益的理性计算。一种模式是针对追求国家发展和国家安全的国家投资，另外一种模式就是金融投机。19 世纪 20 年代，由纽约州担保的债券为德威特·克林顿(DeWitt Clinton)的伊利运河(Erie Canal)提供了资金。1956 年的《国家州际和国防公路法》(National Interstate and Defense Highways Act)孕育了州际公路系统。当然，美国国防

---

① T.Bresnehan,"General Purpose Technologies," in B.H.Hall and N.Rosenberg (eds.), *Handbook of the Economics of Innovation*, 2 vols.(Amsterdam: North-Holland, 2010), vol.2, p.764.

② T.Bresnehan,"General Purpose Technologies," in B.H.Hall and N.Rosenberg (eds.), *Handbook of the Economics of Innovation*, 2 vols.(Amsterdam: North-Holland, 2010), vol.2, p.765.

部的阿帕网(ARPAnet)①是互联网的先驱,其超级强大的分组交换机架构的目标是,在核战争的情况下依然可以幸存下来。

法国的铁路系统的设计方案,早在国家事务官可以规划和实施这种新型的、变革性的网络基础设施之前被展示出来。法国的制度从一开始就在道路设计和建设方面比英国和美国有经济效率上的优势。而在英美国家,另外一种模式占据主导地位:反复出现的金融投机泡沫为这些项目提供融资支持。这些项目是偶然提出的、通过竞争促进建成的。② 但是,无论网络如何部署,发现经济上表现良好的项目是需要试错试验的。这种试错试验与投机相互依存。

互联网/电信泡沫内幕

在 20 世纪 90 年代末的旋风之中,很少有时间去反思泡沫在历史长河中的经济意义。然而从那时起,我可以举出一个例子,来说明金融市场狂热与实物资产的实际投资之间的联系,以及金融投机与技术创新融合的偶然性和运气之间的联系。

科维德通信公司(Covad Communications Group,Covad)③是《1996

---

① 阿帕网(ARPAnet)是美国国防部高级研究计划署(Advanced Research Project Agency)开发的世界上第一个运营的封包交换网络,它是全球互联网的始祖。"阿帕"(ARPA),即美国国防部高级研究计划署的简称。其核心机构之一是信息处理(Information Processing Techniques Office,IP-TO),一直在关注电脑图形、网络通信、超级计算机等研究课题。——译者注

② F.Dobbin, *Forging Industrial Policy: The United States*, *Britain and France in the Railway Age*(Cambridge University Press,1994),pp.25,95—157.

③ 科维德通信公司(Covad Communications Group,简称 Covad)是美国第一家提供数字用户环路(Digital Subscriber Line,简称 DSL)宽带接入服务的运营商,这是一项基于普通电话线的宽带接入技术。——译者注

年电信法案》的产物。该法案要求当时本地电话垄断企业"小贝尔"（Baby Bells）开放它们的中心交换机房，以建立新的、有竞争力的本地运营交换运营商（Competitive Local Exchange Carriers，CLECs）。网景公司在 1995 年 8 月进行了首次公开募股，预示着互联网作为一种新的媒介，可能履行向所有人开放的承诺。但是，这种高速、宽带数据的访问需求明显超出现有物理介质的性能。这种数据信道通过普通老式电话业务（Plain Old Telephone Service，POTS）这种数据容量很小而且费用昂贵的拨号系统来进行连接，这是一项由贝尔公司的提供老式电话业务的多路系统。虽然其他初创公司，如 Level 3 和 Global Crossing 公司，已经着手铺设宽带骨干光纤电缆网络并与 AT&T 和其他长途运营商展开竞争，但 Covad 公司是第一批提供基于本地拨号铜线宽带接入服务的运营商。

　　美国华平投资集团技术团队的两名成员，在 1997 年的夏天就发现了 Covad 公司。亨利·克雷塞尔是他那一代或任何一代中最杰出的风险投资家。[①] 他对 Covad 公司发挥了无可替代的作用。到 80 年代初，亨利已经成功地完成了职业生涯转变，他从一名物理学家转变为在美国无线电公司萨尔诺夫实验室（Sarnoff Laboratories）进行可靠半导体研究的领军人物，引领可靠半导体的发展。在那里，他一直负责开发可靠的半导体激光器，与康宁公司（Corning）开发的玻璃纤维技术互补，使光纤通信成为可能。20 世纪 80 年代初，当亨利看到美国无线电公司开始迷失，他辞职离开。他获得了沃顿商学院的工商管理硕士学位，并加

---

① Henry documents his experience of the three investments discussed below in H.Kressel and T.V.Lento, *Investing in Dynamic Markets*: *Venture Capital in the Digital Age* (Cambridge University Press, 2010), pp.113－121, 143－148.

入华平投资集团。在那里，他与另一位比他年轻一代的校友约瑟夫·兰迪（Joe Landy）建立了非常富有成效的伙伴关系，后者仿佛就是亨利在背包中随身携带的陆军元帅的指挥棒。而 Covad 公司是约瑟夫在成为华平投资集团联合首席执行官道路上的一块关键的垫脚石。

在他们遇到 Covad 公司之前，亨利和约瑟夫已经在同一家名为 Level One 的创业公司进行合作，但是另一项成功的投资需要在过程中重新启动。Level One 的首次启动在我加入华平投资集团之前已经开始，此时亨利和约瑟夫带领公司追随一些新兴领域投资的风险资本家，支持亨利在萨尔诺夫实验室的前同事鲍勃·佩珀（Bob Pepper）。当 IBM 全面接收了 Level One 的初始客户后，设计专门的数字数据通信的半导体设备的首次努力已经宣告失败。虽然这在我看来很普通，但对华平投资集团来说，这是非同一般的。当它向悬崖前进，进入破产和清算的时候，我们就在汽车的后座上。

佩珀和亨利都确信，这个公司的核心技术可以被重新应用到一个新兴的，但更有前途的被称为数字用户环路（Digital Subscriber Line, DSL）的项目上。这根用户线可以提供"最后一英里"的宽带接入，替代连接电信公司的中央机房到家庭的那根铜质电话线缆。通常如果要把握这样的机会，必须募集新的资金来购买所需的时间以重新定位公司：也就是说，现金，只有当它购买了控制权后才可以有效地部署；反过来说，需要其他投资者的退出。在我的鼓励下，亨利和约瑟夫同意与佩珀及他原来的投资者玩一场"斗鸡游戏"①，Level One 被重新启动。到

---

① Chicken Game，严格地说应该翻译为懦夫游戏，因为 Chicken 在美国口语中是"懦夫"之意，但是也可以形象地翻译为斗鸡游戏。这个博弈要求双方轮流示弱，才能获得最优结果。——译者注

1997 年夏天，这家公司在新的市场领域取得领导地位，并使得亨利和约瑟夫体会到，Covad 公司原本计划在技术上是完全可行的。

华平投资集团有史以来对 Covad 公司唯一的现金投资就是第一轮投资的 600 万美元。投资目标是证明该技术的可行性和旧金山湾区的市场需求，然后逐步进行地域扩张，从而有效控制投资风险。随着有线电视和无线电话的成功部署的演练，这个商业模型被证明其正确性。最初的应用是计划实现远程办公，这样新知识经济体中的知识员工可以在家工作。

但是，任何关于新技术将迅速支持何种经济活动的世俗考虑都变得无关紧要。在我们的投资后不到 9 个月的时间，贝尔斯登这家全球领先的金融服务公司与我们接触，想以垃圾债券方式为我们提供 3 亿美元的融资支持，以使得我们的计划可以全力加速，要知道，这是对于在 1997 年账面记录只有 2.6 万美元的一个公司来说的。这里没有出错，我们确实只实现了 2.6 万美元的销售收入。但是，所有这些需要华平投资集团承诺，如果公司在 12 个月内没有从其他公司成功获得融资，华平投资必须注入额外股本。加上我们作为支付承诺收到的普通股认股权证，Covad 公司在 1999 年 1 月上市时，华平投资集团拥有 Covad 公司大约 20% 的股份。在一年半的时间里，这家毫无经验的创业公司已募集了 5 亿美元的金融资本，并大约拥有 50 亿美元的市值。当然，这是宽带网络中大约 4 万亿美元股票及债券投资的一个小小的组成部分，包括宽带骨干网络和本地拨号访问，包括在泡沫破灭前的初创企业和现有机构。

最后 Covad 公司确实形成了泡沫并且破灭，在按照了美国《破产法》第 11 章破产重组之后，它走向一条新生的、后泡沫的发展道路。然而直到那时，华平投资集团是亨利和约瑟夫对另外一个更具吸引力的投资机会探索的临时受益人。这个投资机会由《1996 年电信法案》产生。一家美国航空航天制造商，洛克希德·马丁公司（Lockheed Martin）是这个投资机会的源头。洛克希德·马丁公司的一个系统开发企业赢得了这个电信法案所规定使本地号码可以变更的技术合同。在通信服务中开展竞争的一个关键条件就是，让客户在无须更改他们的电话号码的前提下更换当地运营商。但在技术上的要求是可怕的。具体来说，该系统将必须能在北美的每一个中心机房更改相关数据库，以完成每个业务，否则将重新运行任何未完成的更改。这个系统的供应商将拥有独家特许经营权，并会负责管理北美编号计划（North American Numbering Plan），而这是电话服务在美国和加拿大的基础制度框架。

在展示了执行高要求的技术规范的能力之后，洛克希德·马丁公司对合约的所有权进行妥协。在规模日益增长的成群的运营商竞争中严守中立、传统与创新，是一项绝对的要求。但洛克希德·马丁公司已独自决定购买一家名为 ComSat 的通信卫星公司，这是一个普通的运营商，因此洛克希德·马丁公司必须剥离其不再中立的业务单元本身。

约瑟夫和亨利在为期一年的时间中参与了这个过程。其中前半部分涉及洛克希德·马丁公司购买条款和条件的谈判，后半部分涉及与美国联邦通信委员会就关于确认我们作为"新星"（被可爱地称为）的主人的中立性进行协商。建立一个独立的受托人—董事会的防火墙，以确保 ComSat 的自主权，是有必要的。这是一个偶然又幸运的结果，新的投资要求我们对 Covad 公司投资必须加速变现，这早在 1999 年夏天就开始了。自从亨利和约瑟夫被要求离开 Covad 公司董事会，一系列快速的股份分配和公开销售并没有因为内幕信息交易等所谓污点而有任何迟疑。总之，感谢"ComSat"，我们与 Covad 公司 30 个月的契约在 1999 年 12 月结束，这是在泡沫破灭的一年多之前。因此，600 万美元的投资带来了超过 10 亿美元的收益。反过来讲，我们对 ComSat 的高速成长过程投资 7 700 万美元，超越了泡沫并在 5 年后产生 10 亿美元的回报。

创新的风潮

在 1999～2000 年泡沫期间，Covad 公司可作为其最明显的经济后果范例：网络基础设施在除政府以外的其他任何投资者都无法想象的规模下部署，这个时候正好将互联网移交给私营企业，用于对其融资责任的转移和对其潜在用途的探索。因此，伴随着英国马尼亚运河（Canal Mania）的两次浪潮（第一次在 18 世纪 70 年代，第二次在 18 世纪 90 年代），一系列类似运动相继展开。

到 19 世纪后期，英国经济正在产生足够多的财政盈余，资本市场也足够成熟，可以用来进行运河和收费公路的融资。运河和收费公路构成了主要以第一次工业革命为基础的新的交通网络。唯一需要的立法是赋予"投机公司的发起人"必要的土地征用权。融资是如此唾手可得，以至于到 1824 年，有超过 60 家运河公司被建立，拥有超过 1 200 万英镑的资本。[①] 相比之下，在美国，德威特·克林顿开拓的伊利运河：

> 宾夕法尼亚州、马里兰州、弗吉尼亚州和俄亥俄州新的运河系统几乎全部是由各州和港口城市的资金支持的……只有政府拥有筹集所需资金需要的信用评级；因为它们支付其债券利息的能力取决于它们的征税权力，这区别于私人公司，后者支付债券利息的能力仅仅依赖于通过提供公路通行权[②]获得的预期受益。
>
> 但是，为了第二个创新型交通基础设施网络的建设供给资金，美国在某种程度上效仿英国，即利用国家补贴来激发投机性的民间金融。

英国铁路网络的广泛部署也伴随着两次主要的资本市场波动。第一次是 19 世纪 30 年代的"小型"铁路热潮。它的不同之处在于，它不仅证明了比其他任何科技更能推动 19 世纪后期经济的技术可行性，而且金融泡沫因这一次由它资助项目的经济回报而得以合法化。正如安德鲁·奥德里兹科（Andrew Odlyzko）指出的，在 1835～1836 年的投机承诺引发了铁路建设的真正投资。投资规模接近 1838 年和 1839 年各年国内生产总值的 2%。[③] 分期支付的股份认购资金的架构暂缓了与

---

① C.Haacke, *Frenzy: Bubbles, Busts and How to Come Out Ahead* (New York: Palgrave Macmillan, 2004), p.18.

② A.D.Chandler, *The Visible Hand: The Managerial Revolution in American Business* (Cambridge, MA: Harvard University Press; Belknap Press, 1977), p.34.

③ A.Odlyzko, "This Time is Different: An Example of a Giant, Wildly Speculative, and Successful Investment Mania" (2010). Available at w ww.dtc.umn.edu/~odlyzko/doc/mania01.pdf.

建设相适应的资金需求,以符合开支建设:通常情况下,2 英镑的押金对应 50 英镑的股份。如果这项批准通过,投资者将会反复接到股权认购款的催收信;投资者如果不能履约,则会受到失去股权的痛苦(与今天对风险投资基金的承诺相似)。另外一个需要关注的权利问题是,实际支付价格超过承诺资本的初始面值的现象也经常出现。

在第一波铁路热潮中,建设和资本募集在 19 世纪 30 年代末的经济衰退期间继续进行,即使许多公司的股价已经下跌至远低于账面价值。然而,奥德里兹科列举出几个项目,其投资人最终都名满江湖,比较突出的铁路线有:伦敦及其西南部、利物浦和曼彻斯特、大章克申地区(the Grand Junction),以及伦敦和伯明翰地区的路线。在铁路热潮中,议会只批准 2 200 英里铁路的计划,并没有提供多少财政资助,但是到 1843 年,至少 2 000 英里的铁路已经建成并投入使用。①

这一成功是第二波铁路热潮的基础。正如《经济学人》杂志在 1848 年记录的:

> 在 1844 年,最近的铁路狂潮开始之前,这种资产的特性已经获得了比任何其他类似的资产投机获利更高、更安全的声誉:虽然几乎所有其他类股票的投机自 1824 年开始一直处于下跌态势,其中,国家积累的资本已经投资了当时存在的政党,随着它们之后的解体和下台,铁路似乎承诺了一个拥有超

---

① A.Odlyzko,"Collective Hallucinations and Inefficient Markets:The British Railway Mania of the 1840s"(2010). Available at www.dtc.umn.edu/~odlyzko/doc/hallucinations.pdf.

高分红的永久债权。①

与 1843 年仅仅 2 000 英里的投入运营铁路里程相比,大约又有 12 000英里的额外线路在 1844～1848 年间被议会批准,这意味着在一个年收入估计为 6 亿英镑的经济中,每年计划约 1 亿英镑用于铁路投资。当然实际的平均投资额在 19 世纪 40 年代末只有 3 300 万英镑,同时回报远低于预期:建筑成本一般高于计划的 50%;营业费用约占营业收入的 50%;而不是预测的 40%,②同时营业收入本身低于原有计划的 30%～40%。铁路股票指数在 1845 年 7 月达到峰值 168,在 1849 年 10 月暴跌至 60。③

在美国,始于 19 世纪 40 年代后期的铁路热潮同样在前所未有的规模下消耗了资本。与在 1815～1860 年间投资于运河的 1.88 亿美元相比,其中 73% 是由州和地方政府提供。1859 年,钱德勒在报告中提到:"对私人铁路公司的证券投资已破 11 亿大关;其中有 7 亿美元是在过去 10 年间筹集的。"④如此大规模的资本已经"不能再由……路边的农民、商家和制造厂商筹集了"。直到内战开始,纽约已经成为欧洲流入大批资本和快速发展的铁路项目之间进行融资撮合的中央金融节点。19 世纪 50 年代铁路证券规模的激增带来了纽约证券交易市场交

---

① A.Odlyzko,"Collective Hallucinations and Inefficient Markets:The British Railway Mania of the 1840s"(2010),p.73.

② A.Odlyzko,"Collective Hallucinations and Inefficient Markets:The British Railway Mania of the 1840s"(2010),pp.76—78,94—95.

③ A.Odlyzko,"Collective Hallucinations and Inefficient Markets:The British Railway Mania of the 1840s"(2010),table3 (pp.7 and 77).

④ Chandler,*The Visible Hand*,p.90.

易与投机带来的新模式……商业的新规模带来了证券买卖的先进投机技巧。经纪人针对未来的交付，时而"长线"卖出，时而"短线"卖出。限价买卖的应用得到完善，交易保证金制度逐渐形成。事实上，现代活期贷款市场始于 19 世纪 50 年代：

> 随着纽约银行开始贷款给投机者……在 19 世纪 50 年代，熟练操纵证券的人逐渐成为全国闻名人物。雅各布·巴克(Jacob Barker)、丹尼尔·德鲁(Daniel Drew)、吉姆·菲斯克(Jim Fiske)和杰伊·古尔德(Jay Gould)都通过参与铁路证券的交易而获得了可疑的声誉。[①]

1857 年，铁路热潮在投机中结束，但是到美国内战开始的时候，美国已有超过 3 万英里的铁路投入使用；而在 10 年前，这一数据是 9 000 英里。[②]

钱德勒细致地探讨了决定美国铁路行业进程的投机者、投资人和职业经理人间的相互影响。正如所有具有高额固定成本特征的行业一样，其特征表现在投资建设的债务所需的利息和还款上；同时边际成本接近于零；在垄断或卡特尔协定下，铁路之间的竞争本质上有不稳定性。卡特尔是垄断组织形式之一，是指生产或销售某一同类商品的企业，为了垄断市场和获取高额利润，通过在商品价格、产量和销售等方面订立协定而形成的同盟。完全相同的动机将支配商业航空行业和电

---

① Chandler, *The Visible Hand*, p.92.
② See www.ans wers.com/railroads.

信行业。前者发生在民用航空委员会(Civil Aeronautics Board)的票价设定特权第一次建立和废除前后,后者发生在美国电话电报公司被裁定垄断前后持续了三代人的时间。

经理人和投资人寻找善意的协定来限制竞争,"正是粉碎旧战略的投机者们才是第一批打破现有联盟的人,并促成美国运输业的体系建立"。19世纪80年代的美国铁路建设的第二次大浪潮,是由竞争体系的大规模探索驱动,并由巨额投机资金支持的。"7.5公里的铁轨被铺设,这是有史以来世界上任何地方在10年内建成的最长的铁轨线路里程数。"在芝加哥和纽约之间有不少于5条铁路主干线,毫无疑问没有一条可以赚钱。在1894~1898年间,仅铁轨的抵押期满拍卖的汇总数量就超过了4万公里,资产估价超过了25亿美元,"这是美国历史上最庞大的一组需要进行破产管理的资产"。①

随着以摩根大通——全球历史最长、规模最大的金融服务集团之一——为首的投资银行家着手清理这个金融混乱局面并试图理顺产业的经济性,一种新经济体在全国范围内如期而至。伯克利大学经济学家布拉德·德隆(Brad DeLong)抓住了这个问题的实质,并于2003年4月在发表于《连线》(Wired)杂志(一本生存下来的纳斯达克泡沫"圣经")上的一段非正式短文中,将其与最近同等的经历联系在一起。这发生在泡沫顶峰的短短3年之后。"现在让我们赞美那些著名之士,那些招致泡沫狂潮的激进的狂热者",德隆在短文开始写道:

> 如今的政党路线是,淘金热既带来了痛苦,也带来了财

---

① Chandler, *The Visible Hand*, p.171.

富。财富流入了过度投机的光纤电缆的有毒"龙潭",正如从网上订购杂货一样,都是利润为零的领域……另一方面,大众市场支付了网络基础设施的建设,并且浪费程度远远超越了我们文化所接受的限度。

事实上,历史会反复回顾所获收益。在 19 世纪后期,美国铁路的英国投资者的口袋被掏空了两次:第一次是当过度狂热导致过度建设、破坏性竞争和令人难以置信的(对于那个时候)闲置率的时候;第二次是当金融运营商在泡沫破灭剥离投资者的控制权和所有权的时候。然而,美国人和美国经济都极大地从建成的铁轨网络中获利……随着铁路破产和价格战对海运价格施加坚定的降价压力,削减了铁路货运和客运价格,一件奇怪的事情发生了……新兴产业迅速涌现。①

德隆发现了商业转型创新的标志性案例——"杀手铜级应用软件"。该案例证明了铁路的经济意义。通过蒙哥马利·沃德(Montgomery Ward,全球首家从事日用品邮购目录业务的公司)和美国西尔斯公司(Sears Roebuck,一家以向农民邮购起家的零售公司)的邮购业务:

邮寄一份目录到这个国家的千家万户。为他们提供大城市的货物和接近大城市的折扣。从满意的消费者身上迅速大量赚钱。这是在两个时代里被称为"铁路服务"的商业模

---

① J.B.DeLong,"Profits of Doom,"*Wired*,11(4)(April 2003).

式——它是一张印钞许可证，只能通过过度修建铁路、所产生运费的暴跌、铁路投资者与他们几乎所有的钱说"再见"来实现。

亚马逊和 eBay 展示了它们在泡沫破灭之后保持蓬勃发展的势头，甚至在谷歌首次公开上市之前，德隆再次准确地预测了历史的韵律："同样的泡沫将会产生，如同 20 世纪 90 年代的繁荣产生的泡沫一样。投资者失去了他们的钱。现在，我们将使用他们的东西。"[1]

尽管他们带来了明显转变，铁路繁荣的伟大的经济意义在超过 40 年的时间里一直是经济史学家争论的话题。这始于罗伯特·福格尔（Robert Fogel）对历史计量学的开拓性运用，即计量经济学对历史数据的应用。[2] 福格尔的目的是，从 1890 年的统计经济中推断出美国铁路网络来计算"社会节约"，即铁路提供的逐年降低的运输成本。后者是相对于假设的扩张的运河和改善的道路而言的运输成本。他得出的结论是，由地区之间的铁路引起的成本降低的好处，仅仅相当于 1890 年国民收入的大约 0.6%："区域间铁路的缺失将延迟经济发展大约 3 个月。"[3]区域内的社会储蓄相对来说更加重要，占国民收入的 1.8%～2.5%。[4] 考虑到铁路建设对国家制造业行业的影响，福格尔计算了"因制成品的铁

① J.B.DeLong,"Profits of Doom,"*Wired*,11(4)(April 2003).

② R.Fogel,*Railroads and American Economic Growth：Essays in Econometric History*(Baltimore,MD：Johns Hopkins Press,1964).

③ R.Fogel,*Railroads and American Economic Growth：Essays in Econometric History*(Baltimore,MD：Johns Hopkins Press,1964),pp.46—47.

④ R.Fogel,*Railroads and American Economic Growth：Essays in Econometric History*(Baltimore,MD：Johns Hopkins Press,1964),pp.84—85.

路消费而带来的制造业的附加值"在 1859 年第一波建设狂潮结束时不超过 4%,并指出,"如果没有铁路的出现,将会出现货车和水上运输消费的大幅度增加"。①

　　但是,福格尔悄悄在报告注脚中吐露了实情:

　　　　按照国民收入水平差异的运输成本差异的处理,是假设基于将来不会有任何非铁路障碍的情况出现。更具体地说,它是基于国民收入将仅会因为特定原因下跌的假设;即更多的生产资源被用来提供一定数量的运输服务,而所有未用于交通建设的生产资料也将会得到充分利用。②

　　依据新古典主义基本原理的武断结论破坏了福格尔的整个观点。他在另一个注脚中说,我不考虑"凯恩斯主义需求不足的问题"。③　然而,在第一次美国铁路热潮的峰值时期,即 19 世纪 50 年代中期,铁路建设支出每年总计约 1 亿美元,大约是美国所有资本构成的 20%,铁路订单上的预算约占国民生产总值的 3%。④　如果与现在比较,这比实行《2009 年美国复苏与再投资法案》(American Recovery and Reinvestment

　　① R.Fogel, *Railroads and American Economic Growth*: *Essays in Econometric History*(Baltimore, MD: Johns Hopkins Press, 1964), table 14.2 (p.145).

　　② R.Fogel, *Railroads and American Economic Growth*: *Essays in Econometric History*(Baltimore, MD: Johns Hopkins Press, 1964), p.21 n.10; emphasis added.

　　③ R.Fogel, *Railroads and American Economic Growth*: *Essays in Econometric History*(Baltimore, MD: Johns Hopkins Press, 1964), p.47 n.58.

　　④ Historical Statistics of the United States Millennium Edition Online, tables Df865－873, "Railroad Investment by Region: 1828－1860" and Ca219－232, "Gross National Product: 1834－1859 (Gallman)." Available at http://hsus.cambridge.org/HSUSWeb/index.do.

Act of 2009)当年支出还多。该法案是奥巴马政府在经济大萧条第一年出台的经济刺激计划。关于福格尔阐述的不恰当的铁路繁荣和萧条的宏观经济后果的抽象概念之间,有如下一段非常优雅的评论:1857年经济崩溃的后果诱导斯蒂芬·福斯特(Stephen Foster,美国音乐之父)谱写他的经典凄凉之歌——"艰难时刻不再来"(Hard Times Come Again No More)。

德隆用漫画来表现,钱德勒则通过文字详细地说明了美国由铁路带来的经济转型,这超越了它们的直接宏观经济影响。它们推进了人口及资本的西移、产业组织的重新架构、会计实务和原则的发展、国内品牌商品的出现,以及具有流动性的证券交易市场。总之,它们改变了国家工业、商业和金融的结构。只注重将商品运输的边际成本作为铁路经济意义的衡量标准,并不代表轻视福格尔在数据收集和分析方面的努力。相反,它暴露了新古典经济理论框架在解决福格尔指出的问题上是多么力不从心。

伴随着铁路建设和整合出现了大量新兴产业和延伸行业,它们并不像铁路一样需要大规模的资本投入,也不像铁路一样依赖金融投机。电报系统紧随其后,并部分通过铁路得到资金支持,其余由当地资本完成,这就像19世纪后20年里涌现出的大批本地电话公司的做法一样。波士顿铁路的资本家在1880年资助了美国贝尔公司,但最终也不得不向摩根大通和华尔街寻求1亿美元的资金支持。这发生在1907年的金融危机时期,导致银行系统几乎崩溃,当时完全不是一个投机过剩的时代。[①] 由第二次工业革命产生的新经济体中的著名生产和销售公司,

---

① Chandler, *The Visible Hand*, pp.199—201.

进而依靠当地商人和商业银行短期和长期贷款。然而,没有公司需要
去资本市场寻求资金,以支持使它们迅速成为世界最大的商业巨头的
商业扩张。[①]

　　尽管如此,美国资本市场的演变,使其在 20 世纪初期成为一个对
工业和公用事业问题的信用泡沫的欢迎之地,并在 20 世纪 20 年代积
累的热潮中证明了它的价值,美国资本市场助推了创新经济。在这方
面,华尔街与伦敦城如出一辙,后者因上一代的"电动机热"和汽车融资
欺诈而对科技创新的投资充满戒心。甚至在美国参加第一次世界大战
之前,19 家新的汽车企业在 1915～1917 年间相继上市。在那次股票繁
荣期,50 个新发行股票融资约 1 亿美元。其中 13 家到 1924 年消亡,但
幸存者之一是雪佛兰(Chevrolet)。在"电动机热"之后的两年里,美国
证券市场通过威尔逊政府对华尔街和好莱坞进行大规模资本扩张;战
争债券在市场上被公开买卖。[②]

　　股市对处于大规模生产时期的著名行业投资的持续关注在 1924
年被证明:当时主要的经纪公司霍恩布洛尔(Hornblower & Weeks)反复
努力说服亨利·福特(Henry Ford)卖掉股票以换取 10 亿美元的现金。
它有可能是当时史上最大的工业融资交易,按照玛丽·奥沙利文(Mary
O'Sullivan),如果以占国民收入比例来计算,20 世纪 20 年代的福特公
司股票发行额是迄今为止的最大金额,1929 年福特公司融资额约占国
民收入 7%,然而即使在纳斯达克泡沫高峰期,这一比例才勉强达到

---

　　① Chandler, *The Visible Hand*, p.298.

　　② M.O'Sullivan, "Funding New Industries: A Historical Perspective on the Financing Role of the
US Stock Market in the Twentieth Century," in N.R.Lamoreaux and K.L.Sokoloff (eds.), *Financing
Innovation in the United States: 1870 to Present* (Cambridge, MA: MIT Press, 2007), pp.198－199.

1.5%，略高于 1897～1929 年间平均值。

在 20 世纪 20 年代，公众股权市场和债券市场在资助扩建电力系统上发挥了关键作用。该系统将电力连接到地区及全国范围的工业企业和家庭。公用事业控股公司最初创建的目的是，将技术专长传授给当地生产和流通企业，逐渐发展成为资本密集度与铁路相媲美的行业提供必要资金支持的媒介。[①]

> 由于技术原因，电力行业的一个经济事实是它的极端资本密集性。这带来了两个主要的影响。首先，为了使电力事业保持盈利，该行业有很高的固定成本要满足，同时有相对低廉的运营成本或不定成本……在任何电力产生之前，必须进行大规模的资本募集。
>
> 第二个经济效应……是产量受到较大的规模经济限制……这意味着对于大多数相关产出水平而言，边际成本是低于平均成本的……如果企业设定一个等同于边际成本的价格（在"正常"情况下由竞争推动触及的价格），那么它们将会产生经济损失。[②]

因此，电气化通过一个动态的反馈过程演变发展。该反馈过程反映了投机性资本和在国家和地区层面上的政府规定。后者强化了国家

①　Chandler, *The Visible Hand*, p.393.

②　W. J. Hausman, *The Historical Antecedents of Restructuring : Mergers and Concentration in the US Electric Utility Industry, 1879－1935*, report prepared for the American Power Association(1937), pp.2－3.

将保护前者的预期回报的这种预期。再一次,国家和市场经济之间的
合作游戏为金融资本主义制度创造了一个机会。随着 20 世纪 20 年代
初期,制造业的电气化程度和城镇家庭使用超过 50%,一场华尔街的狂
欢完成了行业整合,电力公司变为地区性甚至是全国性的控股企业。
这场华尔街狂欢最终在 1929 年的经济崩溃中结束。[①] 在狂欢结束之
前,美国投入使用的最大发电量从 1 300 万千瓦上升到 3 300 万千瓦。[②]

　　另外两个新的行业在 20 世纪 20 年代通过股票市场半路联姻。查
尔斯·林德伯格(Charles Lindbergh)是美国著名的飞行员、探险家,他
在 1927 年 5 月的飞行掀起了航空概念股的一波投机狂潮。莱特航空
公司(Wright Aeronautical)是美国当时唯一上市的航空公司。其股价从
1927 年 4 月的 25 美元上升至 1927 年底的 94¾美元。从 1928 年中期
至 1930 年中期,不少于 124 只航空概念股票公开筹资 3 亿美元,其中
一半以上是在 1929 年经济崩溃发生之前筹集的。[③]

　　最后,回到我对泡沫产生的不变根源的思考:收音机是"三方玩家
游戏"在博弈中的经典例子。在大西洋两岸的无线技术的开拓者从天
使投资人身上募集了充足的资金。正是在 1920 年对无线通信的"杀手
锏应用"——广播娱乐——的发现,激起了投机的兴趣。这个发展伴有
美国无线电公司(RCA)的创建,在美国海军和作战部门直接资助下,汇

---

　　① W. J. Hausman, *The Historical Antecedents of Restructuring : Mergers and Concentration in the US Electric Utility Industry*, *1879—1935*, report prepared for the American Power Association(1937), p.7.

　　② W. J. Hausman, *The Historical Antecedents of Restructuring : Mergers and Concentration in the US Electric Utility Industry*, *1879—1935*, report prepared for the American Power Association(1937), fig.8(p.42).

　　③ O'Sullivan,"Funding New Industries,"pp.186—187.

集由美国马可尼公司(American Marconi)、通用电气公司、美国电话电报公司和西屋电气公司(Westinghouse,美国著名的电气设备和核反应堆制造商)持有的专利所有权。1925 年早期,新公司和新产品激增,仅在 1925 年,大约有 258 家新兴企业成立,它们在场外交易中非常亮眼。除了美国无线电公司以外,收音机股票遭到不可避免的崩溃,从 1924 年 12 月到 1926 年 5 月下跌了 92%。此后,美国无线电公司对其专利的成功推行限制了新项目的进入,但其飙升的股票价格从(拆股调整)调整底部的 7 元上升到崩溃前的 103 元,诱发了始于 1928 年 3 月的第二波新的狂欢。①

虽然经历大萧条时代、第二次世界大战和战后相当长时间的金融资本主义的中断,但是到 1929 年,美国公开股票市场已经演变成一种:

> 将长期融资转变为可以短时间内在市场上销售资产的工具……因此,通过投资银行金融媒介的魔力,生产部门可以持续通过股票融资,同时投资者相信,它们是永远具有流通价值的资产。②

当第二次世界大战后的黄金时期,广义经济增长在"大政府资本主义"政权下蓬勃发展的时候,股票市场做出了回应。它们将会出现在这次经济增长中,为由美国军队引发的数字技术的商业化提供资金支持,

---

① O'Sullivan,"Funding New Industries,"pp.173—174.

② J.Kregel,"Financial Experimentation,Technological Paradigm Revolutions and Financial Crises," in W.Drechsler,R.Kattel and E.S.Reinert, *Techno-Economic Paradigms*: *Essays in Honour of Carlota Perez* (London:Anthem,2009),p.208.

扮演基础研究的投资者的角色,并引领数字产品消费。

投机与创新:一段解释性纲要

　　这是一段关于划时代的金融投机浪潮和创新技术的基础设施部署之间,相互依存关系的编年史,引起系统的、解释性的叙述。部署这类创新技术基础设施的经济意义,只有在数十年之后才可以被确认。我在 2000 年开始了自己对这个叙述的探究,那也是我那一代所经历的泡沫奔向其顶峰的时期。我发现,关于科技与科技驱动的工业发展的文献,要远远多于关于那类科技发展是如何被资助的文献。作为回应,我开创了一项研究,由社会科学研究理事会(Social Science Research Council)资助,由两位杰出的经济历史学家——耶鲁大学经济历史教授娜奥米·拉穆鲁(Naomi Lamoreaux)和已故的美国经济历史学家肯·索克老夫(Ken Sokoloff)——带领。他们的贡献是,2007 年发表于《美国 1870 年至今的金融创新》(*Financing Innovation in the United States, 1870 to the Present*)中的一系列案例研究。[①] 与此同时,在 2003 年,我发现了研究社会与经济发展的学者卡洛塔·佩雷斯(Carlota Perez)的研究及其书籍《科技革命与金融资本:泡沫与淘金时期的动力学》(*Technological Revolutions and Financial Capital : The Dynamics of Bubbles and Golden Ages*)。[②] 这个发现得益于亚马逊能够计算出,我可能对一本具

① N.R.Lamoreaux and K.L.Sokoloff (eds.), *Financing Innovation in the United States, 1870 to the Present* (Cambridge, MA: MIT Press, 2007).

② C. Perez, *Technological Revolutions and Financial Capital : The Dynamics of Bubbles and Golden Ages* (Cheltenham: Edward Elgar, 2002).

有这种题目的书籍感兴趣。

　　佩雷斯将她的纲要应用到 5 次连续的科技变革中，具体如表 9.1 所示。在每一个案例中，科技变革始于一个"安装"时段，在投机热潮中达到顶峰，接着由一个突然的崩溃和一个延伸的转折点跟随其后。因此曾经创新型的，甚至是革命性的，经不住理性计算的考验的科技变革，现在被认为是一种常态。最后，科技的部署触发了一种从未想象过的创新经济的发展。图 9.1 是展示了这个过程。

表 9.1　　　　　18 世纪 70 年代到 21 世纪初五次连续的技术革命

科技革命	时代的通俗名称	主要的国家	开创革命的大事记	年代
第一次	工业革命	英国	阿克莱特的工厂在克劳富德小镇运营	1771
第二次	蒸汽和铁路时期	英国，接着蔓延到欧洲和美国	对利物浦和曼彻斯特铁路"火箭"蒸汽发动机进行测试	1829
第三次	钢铁、电力、重大工程时期	美国和德国努力追赶英国	卡耐基·贝西默钢铁厂在宾夕法尼亚州的匹兹堡运营	1875
第四次	石油、汽车和大规模生产时期	美国开始与德国争夺，后来与欧洲争夺世界领导地位	第一辆福特 T 型车在密歇根州底特律的福特工厂完工	1908
第五次	信息和电信时期	美国，接着蔓延到欧洲和亚洲	第一个互联网微处理器在美国加州圣克拉克市被公布于世	1971

　　资料来源：C.Perrez. *Technological Revolutions and Financial Capital：The Dynamics of Bubbles and Golden Ages* (Cheltenham：Edward Elgar，2002)，table 2. 1(p.11).

　　在佩雷斯的分析中，她将金融资本，即凯恩斯文中的投机代理人，与内含在凯恩斯所述"企业"一词中的生产资本区别开来。因此，在她明确公布的对创造性破坏的反复浪潮进行的新的熊彼特式特征鉴定

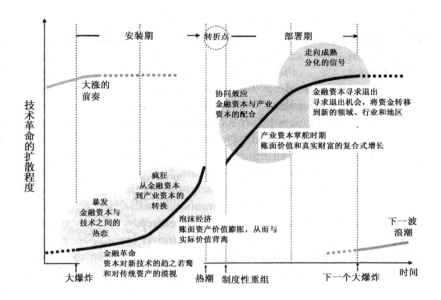

资料来源：Adapted from C. Perez, *Technological Revolutions and Financial Capital：The Dynamics of Bubbles and Golden Ages*（Cheltenham：Edward Elgar，2002），fig. 4.1（p.37）.

图 9.1　金融资本与产业资本相互关系的交替

中，佩雷斯也为我从我的剑桥导师们（凯恩斯自己的学生们）继承的阅读世界的方法中注入了新的活力。在此过程中，她建立了一套认识框架，来了解泡沫的必要性和将泡沫从我们经济生活根除的潜在成本。

　　从技术发明到创新经济获得资金的过程是混乱且充满浪费的；个人投资组合和跨越众多基金和公司的风险投资回报的极度扭曲，证明了上述观点。所以，在金融市场的投机泡沫同样也是如此。金融市场为创新经济基础设施部署提供足够多的资金支持，以创造出更大的经济利润，这伴随着诈骗的碎屑和被诈骗而希望破灭的人们。在一个特定时间内满足现有需求的资源分配效率，是新古典主义理论中表现良好的市场标志,它难以捕捉到业已转变的生活条件下的过程。这种生活条件是由佩雷斯建立的超过 200 年间的 5 次大浪潮转变而来的。但是,可以被容许增强这种浪费的能力吗? 可以提前限制投机性泡沫破灭时产生的成本吗?

的确,并没有一套先验的经济原理可以产生一个有效的结果。弗兰克·道宾(Frank Dobbin)发现,英国、法国和美国都"在相对较短的时间里产生了快速、可靠和具有成本效益的运输系统",虽然每个国家规划、筹资和规范铁路的过程是完全不同的。① 英国投机者、法国政府规划者、美国的创业家和补贴寻求者有一个共同特点,那就是通过理性计算的经济回报并不是一个主要的激励因素。法国从 19 世纪 20 年代对于铁路的影响,和美国自第二次世界大战以来对于数字电子技术的影响表明,国家可以发挥决定性的催化作用,而不仅仅是建设性的作用。但是,探索由此创建的创新应用的新空间,仍然是创业金融的领域,也是泡沫和失败的世界。

生产性泡沫与破坏性泡沫

金融资本主义的历史证明,两个不同维度下的泡沫需要区别对待。第一个维度是由投机标的定义的。只有在偶然情况下,投机者才会关注基础性的科技,而非像金矿或房产等不会造成整个系统生产力提高的资产。第二个维度关注投机性活动的场所,将局限于资本市场的泡沫,与超越资本市场、卷入接受存款并提供机构信用的泡沫区分开来。

---

① Dobbin, *Forging Industrial Policy*, p.223.

正是信用为市场经济的正常运转提供燃料。

刚刚过去的 1999～2000 年互联网/电信泡沫和 2004～2007 年信贷泡沫各自正面和负面的后果的对照，是具有指导性的。当被前者创造并集中于证券股票的 6 万亿美元的账面金融财富被换成现金时，经济后果处于战后经验范围内，为最新的新经济体留下了科技基础和商业模式。超级信用泡沫将会因其破坏性的经济后果，而非任何实物遗产而被准确地铭记。至少对美国的所有沿海地区，以及从爱尔兰和西班牙到中东欧新兴土地上的广阔的零散废弃房子而言，确实如此。在 1929 年股市崩盘的有限经济后果和 1931～1933 年间国际银行业危机的压倒性冲击之间，二分法依然在历史的屋梁上发出回声。

在上一个时代的进程中，金融实践是不断解除管制和改革的过程，而且理论解释也表达了支持。信贷被直接或通过衍生工具的上层建筑变为债券，并从下层的经济资产的现金流中分离。从银行建立并分配占据其一部分的诉求的角度，它们想象，像它们的客户一样，它们可以依靠信用违约掉期理应提供的"保险"：这是现代金融建立的终极自我欺骗的工具。

重新管理金融系统的响应过程才刚刚开始，如果它被认真对待，这将会是年度工作的重心。不管华盛顿、伦敦、布鲁塞尔和巴塞尔采用了哪种特定的衡量标准，使摩根大通在危机中存活下来的"资产负债表堡垒"代表了相关的模型。持续的监管审查将会像提高资本充足率的要求一样重要，但会变得更加难以维持。只有两者相结合，才可以限制银行家们效仿海曼·明斯基行为的倾向。我们不能从对冲金融的谨慎转变到相信庞氏骗局的允诺。

需要什么举措来限制让股票投资者的投机胃口被锁定在特定对象的范围呢？我们应该有任何行动吗？在这方面制定法规表现谨慎的负面原因是，当股票交易市场的金钱游戏以悲剧告终时，市场经济仅遭受有限的破坏；正面原因是，可以享受"先发制人"的挑战，我们可以提前知晓，将是哪个明显的"蠢货"进入下一个新经济体的基础设施领域。

在创新的前沿，承担风险的最有力的推动力量，是即使被资助的项目失败，也在经济上有获益的可能性。股票市场被嘲笑的超级傻瓜，即"产生市场噪音的交易者"。他们是股票市场重要的组成部分，因为他们使不断试错的过程成为可能，我们科技驱动的经济也因此得以发展。将股票泡沫从我们金融经济里根除？这个想法让我想到了约翰·法斯塔夫爵士（Sir John Falstaff）——莎士比亚的剧本《亨利四世》（Henry Ⅳ）中塑造的艺术形象，这是一个既没有能力控制金钱，又没有能力控制自我的人物。他在《亨利四世》第一幕中第一次被哈尔王子（Prince Hal）威胁驱逐："放逐胖杰克，也将放逐整个世界。"

第四篇

理解这个游戏：国家的角色

10

国家在哪里?

历史表明,泡沫存在的必要性以及泡沫破灭的必然性都正好符合熊彼特的"创造性破坏是经济发展的必要过程"这一观点。金融市场的投机行为不时地为转变市场经济的不连续的创新活动提供资金支持,在产生和清算短暂的金融收益时又重新分配超额利润。然而,对于一位在政府创新投资打造的平台上浸润了超过30年的创业金融理论家—实践者而言,我认为仅这样总结这场游戏是不完整的。在这个故事里,我要问的是,我们的国家在哪里呢?

从第一次工业革命开始,国家就一直作为经济发展的推动者,有时甚至直接作为经济发展的发动机,国家在指挥、资助着革命性技术的部署实施,也就是说,国家在承担从经济上支持先进科学的责任,推动着具有经济价值的重大创新。即使在19世纪信奉自由主义的英国,国家在铁路扩建的规划或资助上也发挥了重要作用,当有人在议会上提出法案，要求重新分配从地主到企业的"项目"产权的时候，国家立即采取行动，促进卡特尔垄断集团形成以限制之后的破坏性竞争。① 其他地方，在美国，在欧洲大陆乃至整个亚洲，在一个充满不确定性和竞争的世界里，国家在资助新兴市场经济体上发挥了核心作用。正如迪特里希·鲁施迈耶（Dietrich Rueschemeyer）和彼得·埃文斯（Peter Evans）在25 年前在他们的论文集《找回国家》（*Bring the State Back In*）中所写的那样：

> 有效的国家干预现在被假定为资本主义成功发展的一个必要组成部分。一旦市场竞争的假设出现危机……如果资本主义经济要维持资本积累并达到更高的水平生产力，有充分的理论依据相信，国家干预是必要的。②

另外，国家还承担了在促进经济发展过程中的两项职责。早在1825 年的伦敦银行危机之时，中央银行作为国家的代理人，已经采取措施从市场经济中金融家自己的愚蠢行为中拯救他们。从 20 世纪 30 年代的大萧条到最近的事件，对于国家采取更广泛的直接行动保护市场经济免遭金融崩溃的后果，永远都存在着争议。在安·兰德（Ayn Rand）等英雄及其追随者们的幻想之外，是不可能去想象一个不依赖于

① F.Dobbin, *Forging Industrial Policy*: *The United States*, *Britain and France in the Railway Age*(Cambridge University Press,1994), pp.167－171,200－205.

② D.Rueschemeyer and P.B.Evans,"The State and Economic Transformation: Toward an Analysis of the Conditions Underlying Effective Intervention," in P.B.Evans, D.Rueschemeyer and T.Skocpol (eds.), *Bringing the State Back In*(Cambridge University Press,1985), pp.44－46.

及时有效的国家行动的现代经济世界的。正如丹尼·罗德里克（Dani Rodrik）写道："市场与国家之间的分割……是假的，隐藏的部分超过它所揭示的部分。"[①]

我在我的父亲艾略特·詹韦（Eliot Janeway）的膝盖上了解到经济和政治的交集。他关于经济和政治互相依赖方面的认识非常敏锐。一本他在学术方面的代表作，《为生存而奋斗：第二次世界大战中经济动员编年史》（*The Struggle for Survival：A Chronicle of Economic Mobilization in World War Ⅱ*），详尽而又引人入胜地记录了富兰克林·罗斯福对无序又无效的经济状况进行管理并取得胜利的过程。在此过程中，他通过"鼓舞和激发"国家凭借"生产的动力"直面问题，从而赢得战争。[②] 因此，我从小就被教育，我们工作与花销、储蓄与投资、学习和玩耍的世界是由"三方玩家游戏"构成的，它已经超过 200 年。

关于市场应该如何分配资源、劳动和资本如何分别被激励和奖赏，以及他们之间的相互关系的争论一直在持续；与之相对抗的是，国家应该如何干预以规范它们，甚至主导整个过程并控制或减轻它们产生的后果。在《大转型》（*The Great Transformation*）一书中，卡尔·波兰尼（Karl Polanyi）对从亚当·斯密时期到第二次世界大战爆发时的这种斗争进行了很好的总结，使我读了这本书之后对他的"双重运动"观点深表赞同：

① D.Rodrik, *The Globalization Paradox：Why Global Markets, States, and Democracy Can't Co-exist*(New York：Norton,2011), p.9.

② E.Janeway, *The Struggle for Survival：A Chronicle of Economic Mobilization in World War Ⅱ*(New Haven,CT：Yale University Press,1951), p.18.

　　　　一个自我规范的市场的想法中隐含着一个明显的乌托邦。如果不能战胜人类和社会的自然物质,这样的一个机构就不可能存在:它会在物理上进行破坏,并将它的周围变成一片荒野。不可避免的是,社会会采取措施来保护自己,但无论它采取何种措施,都损害了市场的自我调节,打乱了工业生活,从而以另一种方式危害着社会。[①]

　　在某种程度上,市场经济也不可避免地依赖和利用政治进程,它们试图创造或援引国家权力,以应对市场力量的影响。由此看来,保护性关税和失业救济金两者皆是这一过程中"三方玩家游戏"在同一维度的证据。在整个西方世界,19世纪对无财产者特许经营权的逐步扩展,改变着这场游戏并扩展了它的范围。那些充满征战欲望的国家对市场力量怀有或多或少的控制渴望,从而能在他们认为需要的时候控制市场。但国家也被动员起来发挥积极作用,为促进国家发展和国家安全的投资提供经济担保,从17世纪巴蒂斯特·科尔伯特(Jean-Baptiste Colbert)的法国到美国国防部在第二次世界大战后在建设数字经济发挥的战略作用都是如此。极为重要的是,当科学发现成为创新经济的基础时,首先是大公司纷纷建立自己的实验室,之后它们被国家直接资助的研究机构所取代。

　　由于第二次世界大战的大规模刺激,美国崛起了,与世界其他国家一起,公共部门从根本上被彻底扩大,尽管以美国的情况来看,对国家

---

　　① K.Polanyi, *The Great Transformation*: *The Political and Economic Origins of Our Times* (Boston: Beacon, 2001[1944]), pp.3-4.Central to Polanyi's argument is the historical role of the state in actively working to free markets from traditional restraints.

安全的承诺要高于对社会保障的承诺。但对于国家和市场的合法范围
的争论却依然在持续。正如马克·布莱思在 2002 年所写的那样,他扩
展了波兰尼的论点,他是这样描述 20 世纪 80 年代的里根—撒切尔的
反革命的:

> 如果……劳动需要保护……那么期待着……资本家……
> 的另一种反应是否合理呢? 当代新自由主义经济秩序被仅仅
> 视为波拉尼"双重运动"的最新重复。它再次试图从社会中排
> 除市场,削减社会保障制度,以一种更加符合制度的秩序来取
> 代它们。①

这种从国家的强有力影响中成功"解放"市场经济的行为,对创新
经济可能造成潜在的严重后果。

汉密尔顿传统

在美国创新经济的历史上,亚历山大·汉密尔顿(Alexander Hamil-
ton)是标志性的开山鼻祖。他的《制成品报告》(*Report on Manufac-
tures*)在 1791 年被提交给国会,这是首份为民营企业寻求调动公共支
持的文件。汉密尔顿为保护性关税、出口补贴和新兴交通运输系统的
改进等政府行为提供了论据,但《制成品报告》本身并不是全面性国家

---

① M.Blyth, *Great Transformations: Economic Ideas and Institutional Change in the Twentieth Century* (Boston: Beacon, 2002), p.4.

干预传说的蓝图。① 汉密尔顿的报告是由美国国会正式提出,甚至在简易的形式下,它都被证实并不是行动纲领。虽然它在原则上被辉格党的亨利·克莱(Henry Clay)和约翰·昆西·亚当斯(John Quincy Adams)采纳,但在国家主要层面上并没有被承诺执行;在联邦层面,在后来被体现在美国政治经济中的一个组成部分——保护性关税。仅仅在个别州,将它们置身于"竞争性的重商主义"中,亨利·克莱"美国系统"的其余部分则被大量采用。②

　　汉密尔顿的倡议证明了在"三方玩家游戏"中的转变是针对其他方的,即金融资本主义,他以非凡的洞察力认识到了它的力量。早在1779~1781年间,他曾以英国央行为模型,明确规定了一家私人拥有的中央银行的所需要的条件,并将国债设想为一种"国家的幸事",因为它将字面意义上"有钱的"阶级的利益与在困境中艰难生活的人相结合,努力实现新共和国的真正繁荣。③ 在革命后期,汉密尔顿不仅赢得在华盛顿内阁中关于建立美国银行的辩论,他还获得了联邦债务国有化这种进行"大胆的赌博"的机会,尽管付出了将首都从纽约迁往波托马克河(Poto-

　　① J.R.Nelson Jr.,"Alexander Hamilton and American Manufacturing:A Reappraisal," *Journal of American History*,65(4)(1979),pp.993-994.

　　② Dobbin,*Forging Industrial Policy*,p.24.

　　③ R.Sylla,"The Political Economy of Early US Financial Development," in S.Haber,D.C.North and B.Weingast(eds.),*Political Institutions and Financial Development*(Palo Alto,CA:Stanford University Press,2008),pp.64-66.

mac River)河畔一块疟疾肆虐的沼泽地的代价。[1]

汉密尔顿的"金融革命"伴随着州特许银行的激增：到 1825 年，美国除有 330 家股份制银行之外，还有美国第二银行（Second Bank of the Untied States）的 25 个分支机构，当时英国仅存在英国央行，再加上数几百家银行合作伙伴，每家银行被法律限制不能拥有超过 6 个合作伙伴，各方都负有无限责任。[2] 理查德·西拉（Richard Sylla）总结说：

> 到 1795 年，美国拥有了一个现代化金融体系的所有机构组成要素——强大的公共财政和债务管理、基于贵金属的国家美元货币单位、中央银行、银行业体系、繁荣的证券市场……在美国早期历史上，当工业和交通运输的革命发生之时，一个现代化的金融体系已然存在并将对它们提供资金支持。[3]

西拉的热情可能会夸大早期的美国金融体系的现代化程度，不过

---

[1] R.Sylla,"The Political Economy of Early US Financial Development," in S.Haber,D.C.North and B.Weingast (eds.), *Political Institutions and Financial Development* (Palo Alto,CA: Stanford University Press,2008),p.66.There is an obvious resonance between Hamilton's effective exercise in nation building through financial and fiscal integration and the stalemate crippling the Eurozone since 2009, for,unlike the creators of the euro,Hamilton understood that financial integration could survive only if backed by fiscal integration.

[2] R.Sylla,"The Political Economy of Early US Financial Development," in S.Haber,D.C.North and B.Weingast (eds.), *Political Institutions and Financial Development* (Palo Alto,CA: Stanford University Press,2008),p.79.This was a lingering consequence of legislative response to the South Sea Bubble.

[3] R.Sylla,"The Political Economy of Early US Financial Development," in S.Haber,D.C.North and B.Weingast (eds.), *Political Institutions and Financial Development* (Palo Alto,CA: Stanford University Press,2008),pp.61—62.

值得肯定的是,这个金融体系并没有将过多精力放在提供短期商业信贷和土地的非生产性投机上。正如纳奥米·拉莫利奥(Naomi Lamoreaux)在其研究著作《内部借贷》(*Insider Lending*)中这样描述美国的金融体系:家族控制、国家特许的银行确实为 19 世纪早期美国制造业的快速发展提供了关键的资金支持。[①] 更重要的是,汉密尔顿的想法包含了国家对金融资本主义审慎的资助,这是经济增长和政治稳定的关键推动力。据我了解,对美国金融系统的充分肯定,可能没有比这本书更明确的和制度化的陈述了。然而,当杰克逊革命逆转了"三方玩家游戏"时,汉密尔顿的计划在仅仅一代人的时间里就被彻底削弱了。

关于国家促进创新,同本杰明·富兰克林一样,汉密尔顿是奖励和补贴的支持者,支持"美国这方面一直是零星和有限的"。[②] 但是,早期的美国人在技术方面采用的最佳策略却是:剽窃和侵占由别人开发的知识产权。在英国法律禁止机械出口的时期,塞缪尔·斯莱特(Samuel Slater)在 1790 年暗中从英国将技术转移到美国。斯莱特拥有当时最先进的纺织生产技术——"阿克莱特专利"。在摩西·布朗(Moses Brown)的支持和帮助下,他凭记忆在罗德岛波塔基特的黑石河复制建造出一个当时技术条件下最先进的工厂。[③] 尽管如此,在递交给美国国会的宪法禁令第一条第 8 节中,对最初的发明回报的尊重也得到了明

---

① N.R.Lamoreaux, *Insider Lending : Banks, Personal Connections, and Economic Development in Industrial New England* (Cambridge University Press, 1994).

② B.Z.Khan, "Premium Inventions: Patents and Prizes as Incentive Mechanisms in Britain and the United States, 1750 — 1930," p.24.Available at www.international.ucla.edu/economichistory/conferences/khan.pdf.

③ J.Connell, *Biographical Sketches of Distinguished Mechanics* (Wilmington, DE: Porter and Eckel, 1852), pp.41—42.

显的体现:"通过保障作者和发明者各自著作和发现的专有权时限,来促进科学和实用艺术的进步。"

与普遍的欧洲专利系统有着直接和显著的区别对比,美国专利系统具有极高的费用并且普遍受到政治的影响,但它是开放的、易于得到的,并且致力于:

> 为新技术提供广泛的明确可实施执行的产权。[它]会刺激技术进步,并且几乎所有在专利机构设置中的创新都旨在加强和扩大创造性的活动,使得它们可以比在传统知识产权下得到范围更广阔的加强与扩大。[①]

美国不仅将整个专利费用控制在英国花费的 5% 水平以下。美国早期的法律还规定,专利创新的公共传播和专利被授予之前需要考核检查,这样可以减少授权专利有效性的不确定因素,增加专利作为可以出售或授权使用的金融资产的价值。"到 1810 年,尽管产业发展上美国滞后于英国,但在人均专利上美国却远超英国。"[②]除了保护性关税以及由联邦和州政府兴建交通基础设施提供的资助补贴以外,专利政策作为美国第三大公共政策举措,刺激了经济增长的技术引擎。

1989 年,当小阿瑟·施莱辛格(Arthur Schlesinger Jr.)在考虑政府对一个国家经济发展的作用时,回顾思考了汉密尔顿的传统惯例。施

---

① N.R.Lamoreaux and K.L.Sokoloff, Introduction to N.R.Lamoreaux and K.L.Sokoloff (eds.), *Financing Innovation in the United States : 1870 to the Present* (Cambridge, MA : MIT Press, 2007), p.9.

② N.R.Lamoreaux and K.L.Sokoloff, Introduction to N.R.Lamoreaux and K.L.Sokoloff (eds.), *Financing Innovation in the United States : 1870 to the Present* (Cambridge, MA : MIT Press, 2007), p.5.

莱辛格对学术最初和最为杰出的贡献是早在44年以前出版的《杰克逊时代》(*The Age of Jackson*)①，其对杰克逊总统时期代表跨越阿巴拉契亚山(Appalachian)直接影响美国政治的盛行已久的原则，进行直接挑战。该原则是，杰克逊时期的政治是以阶级为基础的。杰克逊的胜利依赖于东部工人的坚定支持以及店主对法律上特许的公司法人特权的反抗，这种特权在美国第二银行体现得最为明显和最受轻蔑。现在，施莱辛格对已经危在旦夕的情况提出了平衡的看法：

> 积极的政府是汉密尔顿的传统……这一传统之后的政治家，特别是约翰·昆西·亚当斯和亨利·克莱，将汉密尔顿的想法详细阐述为，所谓的美国制度就是在国家的领导下实现经济发展的伟大梦想……
>
> 美国的制度，伴随着内部的改进方案、保护性关税和美国比德尔银行(Biddle's Bank of the United States)等制度和机构的建立，都是为了使商业阶级受益，但这些并不是全部的真相。辉格党的方案也要使国家获益，并且加快经济增长的速度。回顾起来，相对于反中央集权的杰克逊者们而言，汉密尔顿对政府有着更合理健全的理解，以及对经济发展有着更具建设性的政策。②

以汉密尔顿—克莱为代表的传统重商主义在某种意义上超越了美

---

① A.M.Schlesinger Jr., *The Age of Jackson* (Boston, MA: Little, Brown, 1945).
② A.M.Schlesinger Jr., "The Ages of Jackson," *New York Review of Books*, 36(19) (1989), pp. 49—50.

国政治经济的历史。工业革命之前,法国因国家致力于内部改进而闻名于世:在 1666 年,科尔伯特(Colbert)说服了路易十四,投资于米迪运河(Canal du Midi),作为在依旧保留封建传统的法兰西土地上建立中央集权国家而进行数代人斗争的一部分。[①] 亘古至今,国家的公共信用一直致力于为战争提供资金支持,无论国家的统治权掌握在一个封建国王、一个拥有绝对权力的君主、一个共和城邦的手中,还是被有产阶级的议会代表们所限制的皇权与自 1688 年在英国出现的缓和的"暴民"共同拥有。在金融市场和国家之间,那些流动资金拥有者永远不可能再去资助一个州的军队。

如此资助战争的经济后果可能是巨大的。可以确定的是,在拿破仑战争期间,无论是国家对资源的额外需求,还是因为军队对稀缺商品的消耗以及对供应造成的中断从而经常产生的通货膨胀,这些都不是故意计划造成的后果。美国的体制恰恰相反,美国是明确的中央集权,为了自身的利益模仿法国,动员公共信用以追求经济的发展,从而使国家、市场经济和金融资本主义之间形成了共逐收益而不是相互破坏的三角关系。虽然美国制度在有限的国家层面被实施,但在州层面,同样有着伊利运河等十分成功的项目,它从国外吸引资金来资助一系列的运河、高速公路和铁路的建设。与随后的国家支持新兴市场经济体相一致,但它也造成了腐败的猖獗,在经济利益这一问题上对杰克逊进行攻击。[②]

---

① Dobbin, *Forging Industrial Policy*, p.101.

② Dobbin, *Forging Industrial Policy*, pp.44—47 and J.Macdonald, *A Free Nation Rich in Debt* (New York: Farrar, Straus and Giroux, 2003), pp.385—386.

杰克逊的逆转

　　杰克逊在调动政府资源限制金融资本主义活动范围这个议题上堪称最有力量的总统,他在对美国银行和东海岸金融家的斗争中取得胜利,从而逆转了"三方玩家游戏"的力量分配。这种"解放"却以市场经济的受损为代价。正如西拉(Sylla)指出:"没有中央银行的美国……在20世纪比其他主要国家遭受了更多的金融动荡。"当政治进程因新兴部门的争斗而瘫痪时,杰克逊的行动主义被消极等待的人所接替。[①] 理查德·富兰克林·本泽尔(Richard Franklin Benzel)全面论述道:

　　　　早期的美国民族主义者试图建立的国家……到 1860 年仅是一个外壳,政府只是作为一个象征性的行政机构而存在,它的主权被中央政府解释为,偶尔有个别问题需要国家同意。[②]

　　为了国家经济发展,调动包括公共信用的公共资源,汉密尔顿－克莱的传统做法被辉格党制度的继任者——林肯——的共和党计划所改变。共和党人将太平洋铁路的宏伟工程加入传统的保护性关税和内部改善的广泛方案之中。但是,任何此类举措都在南部控制的参议院遇到了阻碍,因为南方种植园经济付出的代价比较大,该举措的直接影响

　　① Sylla,"The Political Economy of Early US Financial Development," p.86.
　　② R.F.Benzel, *Yankee Leviathan*: *The Origins of Central State Authority in America*, 1859 — 1877 (Cambridge University Press, 1990), p.ix.

是加强东北的工业经济，并将中西部发展中的农业经济更紧密地联系起来。由于该举措使联邦中央政府干预市场经济的制度合法化，其潜在的间接后果甚至更具威胁性：当南方失去了对国家权力的控制时，联邦政府针对奴隶制采取了直接的行动。

由南方唯一同意的联邦法案是《逃亡奴隶法案》(the Fugitive Slave Act)的实施，特别是在 1857 年通过了《德雷德·史考特决议》(Dred Scott Decision)，南部控制的最高法院使整个国家的人民拥有了产权。[1]反之，南方分裂的一个结果便是，拆除国家支持经济发展的路障，它的需求被北方战争动员合法化和扩大。到了 1862 年夏天，关键要素已经全部到位：对外国制造商征收保护性关税；提供大规模土地出让金补贴的《太平洋铁路法案》(the Pacific Railway Act)；为在不断发展的西部地区的公共土地上的农业院校提供资金支持的《莫里尔法案》(Morrill Act)。[2]

政府拨给铁路的土地资助补贴极大调动了私人金融资本的积极性，目的是构建新的经济基础，但其实这种情况直到南北战争几十年之后才出现。这种可利用的资本规模空前，它是在北方被要求支付战争开销的制度创新的结果。[3] 反过来，州层面的腐败历史在国家层面被重复，最臭名昭著的便是围绕联合太平洋公司(Union Pacific)融资的动产

[1]　R.F.Benzel, *Yankee Leviathan: The Origins of Central State Authority in America, 1859—1877* (Cambridge University Press,1990), pp.63—64.

[2]　R.F.Benzel, *Yankee Leviathan: The Origins of Central State Authority in America, 1859—1877* (Cambridge University Press,1990), p.69, n.1, 173—174, 178.

[3]　R.F.Benzel, *Yankee Leviathan: The Origins of Central State Authority in America, 1859—1877* (Cambridge University Press,1990), p.238 and Macdonald, *A Free Nation Rich in Debt*, pp.382, 396—399.

信贷公司(Credit Mobilier)的丑闻。这件事影响到反国家主义者的情绪,"实现了宪法有关国家权力滋生腐败的预测"。[1] 在美国制度中,当国家补贴基础设施的建设被废止时,只保留了保护性关税。然而,随着它们强有力的援助,作为未来的新兴经济体的典范,从19世纪70年代中期开始,美国开始出现大幅的和持续性的贸易顺差。[2] 在未来,美国各州将不再因国家发展而对市场经济的直接干预进行合法化。这些举措将需要以国家安全的名义被证明是合理、正当的。

技术对科学的不断依赖

战争的需求引发了第一次动员科学为国家所需服务的实践。在1863年3月3日,林肯签署了美国国家科学院(National Academy of Sciences,NAS)的公司化法案,特许其成为一个在政府的任何部门有需要时,"在科学和艺术的任何主题下,进行调查、研究、实验和报告"的私人、非营利性组织。南北战争期间,海军部是美国国家科学院最重要的客户,在防止新铁壳船底部出现腐蚀和纠正铁船指南针磁偏差上提供指导。

战争结束后,当它的主要任务是去评估不计其数的死亡士兵坟墓上的金属墓碑寿命时,美国国家科学院开始变得无足轻重。除了提交了诸如"从毛织品中区分小牛牛毛的办法"(1875)和"独立宣言的修复"(1880)的报告,它的两个持久性贡献是,它的建议促成了1878年美国

---

① Dobbin,*Forging Industrial Policy*,pp.55—56.

② S.B.Carter,S.G.Gartner,M.R.Haines,A.L.Olmstead,R.Sutch and G.Wright(eds.),*Historical Statistics of the United States*,millennial edn.(Cambridge University Press,2006),table Ee362—375.

地质调查局的建立和 1905 年林业管理局的成立。① 除了美国国家科学院，对经济增长的技术和科学资源的直接投资是有限的：以可互换的机械零件为特征，完善了"美国制造系统的"军械库②，并且通过《莫里尔法案》的推动，使得农业部的实验站大量地被设立起来。③

它是间接通过公共政策，为技术驱动型的经济增长做出了贡献。在重商主义政策之前，它将战争的大规模刺激延伸至了产业扩张上，并在 19 世纪余下的时间中一直伴随着它们。在美国，一个充满活力的技术市场发展了起来。正如纳奥米·拉莫利奥（Naomi Lamoreaux）和肯·索科洛夫（Ken Sokoloff）所记录的那样，这是美国极其易于接触的专利制度的自然后续，特别是在 1836 年的《专利法案》（the Patent Act）引入了由专家进行的评审过程。④ 到 1870 年，专业发明家阶层的出现连同专利权交易的活跃性，在数据中可见一斑。这种将发明转化为可供商业使用的创新的市场机制在 20 世纪早期被扩大，越来越多地通过专业代理中介，在日益扩大的全国范围内进行经营。⑤

到了第一次世界大战，一个新的机构作为技术创新的中心正在出现：工业研究实验室。科学与工业的相关性被大多数创业资本家发现，

① The National Academies,"The NAS in the Late Nineteenth Century" (Washington,DC：The National Academies,n.d.).www7.nationalacademies.org/ archives/late19thcentury.html.

② D.C.Mowery and N.Rosenberg, *Technology and the Pursuit of Economic Growth* (Cambridge University Press,1989),p.27.

③ R.R.Nelson,M.J.Peck and E.D.Kalacheck (eds.), *Technology, Economic Growth and Public Policy* (Washington,DC：The Brookings Institution,1967).

④ N.R.Lamoreaux and K.L.Sokoloff,"Inventive Activity and the Market for Technology in the United States,1840—1920," National Bureau of Economic Research Working Paper 7107(1999),p.8.

⑤ N.R.Lamoreaux and K.L.Sokoloff,"Inventive Activity and the Market for Technology in the United States,1840—1920," National Bureau of Economic Research Working Paper 7107(1999),p. 22,30—33.

一位受过训练的化学家安德鲁·卡内基(Andrew Carnegie)这样描述铁矿石化验分析工作的经济效益:

> 我们曾经是怎样的傻瓜啊! 但是,存在着这样的安慰:相较于我们的竞争对手,我们还不算是大傻瓜,在我们利用化学指导我们数年之后,[他们]说他们无法负担聘请一名化学家的费用。如果他们知道真相的话,他们将知道他们因不聘请化学家而造成的损失有多大。①

人们更加普遍地认为,一代人之后,作为竞争优势来源是基于科学的研究和发展,可能被解读为在美国版自由放任的背景下铁路产生的间接影响。正如我们在第7章看到的那样,一个国家市场的建立,以及当公司利用由阿尔弗雷德·钱德勒分析出的"规模经济和范围经济"而造成制造成本的急剧下降,在信托泡沫的促成下,兼并收购活跃起来。不仅公司有"通过对生产、营销和管理的集中投资,合理化子公司设备和技术"的需求和机会,②而且:

> 19世纪末和20世纪初的并购及企业重组,加速了工业研究的增长……在如美国电话电报公司、通用电气公司、美国钢铁公司和杜邦公司这样的公司里,研究机构都作为核心部门,并且事实证明,研究机构的建立对公司发展起到了十分明显

---

① Quoted in Mowery and Rosenberg, *Technology and the Pursuit of Economic Growth*, p.30.

② A.D.Chandler, *Scale and Scope*: *The Dynamics of Industrial Capitalism* (Cambridge, MA: Harvard University Press; Belknap Press, 1999), p.229.

的作用。[1]

因此，大公司进入之前，主要是由好奇和善念共同引导富裕个体通过个人兴趣和意愿来出资资助的领域。例如，达尔文就是一个年金收入的受益人，在第一次工业革命中与这位年金收入极度成功的天使投资相伴的，是与庞大的韦奇伍德（Wedgwood）家族进行的王朝联盟。剑桥大学的卡文迪什实验室（Cavendish Laboratory）由最初的卡文迪什教授詹姆斯·克拉克·麦克斯韦（James Clerk Maxwell）于 1874 年成立，是德文郡七世公爵威廉·卡文迪什（William Cavendish）的礼物。类似故事的遥远记忆可以在阿尔弗雷德·卢米斯（Alfred Loomis）的非凡故事中被找到：在 1929 年股灾之前，他将其成功的投资银行公司卖出，他在自己位于纽约塔克西多公园的房产中，建造了一个物理实验室，在那里他亲自资助并积极参与各项工作，并为第二次世界大战及时发明出雷达做出了贡献。[2] 这些都是出资者完全不需要经济利益或资金回报的实例。

到了 20 世纪初，地区性的证券交易所开办起来为创业公司提供资金支持，尤其是在中西部地区，但首批需要化学和电力科学的高新技术产业都是在大西洋中部地区大规模的工业企业之上涌现出来的。[3] 20世纪 20～70 年代，国家级实验室是由大公司的垄断利润进行资助的。

---

[1]　Mowery and Rosenberg, *Technology and the Pursuit of Economic Growth*, p.71.

[2]　J.Conant, *Tuxedo Park：A Wall Street Tycoon and the Secret Palace of Science that Changed the Course of World War Ⅱ* (New York：Simon & Schuster, 2002).

[3]　N.R.Lamoreaux, K.L.Sokoloff and D.Sutthiphisal, "Reorganization of Inventive Activity in the United States during the Early Twentieth Century," National Bureau of Economic Research Working Paper 15440 (2009), pp.24－25.

不管是通过立法建立的(美国电话电报公司)、基于专利垄断的(美国无线电公司和施乐公司)，还是结合了创新性研究和商业统治地位的(杜邦公司和 IBM)，领先的国家级实验室能负担起对上游的基础科学的投资，这些基础科学或许会产生能够带来重大商业利益的技术创新。看似安全的垄断创造了一种在以营利为目的的企业内部，为了自身利益而进行的科学研究，并且研究失败可以被宽容，还拥有鼓励不断追求的环境。①

第二次世界大战之前，就资金投入绝对金额和科学影响而言，美国联邦政府对基础研究的支持仍然是微不足道的。因为《莫里尔法案》和农业部的推广服务，农业得到了联邦的研究资助，在 1940 年，3 000 万美元的农业科研经费超过了其他所有部门科研经费支出，以弥补和满足战后国防部的费用。② 虽然最初的美国国立卫生研究院是在 1930 年从公共卫生和海洋医院中剥离出来，但是对于生命科学的研究的财政资金投入仍然是很少的。③

国家对科学的支持

国家对科学的支持是第一次世界大战在两次世界大战之间的几十

---

① Of course, the role of the great corporations in the American social economy transcended investment in science and engineering. Beyond Social Security and before Medicare, they also became the principal vehicles for delivering the haphazard and incomplete welfare state-specifically, pensions and medical insurance-whose fragile base was thus also vulnerable to the same loss of entrenched competitive power that terminated the scientific mission of the central industrial research labs.

② Mowery and Rosenberg, *Technology and Pursuit of Economic Growth*, pp.92—93.

③ National Institutes of Health, "Chronology of Events" (Bethesda, MD: National Institutes of Health, n.d.).www.nih.gov/about/almanac/historical/ chronology_of_events.htm.

年间里留下的遗产。1916 年，当美国被更深地卷入欧洲战争后，美国国家科学院"无法赶上有关军事准备咨询的请求数量"。作为对此的回应，威尔逊请求美国国家科学院建立国家研究委员会（National Research Council），其目的是：

> 引入政府、教育、工业、和其他研究机构的合作，以鼓励对自然现象的调查研究为目的，在美国产业发展上，加强科学研究，应用科学方法以巩固国防，以及加强其他科学的各种应用，因为它们将促进国家安全和社会福利。[①]

威尔逊通过行政命令使国家研究委员会被永久保存下来，在 20 世纪 20 年代，它的总体使命得到了共和党内阁最活跃成员赫伯特·胡佛（Herbert Hoover）的支持，他所在的商务部为了美国企业的利益，广泛进行合作，促进科学和技术的应用。

正如大卫·哈特（David Hart）记载的那样，胡佛的"团体主义"聚精会神地看管着在大萧条的重压之下崩塌的产业竞争对手之间、工业及学术研究团体之间的自愿合作。[②] 他的进步观念受到了左翼和右翼的挑战。在右翼，弗兰克·朱厄特（Frank Jewett）——从 1938 年起担任贝尔电话实验室和美国国家科学院的主席——指出，"联邦专利法和国家

---

① The National Academies, "Organization of the National Research Council" (Washington, DC: The National Academies, n.d.).www7.nationalacademies.org/archives/nrcorganization.html.

② D.M.Hart, *Forged Consensus: Science, Technology and Economic Policy in the United States, 1921—1953* (Princeton University Press, 1998), pp.30—61.

对科研经费的干预,将放缓科学和技术进步的步伐".[1] 在左翼,虽然罗斯福新政拥护者的一个派别支持在技术型企业进行创造就业机会的投资,以田纳西流域管理局为例,但是,其他人试图抑制提高生产力的创新导致工作机会减少的影响。[2]

朱厄特担心,政府官员会扭曲研究的重点来证明,国家对市场经济进行更广泛的干预是完全必要的。在1939年出版的《经济周期》(*Business Cycles*)中,熊彼特全面表述了这种情况:

> 我们从经验中知道,这并不是资本主义的工作方式,这只是被扭曲的资本主义,过去受伤的疤痕强加在了它的组织机构上……所有国家的工业组织,从最基本的部分而言都是由政治决定的。在每个地方,我们都发现,有些工业如果不是有保护、补贴和其他政治刺激,根本就无法存在,因为它们的一些产业过度发展或者处于不健康的状态下……这样的行业和资产在价值上是可疑的,在任何情况下作为虚弱的根源并且经常是崩溃或萧条的直接原因。这种类型的经济浪费和失调很可能比其他类型更严重。[3]

熊彼特立足于从严格的私营部门和越来越多的大型公司中寻找创

---

[1]　D.M.Hart, *Forged Consensus: Science, Technology and Economic Policy in the United States, 1921—1953* (Princeton University Press, 1998), p.18.

[2]　D.M.Hart, *Forged Consensus: Science, Technology and Economic Policy in the United States, 1921—1953* (Princeton University Press, 1998), p.66.

[3]　J.A.Schumpeter, *Business Cycles: A Theoretical, Historical and Statistical Analysis of the Capitalist Process*, 2 vols.(London: McGraw-Hill, 1939), vol.1, p.13.

新。在"创造性破坏的永恒风暴"中,对竞争的限制以及垄断和寡头的价格制定权是"一个长期扩张的过程,它们对'创新'起到保护而不是阻碍的作用"。① 基于特定的框架以及莫厄和罗森伯格的研究,熊彼特预见性地评论说:

> 一个现代企业在力所能及的情况下,首先要做的一件事就是建立一个研究部门,这个部门的每个成员都懂得,他的生计取决于他设计改进办法的成功。这种做法当然不表示对技术进步的厌恶。②

当熊彼特在 1943 年写下这些句子的时候,创新经济的动力由于第二次世界大战的到来而有所改变。追求利益的垄断企业为了直接的经济报酬资助着应用型研究,熊彼特这样描述它们的特点:它们从为生存而奋斗改为了国家安全而努力。但是在上游,比如量子物理学,则被国家出资的研究机构取代。

从 1939 年开始,由于战争威胁迫在眉睫,万尼瓦尔·布什在动员科学为了战争服务上发挥了决定性的作用。作为卡内基公司总裁兼国家航空咨询委员会主席,布什加入了哈佛大学校长詹姆斯·科南特(James Conant)、麻省理工学院院长卡尔·康普顿(Karl Compton),以及不再抵制反抗国家,转而为了国家安全在研究资源分配上起积极作

---

① J.A.Schumpeter, *Capitalism, Socialism and Democracy*, 4th edn.(London:Allen & Unwin,2010[1943]),pp.87—88.

② J.A.Schumpeter, *Capitalism, Socialism and Democracy*, 4th edn.(London:Allen & Unwin,2010[1943]),p.96.

用的弗兰克·朱厄特的行列。他们共同敦促在联邦政府创建官方中央
指挥机构。布什是国防研究委员会（National Defense Research Commit-
tee，NDRC）提案的起草者，当德国军队席卷法国时，他在 1940 年 5 月促
使总统批准这项提案。一年后，当国防研究委员会被归入科学研究与
发展办公室（the Office of Scientific Research and Development，OSRD），
布什从前者的主席一职变成了后者的主管。在他的领导下，科学研究
与发展办公室管理着约 3 万名科学家和技术人员，他们从事声波、雷
达、近炸引信、诺登投弹瞄准器（Norden bombsight）以及于 1943 年被移
交给军队管理的"曼哈顿计划"（Manhattan Project）和原子弹等领域的
研发工作。[1]

　　直接动员科学研究的行动在战争结束之后再次终止，科学研究与
发展办公室逐渐淡出。这一次，经过了 5 年的华盛顿暗斗，国家所承担
的义务再次被改变，但是朝韩冲突引发了和平时期国家安全状态的重
建。与第二次世界大战相比，朝鲜战争在军事上相对弱小，却产生了巨
大的经济影响。国防预算在 1951 财年最初定为 100 亿美元，随后紧急
拨款增加到了 420 亿美元，并于次年达到 600 亿美元。军事研发经费
增加了 3 倍，上升至 18 亿美元。到了 20 世纪 50 年代中期，国防预算总
额约为联邦财政支出的 2/3 和国内生产总值的 9%。[2] 这样的支出伴随
着加强医保等社会保障引起的其他新生支出的增加，美国已经走上了
自己的"大政府资本主义"的道路。

　　20 世纪 70 年代中期之前，当我开始进行以数学为基础的学科教育

---

　　① 　G.P.Zachary，*The Endless Frontier*：*Vannevar Bush*，*Engineer of the American Century*（New York：The Free Press，1997），pp.171—203.

　　② 　Hart，*Forged Consensus*，pp.195，203.

时,"大部分使得数码技术可行的基础研究已经到位"。[①] 到了 50 年代中期,甚至在催生美国国防高级研究计划局的苏联发射人造地球卫星之前,美国国防部已经资助了二十几个数字化电脑的研究项目。[②] 从微电子和半导体器件,到电脑的硬件和软件直至互联网,数字信息和通信技术所有组成部分的发展,反映出国家对科研和采购的政策:

> 鼓励新公司的加入和企业间技术的扩散。此外,联邦采购的支持使大批量生产的供货企业快速实现,实现产品质量提升和成本改善的速率的加快。最后,联邦支持信息技术的创新,这有助于在联邦实验室大规模的研发基础设施的建立,特别是在美国的大学之中。[③]

"赛奇"(SAGE)防空电脑网络的开发通过它的主承包商 IBM 加快了相关技术的发展,IBM 作为数以百计的程序员的"软件大学","奠定了美国国内软件行业发展的基础",作为电脑需求最主要的来源,国防部能够确定标准,诸如 COBOL 编程语言,其中的商业应用在相当长的时期里都是用 COBOL 语言来编程。即使当半导体设备与计算机的商

---

① H.Kressel, *Competing for the Future*: *How Digital Innovations are changing the World* (Cambridge University Press,2007),p.56.

② K.R.Fabrizio and D.C.Mowery,"The Federal Role in Financing Major Innovations:Information Technology During the Postwar Period," in N.R.Lamoreaux and K.L.Sokoloff (eds.), *Financing Innovation in the United States*, *1870 to the Present* (Cambridge,MA:MIT Press,2007,table 7.2 (p. 296).

③ K.R.Fabrizio and D.C.Mowery,"The Federal Role in Financing Major Innovations:Information Technology During the Postwar Period," in N.R.Lamoreaux and K.L.Sokoloff (eds.), *Financing Innovation in the United States*, *1870 to the Present* (Cambridge,MA:MIT Press,2007,pp.286-287.

业需求开始超过军队的需求时,国防部将其对信息技术的创新投资扩展到通信,以及通过美国国防部高级研究计划局支持关于互联网的基础研究。它的主要设计目标被明确规定为,确保在核战争的情况下能够存在,分组交换网络最初作为美国国防部高级研究计划组组建的计算机网络,到了 1975 年链接的大学和其他主要研究网站的节点超过100 个。为了完成在信息技术上开放标准的承诺,国防部为了数字通信赞助发起了 TCP/IP 的协议。它们战胜了各种专有的替代品,当它逐渐演变成数字通信和交易的通用媒介时,为互联网的开放式架构做出了关键性的贡献。[①]

大约从 1750 年开始,在被定义为创新经济的继承性的技术革命之前,或多或少成熟技术大规模部署实施中,政府支持十分显著,有时甚至起决定性作用。尤其是在美国,国家信用被用于资助运河建设和赠与公共土地补贴以支持铁路建设。但是,第二次世界大战后美国国防部在支持科学实验前沿的基础研究和生产可靠设备和系统所必需的技术发展方面的参与程度,是前所未有的。大部分资金是针对大企业的主要工业研究实验室的,比如美国电话电报公司、IBM、美国无线电公司(RCA),其垄断利润资助了从 19 世纪末到第二次世界大战之间的科技进步和创新工程。但是,这些资金资助的范围大部分是分布比较广泛的,特别是对大学。此外,大企业被要求不仅相互分享研究成果,还要将研究成果分享给新加入市场成员。在 20 世纪 70 年代,当它们为

---

① K.R.Fabrizio and D.C.Mowery,"The Federal Role in Financing Major Innovations:Information Technology During the Postwar Period," in N.R.Lamoreaux and K.L.Sokoloff (eds.), *Financing Innovation in the United States*, *1870 to the Present* (Cambridge,MA:MIT Press,2007,pp.301−302, 305−306.

其垄断利润开始感到压力时，所有的工业企业开始对实验室施压，它们纷纷转向以产品导向为中心的研究，由此一个新的研究和创新的新的学术网络基本到位。[①]

到 20 世纪 60 年代中期，IT 的商业应用已经开始超过政府的份额。在 60 年代初，IBM 为构建 360 系统承担了巨大的责任和义务，该系统是能够全面打开广阔商业市场的计算机的第一条综合管线，公司的首席执行官小汤姆·沃森（Tom Watson Jr.）不得不努力争取公司从军事项目强加的运营和文化的限制解放，特别是"赛奇"。[②] 另一方面，IBM 通过与德州仪器公司（Texas Instruments）的合作，加快了在新的科学和硅半导体技术的研究步伐，德州仪器公司在过去数十年间一直是军方赞助支持的新兴技术的创新者之一。[③] 到 20 世纪 70 年代末，半导体和电脑的"MILSPEC"（军用规格）市场已成为一个特殊的专营市场。它的要求是，在不计成本的情况下只看绝对性能和在极端环境中运行的能力。当美国国防部在 1980 年宣布，其超高速集成电路项目时，我记得英特尔选择不参与，免得公司的明星设计师从个人电脑革命带来的商用微型处理器的激增需求中分心。

总的来说，美国的做法与欧洲对"全国领军企业"（National Cham-

①　For an authoritative summary of the rise and fall of the industrial research laboratory as the locus for technological innovation, see Kressel, *Competing for the Future*, chapter 3. For an updated overview of the impact of military investment, see D.C.Mowery, "Military R&D and Innovation," in B. H.Hall and N.Rosenberg (eds.), *Handbook of the Economics of Innovation*, 2 vols. (Amsterdam: North-Holland, 2010), vol.2, pp.1219—1256.

②　S.W.Usselman, "Learning the Hard Way: IBM and the Sources of Innovation in Early Computing," in Lamoreaux and Sokoloff (eds.), *Financing Innovation*, p.337.

③　S.W.Usselman, "Learning the Hard Way: IBM and the Sources of Innovation in Early Computing," in Lamoreaux and Sokoloff (eds.), *Financing Innovation*, pp.341—342.

pions)加强垄断保护和集中的模式形成鲜明的对比。与对经济回报的直接关心相分离,国防部可以资助许多可替代的研究工作事项,承担对"浪费"的解决方案的研究,而这些研究将不可避免地把知识前沿向前推进。此外,国防建设坚持知识产权制度是可耻的,那时,美国的知识产权制度虽然已经发展了 30 年,但相对来说是比较松散的。出于对国家安全的考虑,知识产权的模式被"合法化",但令人感到意外的是,战后美国的政策孕育了一系列新兴的行业,它们的产品和服务会在 40 多年之后进行重新结合,竟然创造出另一个新的经济。这样一来,联邦政府使一系列的投资机会成为可能,这些投资机会首先满足了一群新的专业风险投资家,他们的产品是他们投资的公司。但反过来说,他们助长了 1999~2000 年互联网泡沫的投机性贪婪。在此期间,美国模式在全球被效仿:正如乔希·勒纳的总结,"实际上,在当今世界每一个新锐创业活动的核心都源于积极的政府干预"。①

　　在万尼瓦尔·布什将国家对科学的资金资助制度化的提议由于冷战的偶然性出现而变成公共政策后,经济学家肯尼斯·阿罗和理查德·纳尔逊分别为研发的国家投资提供了合理性解释。双方都强调,科学发现和技术发明的社会价值超出了私人回报,因为分享信息的成本是最小的。阿罗强调,私人公司如何被不可避免的不确定性困扰着投资,尤其是当潜在的回报依赖于产生新的知识,而且需要长期的、不

---

① J.Lerner, *Boulevard of Broken Dreams*: *Why Public Efforts to Boost Entrepreneurship and Venture Capital Have Failed—and What to Do about it*(Princeton University Press,2009),p.42.

可分割的努力时，这些商业价值只能被个别公司兑现。^①尼尔森指出，基础研究的早期决策和商业相关的应用之间的关系长期滞后，专注于新兴产业，其在商业上的成功通常取决于基础研究领域的大量投资，这些新技术的经济价值对于承担研发的那家公司是很难估算的，公司也很难从中获取利润。^②

然而，对于政府干预来解决这种市场失灵的论点已被证明很难令人信服，这种情况并不仅仅发生在美国。相反，以任务为导向的国家投资，跨越国界并一次又一次地证明了可以有效推动创新经济和企业发展。大卫·莫厄总结其历史记录说：

虽然市场失灵的根本原因包含为研发项目的公共投资不足进行辩护的那些非凡修辞的影响，偶然性的经验也表明，其对这些公共投资的影响最多算是温和的……

另外值得一提的……是中央政府的研发支出占据了"布什—阿罗"型研发、非任务型研发的相对较小的份额……并非由"科学家"来选择哪些是公共研发资金应该进行大量投资的领域，分配的决策以政策制定者对从国防到农业范围内的特定机构任务的需要为评估基础。^③

①　K. J. Arrow, "Economic Welfare and the Allocation of Resources for R&D," in K. J. Arrow (ed.), *Essays in the Theory of Risk-Bearing* (New York: American Elsevier, 1971[1962]), pp.144－163.

②　R.R.Nelson, "The Simple Economics of Basic Scientific Research," *Journal of Political Economy*, 67 (1959), pp.297－306.

③　D.C.Mowery, "Military R&D and Innovation," pp.1222－1223.

显而易见,几代人以来,塑造市场经济的战略性国家干预都依赖于更宏大的主题,国家发展、国家安全、社会公平正义和人类健康,它们超越了福利经济学的演算和市场失灵的逻辑。

11

"市场失灵的失灵"

在 2008 年的世界金融危机中,两位英国知名经济评论家各发表了一篇题为"市场失灵的失灵"(The Failure of Market Failure)的文章。经济学家约翰·凯(John Kay)在 2007 年 8 月率先论述说,我们祈求利用市场失灵来使国家干预合法化,我们已经"向市场原教旨主义者让步太多".[①] 通过接受市场可以是完整和高效的这种概念,可以想象,市场依靠自身的成功实现了社会最优,中间偏左的政治家含蓄地接受了个人主义方法论和新古典经济学具有一定合理性的狭义定义。但是他们这样做,忽略了系统性的大规模干预,比如英国的国民医疗保健制度,只能通过以集体行动的方式被建立和维护的事实,这个制度可以理解为人们对恻隐之心的反应,而不能简单地理解为个人、物质的激励。

大约 15 个月后,当金融危机瘫痪了市场经济时,记者威尔·赫顿

---

① J.Kay,"The Failure of Market Failure," *Prospect* (137),August 1,2007.

(Will Hutton)和菲利普·施耐德(Philippe Schneider)合作发表了同名文章《市场失灵的失灵》,并以类似的批评开头:

　　自由市场原教旨主义者对于创造一种知识霸权是如此成功,以至于他们设法做到,将市场疲软性的辩论引导成为一场有关市场失灵特定范围的辩论。假定市场模式是有效的,即使他们承认一般规则有些偏差。①

　　即使在攻击市场经济倡导者的主张时,约翰·凯、赫顿和施耐德依然分别赞美了市场经济。约翰·凯称市场经济为"天才":"它们拥有创新和适应不确定性以及不断变化环境的能力。"②轮到赫顿和施耐德时,他们声称,尽管它们有着"显著的缺点",市场"仍然作为'开放'的系统,在为创新创造条件上是无比有效的"。他们认识到,"市场选择提供了一种在竞争性企业判断之间进行评估和选择的方法:成功的企业会吸引资源并且进行扩张,而无效的企业会将它们解放,然后被抛弃"。③ 这些都是创新经济的下游。在上游,探索新的经济空间取决于不断试错的过程。然而,约翰·凯正确地指出:"在经济体系创新能力赖以存在的基础研究或专项训练方面,市场难以发挥作用。"④

---

① W.Hutton and P.Schneider,"The Failure of Market Failure:Towards a 21st Century Keynesianism," National Endowment for Science,Technology and the Arts,Provocation 08 (November 2008),p.5.Curiously,Hutton and his collaborator make no reference among their fifty-six footnotes to Kay's preceding article.
② Kay,"The Failure of Market Failure," p.15.
③ Hutton and Schneider,"The Failure of Market Failure," p.18.
④ Kay,"The Failure of Market Failure," p.18.

市场失灵或失灵的市场

这些批评取决于,对市场失灵的定义——这些声音——还不够深入。我将它们进行扩展,使其包括了市场失灵不能够激发出纠正性的国家行为。赫顿和施耐德正确地将 2008 年的危机定义为"*不是市场失灵,而是市场的系统失灵*"。[①] 然而,即使这样的灾难性事件都未能产生由国家充分响应的干预。在大萧条时期,英国政府采取了截然不同的政策立场,美国和德国具有一个共同点:拒绝承认自己未大规模使用的人力和物力资源,足以证明需要相应的大规模国家响应。只有战争的动员——首先由德国,然后由英国,最后由美国——提供了所必需国家行动的政治承诺。正如我现在落笔的 2011 年,即使是在经济活动和就业水平更高的背景下,令人吃惊的是,这些为接受市场系统失灵找借口的论据,依然在重复 20 世纪 30 年代的声音。

从 1929 年的华尔街崩盘到 1931 年全球金融危机,再到 1933 年国际经济体系崩溃导致部分国家走向独裁政治,当所有方同时通过单方面追求现金及控制权来寻求保护自己时,大萧条的发生证明了"三方玩家游戏"的脆弱性。在每个主要工业国,英国、美国和德国政府都面临着如何应对他们选民大规模失业的挑战。英国的经验具有独特的启发性,因为其围绕政府对前所未有的举措、债务筹资的公共工程以解决大规模的失业的政策辩论得非常清楚,而不仅是因为那场辩论在很大程度上是由约翰·梅纳德·凯恩斯主导的。美国和德国的经验证明,用

---

① Hutton and Schneider,"The Failure of Market Failure," p.18.

不同的方式依靠自身,而不是宣称所谓的市场失灵,寻求合法化的国家干预来分配资源,这些都是有限的。

　　历史上这种极端案例是关于政府对 2007～2009 年间世界金融危机以及随之而来的大衰退的诸多反应的评价。从我自己的角度来看,这也可以了解国家在长期创新经济中作用的考虑:技术的无计划性、逐步阶梯式的发明、部署实施和开发在过去的 250 年里成功转化的经济可能性。

　　在 1931 年,安德鲁·梅隆(Andrew Mellon)非常有名,他担任了十多年的财政部长。他向美国的共和党总统胡佛建议,考虑到资本家已经拥有巨大的财富作为他们资本主义冒险的结果,梅隆敦促政府在整个市场请求政府资助的时候选择袖手旁观:

　　　　清算劳工、清算股票、清算农场主、清算房地产……它会将腐朽清除出系统。高成本的生活以及奢侈阔绰的生活将会下降。人们会更加努力地工作,过上更加道德的生活……有进取心的人将会接过能力不足者手中的残骸。[①]

　　值得称赞的是,胡佛的反应是,把"自亚历山大·汉密尔顿以来最伟大的财政部部长",从他华盛顿的权威职位上调到伦敦作为圣詹姆斯

---

　　① H.Hoover, *The Memoirs of Herbert Hoover: The Great Depression, 1929－1941* (New York: Macmillan, 1952), p.30.In an unpublished paper, Brad DeLong has shown that the "liquidationist" theory of depression policy, which emphasized the necessity of freeing resources from uneconomic investments, had its own coherent rationale and some degree of historical evidence in its favor, most recently in the swift economic contraction and recovery of 1921.J.B.DeLong, "'Liquidation' Cycles and the Great Depression" (1991).Available at http://econ161.berkeley.edu/pdf_i les/Liquidation_Cycles.pdf.

法院的使节。在故事的背后存在资本主义民主政治中促进经济政策制定的冲突,这种冲突在梅隆自由主义的指令中表达得极为明确。

　　国家和市场经济之间的博弈是在两个组织体系的权力系统中去分配资源和分摊产品成本和收益,是在消费和发展并存的领域上进行的。一个粗略可辨的历史节奏是,失败者在寻求补救的过程中,会发明出另一个失败者。因此,在 18 世纪的英国,亚当·斯密将市场合法化,但传统法规和机构却给"天赋的自由"施加限制。200 多年后,邓小平追随史密斯的脚步,以更大的领导权威通过提供垄断和资助,经济扩展取得明显的成果,国家权力带来的腐败也受到一定抑制。反之,保护主义在那些下降的工业经济体(20 世纪中叶的英国)中继续存在。可以预见到,它们将在同新兴工业经济体(19 世纪末的美国)的竞争中败下阵来。当它们无法在公开市场上行使自己的政治选择来进行竞争时,正如丹尼·罗德里克(Dani Rodrik)全面记录的那样,市场全球化深入发展,加剧了同时保存民主和自治的那些民族国家的内在冲突。[①]

　　每种权力分配都激发了使自己的思想合法化的意识形态。亚当·斯密和米尔顿·弗里德曼的自由市场,受到国家安全(特别是在美国)和社会保障(尤其是欧洲)两者的挑战。资本主义在政治和市场互补共存的时代蓬勃发展:在英国,大约从 1850 年开始的维多利亚时期的短短两代人期间;在整个西方世界,包括日本,为第二次世界大战之后"被压抑的资本主义"的长长的一代人的时间。但冲突的可能性一直存在,当私人部门的市场不能实现交付,或者当捕捉到国家一方利益产生的

---

　　① D.Rodrik, *The Globalization Paradox: Why Global Markets, States, and Democracy Can't Co-exist* (New York: Norton, 2011), pp.184—206.

结果被其他方认为是难以忍受的不公平的时候，冲突随时准备出现。从这个角度来看，经济政策在危机时期的制定发生在相互竞争的理念和相互竞争的利益的空间里。市场经济与国家干预合法性的冲突限制了国家行为，造成了困惑，首先对于参与者而言，然后是对那些回顾性评价的政策制定过程的那些评论家而言。[1] 这对于大萧条时期经济政策的制定始终是一项挑战，直至今天，我们依然处于 2008 年世界金融危机的迷茫和混乱之中。

英国的政策瘫痪

在英国，企图以流行的政治概念来应对 1929～1931 年间处于瘫痪状态的经济挑战。经济学家提供了两种相互竞争而不是相互排斥的解释。第一种解释是，政治领导人及其主要顾问是无知的受害者，他们与选民站在一起。凯恩斯在 1936 年出版的《通论》中表达了革命性的经济分析理论，将问题进行了厘定并逐渐清晰，工党政府终于可以放手去采取行动了。第二种解释是，政策瘫痪反映了政府继承的权力关系结构的深层次矛盾。具体而言，在私营部门的配置资源以及分配收入和财富的责任，同允许国家纠正市场失灵的范围之间，两者无力在平时做出改变。这两种解释都是正确的。但是，从 2012 年的角度看，经过两代人的时间，当凯恩斯的成果被以各种名目应用之后，后一种解释的分量可能更重一些。

---

① M.Blyth, *Great Transformations: Economic Ideas and Institutional Change in the Twentieth Century* (Boston: Beacon, 2002), p.11.

1931 年的政客们不仅因为自己的无知,还因为对别人利益的漠视而被抛弃,银行家、投资者以及控制着为国家和市场经济投资提供资金的现金商人们,他们在下决定限制国家行动的范围,他们牢固地确立了市场失灵的经济和不可挽回的财政损失。相当罕见的例外是,戴维·劳合·乔治(David Lloyd George)和凯恩斯脱颖而出,成为富有想象力的机会主义者,他们拒绝受到习惯传统的约束,他们响应他们周围世界的根本性转变。在《通论》中,凯恩斯这样描述"长期投资者":

> 在现实中招致最多批评的人恰恰是其中最能兼顾社会利益的长期投资者。因为,在一般人的心目中,他的行为基本上应该是偏执的、不合潮流和鲁莽的。如果他获得成功,那么,这只会肯定一般人对他鲁莽的评语。在短期,如果他遭受很可能的失败,那么他不会得到多少同情和怜悯。世俗的智慧教导人们:就人们的声誉而言,合乎成规的失败要优于不合乎成规的成功。[①]

这不仅仅是我作为风险资本家写了一个总结。自从我进入华尔街,这段话就一直挂在我的办公室的墙上,在 1929～1931 年间,凯恩斯可能也一直在表达自己的看法。

1929 年之前,在没有战争的时间里,国家权威机构(或准国家权力机构,名义上的私有中央银行,如英国央行)的部署,被限制在为货币市

---

① J.M.Keynes, *The General Theory of Employment*, *Interest and Money*, in E.Johnson and D. Moggridge (eds.), *The Collected Writings of John Maynard Keynes*, vol.7 (Cambridge University Press and Macmillan for the Royal Economic Society, 1976[1936]), pp.158－159.

场发挥“最后的贷款人”的作用，并通过它来进入银行系统，因为在所有的工业化国家中，英国的经济发展带给国家的社会保障是最少的。很明显，社会安全网络开始于国家养老金和失业保险的建立，但是，通过干预来弥补市场经济的萎缩在理论或实践上都是未知的。正如凯恩斯从含蓄地假定所有的资源总是充分利用的思维模式中挣脱出来，在广义的投资功能方面，他提出了国家干预活动的抽象概念：债务融资的支出将填补私营部门投资失败时的总需求。在《通论》里，他用很有特色的肯定语气和戏剧化的语言说明了这个情况：

> 如果财政部把用过的瓶子塞满钞票，而把塞满钞票的瓶子放在已开采过的矿井中，然后，用城市垃圾把矿井填平，并且听任私有企业根据自由放任的原则把钞票再挖出来……那么，失业问题便不会存在，而且在受到由此而造成的反响的推动下，社会的实际收入和资本财富很可能要比现在多出很多。确实，建造房屋或类似的东西会是更加有意义的办法，但如果这种做法会遇到政治和实际上的困难，那么，上面说的挖窟窿总比什么都不做要好。①

凯恩斯明白，即使他还没来得及进行全面的理论解释，没有可利用的资源、人力和资金，这些拥有负的生产力。技能萎缩并且变得过时，机器生锈也变得过时。把它们放在任何项目上，甚至是经济回报为零

---

① J.M.Keynes, *The General Theory of Employment*, *Interest and Money*, in E.Johnson and D. Moggridge (eds.), *The Collected Writings of John Maynard Keynes*, vol.7 (Cambridge University Press and Macmillan for the Royal Economic Society, 1976[1936]), p.129.

的项目上,将增加收入和支出的流动性。并且,偶然地,那些新再就业的人选择利用他们的收入进行消费,无论是在任何商品和服务上,却被预期为是经济"高效"的,而那些仍处于就业中的人继续在这些方面花钱。积极影响将会变得更大,如果新的收入和支出由借款资助:正如理查德·卡恩在那时证明的,贷款融资的支出将从收入流的增加而不是积蓄中为自己提供资金支持。①

为响应其拥护者劳合·乔治的项目,凯恩斯试图改变 20 世纪 30 年代的英国,当时国家的宏观经济政策未能起到带动经济发展的作用。然而,当时的政策辩论已经明确阐述了国家对于私营部门市场系统失灵的作用:它提供了可能采取的纠正措施的清单;国家干预可能面临的障碍;此类举措难以预料的抵消性的后果;第一步首先要将这种国家干预的努力进行合法化。这场辩论进行得非常深入,民主资本主义的根基展现了它的非凡反响,虽然已经过去三代人的时间。在今天我们从关于这场危机中国家的适当角色的辩论中,依然可以听到它的回响。凯恩斯更加清晰阐明了他对于国家作用的分析,并似乎赢得了这场辩论。对于那些对国家扩大支出试图进行控制的人,需要在具体问题具体分析的基础上,对他们进行评估以及证明其正当合理——他们或许

---

① R.F.Kahn, "The Relation of Home Investment to Unemployment," Economic Journal, 41 (163) (1931), pp.173－198.Estimating the size of the multiplierhas become a contentious subject in the academic literature.It is nonetheless clear that its magnitude is context-dependent.It is also clear that it will be at a maximum when economic resources are grossly underemployed and when monetary policy is accommodating, as was the case in Britain between the Wall Street crash in 1929 and the international crisis of the summer of 1931.For a recent, broadly confirmatory exercise in estimating fiscal multipliers generated from the models employed by the leading central banks, see G.Coenen, C.J.Erceg, C.Freedman, D.Furceri, M.Kumhof, R.Lalonde, D.Laxton, J.Lindé, A.Mourougane, D.Muir, S.Mursula, C.de Resende, J.Roberts, W.Roeger, S.Snudden, M.Trabandt and J.in't Veld, "Effects of Fiscal Stimulus in Structural Models," *American Economic Journal: Macroeconomics*, 4(1) (2012), pp.22－68.

关心资金的回报、经济效率,或者关心操作过程中纪律上的约束。只有相对民族生存而言,当我们面对战争危险时,我们才会把国家动员经济资源进行合法化,附带着起到消除失业的效果。

关于 1929 年 6 月英国工党政府就职上任时所面临的情况,从最好的角度来看也是令人气馁和畏缩的。到 1931 年 8 月的整个任期期间,这都是一个少数派政府。虽然得到了最大的三个议会政党的支持,但是它的存在依赖于至少要有部分国会自由党成员弃权。4 年前,在 1925 年,温斯顿·丘吉尔在财政大臣的职位上是彻底不合适的,由于战争的影响,价格已经严重高估,他依然把英国重新带回了金本位。虽然这时人们普遍认为已经恢复正常的状态,金本位以牺牲国内经济状况为代价,而且在货币政策上增加了捍卫英镑持续下跌的压力。在工党政府上台的时候,据报道,在过去 7 年中失业率平均为 10% 或以上,主要集中在大宗出口行业,所有这些都受到被高估了的货币的影响:煤炭,纺织,钢铁,造船。当工党政府下台的 26 个月后,报道称失业率已达到 25%。削减失业救济金作为财政紧缩方案的最后一个选项,"负责任"的政治和金融需要同样不切实际的尝试,以保持国家实行金本位,这已经成为左右其内阁分裂以及是否下台的重大问题。最后它被一个名义上的国民政府所取代,事实上,政府仍由保守党来控制和主导。

在其执政期间,工党内阁成员享有任何国家领导人从未有的机会,他们必须考虑对大规模失业采取谨慎和直接的攻击行动。一上任就职,政府就面临着由劳合·乔治主导的激进的国家干预计划,乔治在第一次世界大战期间及战争结束后,多次提交计划提案,以激烈的方式试图重新得到他曾占据的关键职位。

劳合·乔治是他那个时代的最有活力的英国政治家。像相隔两代人之后美国的林登·约翰逊(Lyndon Johnson),他是一个通过技能和狡猾奋斗到权力堡垒顶端的局外人。他从威尔士的贫困农村发迹,在1914年之前的时间里,他将自由党向激进的行动主义进行推进,最显著的是,在他作为英国财政大臣时,于1909年推出"人民预算"(People's Budget)。该预算征收土地税以及增加渐进的所得税来资助养老金。这是自17世纪以来第一次,上议院行使否决权来挑战众议院的经济权力。两次大选使之既成事实,尽管自由党政府的合法性有些不稳。随着国王为了使预算通过,授予尽可能多的人所需要的爵位,下议院的最高地位被确定,随后被写入《1911年议会法案》(Parliament Act of 1911)。

与约翰逊相反,劳合·乔治作为战争领袖,实现了他的政治理想。作为自由党内阁的大臣,他致力于19世纪有限政府和个人自由的原则,劳合·乔治抓住了调动全国力量全面参战的需要。1916年,在保守党的支持下,一次议会改选使他成为总理,由此不可挽回地分裂了自由党,自由党再也没有能够组建起政府来。1918年在战场上的胜利,紧随其后的是换届选举中联盟党的胜利。然而,当保守党意识到他们不再需要劳合·乔治时,联合政府就解散了,保守党在1922年开始独立执政。分裂的自由党让位给工党,现在自由党已经不再是自由联盟内部的重要利益集团,而是仅仅作为一个主要的反对党存在。

像约翰逊一样,劳合·乔治的性格和他的政策一样富有争议。多年以后,凯恩斯回忆起劳合·乔治作为1919年的凡尔赛和平会议中"四大成员"之一的情景:

我要如何告诉那些不认识他的读者，我们这个时代中这个非同寻常的人物的一些印象，这位拉响警报的人，这位牧羊吟游诗人，这位我们时代里从受折磨困扰的魔法里和凯尔特人古代树林里出来的旁观者？在他的陪伴下，我们看到了最终的无目的性，内在的不负责任性，存在于或远离于我们的撒克逊人的善良与邪恶，伴随着狡猾、冷酷、对权力的热爱，将魔力、沉迷还有恐惧赋予了北欧民间传说的魔术师……

劳合·乔治是根植于虚无主义的，他是空虚没有内容的，他为生活和食物依靠周围的环境；他同时是一件乐器和一位演奏者，去演奏和被他人演奏；他是一面棱镜，正如我已经听他描述过，他收集光线、扭曲它们，当光线来自许多方面时最为灿烂，集吸血鬼和媒体为一体。①

他的性格也受到更多世俗眼光的质疑。作为一名真正的政治企业家，他创建了劳合·乔治基金作为选举斗争的作战基金。在明确互惠条款基础上进行捐款，对每一等级的"荣誉"都设定了价格，按照大英帝国贵族地位等级，这些"荣誉"包括从不起眼的成员，直至包括伯爵和侯爵等贵族称号。

尽管劳合·乔治自 1922 年后从权力中心被流放，但是他一直保持着政治能量的独特来源。两次世界大战之间，英国政治的大部分剧情仍由拥戴他的形象和利益的一系列"负责任"的政治领导人共同推动：

---

① J.M.Keynes, Essays in Biography, in E.Johnson and D.Moggridge (eds.), *The Collected Writings of John Maynard Keynes*, vol.10 (Cambridge University Press and Macmillan for the Royal Economic Society, 1972[1933]), pp.23—24.

1931 年国民政府的非常行动伴随着形式上的工党领导、保守党基础和不可调和地反对劳合·乔治自由党的支持,见证了这一切。1929 年,他通过给英国不景气的经济提供激进的回应,完成了最后的一次冒险赌博。

劳合·乔治在 1929 年的竞选活动中说:"我们可以战胜失业。"这种说法代表了精心设计的反周期的宏观经济财政刺激政策,不仅在英国,也在世界任何地方。来自凯恩斯的支持提升了这一举措的重要性,凯恩斯第一次获得社会地位是在 1920 年,当时他的著作《和平的经济后果》(*The Economic Consequences of the Peace*)①问世;而最特别的是,他对劳合·乔治在构建"坏的和平"时所起的作用的谴责。当别人质疑凯恩斯的态度为啥彻底转变时,凯恩斯富有个性地反驳说:"我和其他一些人的区别是,当劳合·乔治先生错误时,我反对他;当他正确时,我就支持他。"②他的短篇著作《劳合·乔治能胜任吗?》(*Can Lloyd George Do It?*)对书名中问到的问题,给出了积极而肯定的回答。③

劳合·乔治对于克服失业的承诺的核心动力是一个为两年期的 2 亿美元的公共工程债务融资计划。当时的国民收入大约是 400 亿美元,5% 的直接刺激将会非常显著,虽然其经济重要性会在接下来的几年里被逐渐冲淡。劳合·乔治被他名不虚传的机会主义和不计后果的鲁莽所束缚,从英国财政部到政府的其他核心组成部门,他的计划处处

---

① J.M.Keynes, *The Economic Consequences of the Peace* (New York:Harcourt, Brace and Howe, 1920).

② R.Harrod, *The Life of John Maynard Keynes* (New York:Harcourt Brace,1951), p.396.

③ J.M.Keynes and H.Henderson, "Can Lloyd George Do It?" in E.Johnson and D.Moggridge (eds.), *The Collected Writings of John Maynard Keynes*, vol.9 (Cambridge University Press and Macmillan for the Royal Economic Society,1972[1929]), pp.86—125.

受阻,而且也受到了两大主要政党的掣肘。在接下来两年的争论中,政策的3个参数被一次又一次援引:

(1)在经济上,由国家资助的任何工程必须是"有用"和"有利可图的";

(2)在行政上,由中央补贴或资助的项目不得回避地方政府的体制;

(3)在财务上,国家只能在当期收入不足时给予一定资助。[①]

自那时以来,金融标准是理论争论的焦点。最初的一轮争论,在1929~1931年的背景下进行,触发了凯恩斯为刺激性的财政政策提供理论支持的催化剂,而事实上,这是最具广泛意义的宏观经济学理论。但政策的其他范围被证明是,至少和制约国家经济举措一样重要。最关键的是,关于具体什么可以构成国家财政支出的经济合法对象规范的争论一直坚持到今天,无论是在好的时期还是在坏的时期——无论是国家支出被用作应对市场经济的失灵,以在短期内产生足够的总需求,还是为了提升更长时期内市场经济的潜在增长。大家的共识是,国家在市场经济中的作用必须被清晰界定并予以限制。

正如当时争论的那样,金融因素具有两种易重叠、混淆的概念。第一种混淆存在于对充分就业的假定分析模型存在着长期失业的理解困难。如果所有的资源都被充分利用,根据假设,那么借贷和消费的金钱只能导致通货膨胀。事实上,在英国和世界各地,大规模失业占了上风,所有商品和服务的价格下降,对于从下降的收益和收入中维持固定

① The evolution of public works policy is exhaustively documented in W.H.Janeway,"The Economic Policy of the Second Labour Government:1929—1931," unpublished Ph.D.thesis,University of Cambridge (1971),pp.26—69.

债务数额来说,其后果是灾难性的。第二种混淆是由决定了与实际工资水平成负相关的就业量的经济逻辑造成。失业的存在被认为是证明实际工资过高的证据。任何降低失业率的尝试,只能通过通货膨胀来减少实际工资来进行操作:即推动相对于名义工资的价格的上涨。无论哪种方式,债务融资的国家支出被谴责为对于在国际市场上已经受到挑战的英国的竞争地位以及国内生活水平的一种通货膨胀的威胁。

金融因素中最极端的形式后来被称为"财政部教条"(Treasury Dogma)。温斯顿·丘吉尔在 1929 年 6 月的大选前作为财政大臣的最后一次财政预算案中,用非常坚定的语气阐述道:

> 这是正统的财政部教义,被坚定不移地执行,无论政治或社会优势是什么,存在很少的额外就业和非永久的额外就业,实际上一般性的规则可以被国家借款和国家财政支出创造出来。[1]

财政部在 1929 年 4 月对劳合·乔治和凯恩斯的正式回应内容更加详尽:

> 大量贷款介入,如果它们不涉及通货膨胀,必须利用现有的资本资源。这些资源目前总体上不同程度地被积极使用;大部分被用于家庭工业和商业用途。因此,任何所谓的可以

---

[1] Quoted in Keynes and Henderson,"Can Lloyd George Do It?" p.115.

通过改变就业方向获得额外就业,事实上是不大可能的。①

关于这句话,凯恩斯在《通论》的序言中作了明确回应,他强调了该书的核心经验是:"去解释关于未来不断变化的看法如何影响着就业的数量,而不仅仅是其方向。"②

当时,凯恩斯迎面攻击财政部的教义,援引了常识而不是高深理论:

> 限制了对国家推动的事业的适用性的说法是空洞的……它必须同样适用于任何引起资本支出的新设企业。如果政府宣布一些我们的主导产业,并且决定大胆地在新工厂降低资本要求,在它们之间投入1亿英镑,我们应该都希望看到就业出现重大的改善。并且,我们应该是正确的。但是,如果我们正在处理的争论是健全的,我们应该就错了。我们应该得出结论,这些所谓进取的商人仅从其他用途上转移出资金,并没有真正地增加就业。③

凯恩斯的论点所缺失的就是商业投资。相对于国家投资,商业投资明确地满足了政策前两个因素:它是经济有效率的,并且合乎法规的。

凯恩斯未能在1929年战胜的挑战,在两次大萧条之间的和平时

---

① "We Can Conquer Unemployment," Memoranda by Ministers on Certain Proposals Relating to Unemployment, Cmd.3331 (London: HMSO, 1929), p.53.

② Keynes, *General Theory*, p.xxii.

③ Keynes, "Can Lloyd George Do It?" pp.115—116.

期,每次有关刺激性财政政策争论,都是为了证明债务融资支出是从具体的项目和方案中抽象和分离出来的,通过具体的项目和方案,事实上现金被进行了分配。尽管如此,在凯恩斯的压力下,美国财政部的高级官员——"财政部骑士"——请求废除教条主义的极端版本。在他递交给财政和工业委员会的证据说明草案里,理查德·霍普金斯爵士(Sir Richard Hopkins)提到了 1929 年 4 月白皮书中的表述:"也许是相当有先见之明的。"

在该委员会之前,他与凯恩斯的直接交锋中,霍普金斯"准备给[凯恩斯]这样的说法"——理论上贷款资助的公共工程将会"负担起自己的费用"。而财政大臣菲利普·斯诺登在议会发言中回应了"国家发展"的一个更新后的自由党计划,直接反驳了他的前任丘吉尔:

> 有时人们粗暴地说,美国财政部流行的观点是,国家借的钱取消了等量的对企业的贷款……这是一种误传。但也有必要说,由政府借贷支持的经济肯定是存在争议的,或者说,部分存在值得探讨的地方。[①]

然而,尽管凯恩斯赢得了财政部教条主义的公开辩论,另一种行动的阻碍又排在了前列。在辩论一开始的正式声明中,他就明确表达了自己的担心:激进的经济政策将削弱市场对英镑的信心,以及对英国保留金本位的能力造成的威胁。现在这种担心由休伯特·亨德森(Hu-

---

① CP 329(30),para.63,quoted in Janeway,"The Economic Policy of the Second Labour Government",pp.176—177.

bert Henderson)进行了补充,他对任何实质性的公共工程的计划的国内潜在经济后果提出了警告。

　　亨德森被任命为战略性政府经济顾问委员会(EAC)的秘书,这个新成立的机构,其存在反映出,至少在某些意义上经济建议是需要的。亨德森是凯恩斯的得意门生,与凯恩斯一起合作了《劳合·乔治能胜任吗?》。但是,早在 1930 年 5 月,他的观念已发生了改变。他私下写信给凯恩斯,批判了英国的失业问题是"短周期、过渡性的问题"的观点:

> 　　如果你推出一个……2 亿英镑的两年计划……有充分理由立即相信,税收很可能会不断增加,逐年提高……我应该说,这种行动可能会很容易起到适得其反的作用,最终是该项目的就业福利,之后就如你所说,将处在需要更大规模的计划的恶性循环之中,因此它是更加不合算的,伴随着预算漏洞增加,忧虑也随着增多,直到你面临要么放弃整个政策要么带来来自英镑贬值的真正恐慌,他们会做出逃离的选择。①

　　亨德森在这里援引"李嘉图等价"的想法,国家借贷在经济上与国家税收相等,因为贷款人和私营部门的每个人都"知道",借款将不得不用未来的税收收入来偿还。

　　当然,李嘉图等价具有同财政部教义完全相同的谬误,它们都假定所有的资源都已经完全利用。如果它们没有的话,由政府刺激引起的

---

① H.Henderson to J.M.Keynes,May 30,1930,Keynes Papers EA/1,quoted in Janeway,"The Economic Policy of the Second Labour Government," p.280.

就业和收入增加将增加税基,在税率没有增加的前提下维持政府债务收入。凯恩斯只能断言,企业利润增长将"乍一看,它们对其他事务有着更多的效果"。亨德森赢得了辩论,因为他那充满信心的动员也是经济增长的重要因素,犹如将要展示的他后来对于政策讨论的贡献。

1930 年 10 月,亨德森重新公开获得了政府经济顾问委员会(EAC)经济学家的职位,他起草了报告中有关公共工程的部分,尽管凯恩斯曾在创建委员会时起到了推动作用,卡恩是其联合秘书。该报告明确拒绝了美国财政部的教义,并粗略地指出一些存在的问题。认为财政部教义只为满足"有用和富有成效的"经济因素的工程提供了证明,它们可以"投入生产并高速运行",并将"不会……出现后来'遣散复员'的困难问题"。"最后",报告得出结论:

> 计划的范围和规模作为一个整体,必须如同计划本身对于公众舆论是合理和明智的……虽然……我们不相信通过公共工程创造的就业需要涉及私人投资资源的减少,但如果它在形成过程中引起了公共信用的担忧,它就可能很容易出现上述情况。[1]

毫无疑问,这种激进计划的政治支持者,劳合·乔治、凯恩斯和奥斯瓦尔德·莫斯利爵士(其在辞职建立英国法西斯联盟之前,曾是工党内阁的积极成员),同样具有充满争议的性格特点,而这些正是亨德森所担忧的。他们为亨德森发起的担心做出了贡献。但是,这其中出现

[1] CP 363(30),para.68,quoted ibid.281.

的具有持续重要性的是,国家计划项目支出的组成部分必须由相同标准来进行评估——"有用的和富有成效的",金融资本家将其用于市场经济的投资项目。

在信心中隐含这样的说法,从战胜凯恩斯经济逻辑是一个相同的假定,该假定推动了今天扩张性的财政紧缩政策的自相矛盾的概念。刺激总需求的国家计划被认为是天生浪费的,因此破坏了私人部门的信心。相反,国家实施的财政紧缩政策导致总需求的减少将私人部门投资的成功发展大大抵消,亨德森80多年前的观点可能昨天再次被提及,那就是由保罗·克鲁格曼推动并广为人知的"信心童话"理论。[①]

因此,在1931年全球金融危机时,英国的经济政策显示,三方博弈陷入僵持。尽管存在大规模的失业,市场经济的危机无论是从制约其政策选择继承过去的想法,还是尽量扩大其他选项,在金融市场中面临的惩罚威胁中都不足以解放工党政府。在1931年9月,国民政府接替了工党,拥有了实践务实机会主义伟大运动的政治合法性:它放弃了金本位制。英国就这样从市场力量中获得了"解放",而这种市场力量导致美国和德国持续18个月以上以及法国持续超过5年的通货紧缩。约30%的货币贬值为英国在国家层面、个人银行或风险投资家层面赋予行动自主性,提供了正现金流。然而,思想的制约力量依然存在:信心缺失的担心仍然限制着从外部金融和国内政治挑战豁免政府的行

---

① See, for example, R.Barro,"The Coming Crises of Governments," *Financial Times*, August 3, 2011, or the numerous self-justifying speeches of Britain's Chancellor of the Exchequer available at www.hm-treasury.gov.uk/newsroom_ and_speeches.htm .For a thorough and balanced critique of "expansionary fiscal contractions," see International Monetary Fund, "Will it Hurt? Macroeconomic Effects of Fiscal Consolidation," *in World Economic Outlook* (Washington, DC: International Monetary Fund, 2010).Available at www.imf.org/external/pubs/ft/weo/ 2010/02/pdf/c3.pdf.

动。在 1929～1931 年随着政府刺激的反对者从第一原理中放弃了他们的说法,他们成功地组织了工党政府和国民政府,走上富兰克林·德拉诺·罗斯福在美国推行的实验路径,无论是多么偶然和不充分。即使在英镑贬值和依附于黄金救济的廉价资金共同缓慢复苏时,英国的失业率尽管大致从 1932 年的高峰期减半,但也没有跌破 10%。又经历了 10 年时间,战争的动员最终推动了英国经济的充分就业。

新　政

与英国相反,美国和德国共同目睹了由中央政府资助的公共工程积极计划,甚至财政出现了赤字。这些国家的经济破坏明显比英国要糟糕,由于经济收缩加快,被国内清算储蓄和就业的银行危机放大。而且,在任何一种情况下,现任保守党政府都未能积极有效地应对大萧条创造出的要求政治改革的激进举措。在两个巨大而不同的制度里,虽然存在民用公共工程的历史——罗斯福新政与德国第三帝国,他们从英国政治瘫痪这一事实中终于吸取了教训。

罗斯福的复苏和改革的初步方案的核心内容是《国家工业复兴法案》(National Industrial Recovery Act),该法案在 1933 年 6 月 16 日以法律形式通过。依据法案的第二项内容,美国创建了公共工程署(Public Works Authority, PWA),并给予 33 亿美元的巨额拨款,以现在价值来看超过了 500 亿美元,是当时联邦财政收入的 165%,大约是 1933 年国内生产总值(GDP)的 6%。^① 公共工程署借鉴了美国州政府和联邦政府的通过内部挖潜筹措资金来源的悠久历史:对高速公路、运河和铁路进行收费。最近并且更相关的是,经济学家威廉·福斯特(William Foster)和维德·卡钦斯基(Waddill Catchings)在他们 1928 年出版的《通向财富之路》(*The Road to Plenty*)^②一书中,提议以反周期公共工程作为公共政策的工具来抵消周期性失业浪潮,不情愿地接受了胡佛复兴银行公司的设想,只是程度上更加有限和间接。^③ 但是第一个新政并不连贯,具有实验的特点。公共工程署之前就已经拥有《1933 年经济法案》,其目的是兑现罗斯福总统平衡预算的竞选承诺,将联邦开支降低 5 亿美元,在 36 亿美元左右运行。

公共财政的正统观念和经济的紧急需求之间的冲突在公共工程署的运作过程中被重复。公共工程署的行政人员以及内政部长哈罗德·伊克斯(Harold Ickes)是个脾气古怪的人,他诚实进取,在 13 年的任期中忠诚地为罗斯福效力。他确定,"在他的管辖下,没有钱应该被浪费或腐败的花掉"。^④ 在胡佛的复兴银行公司,项目被要求能够自我清偿:即来自通行费和手续费收入去抵消建设的资本成本。这限制了资助的项目数量和对失业或总需求产生的任何影响。

尽管伊克斯和公共工程署放松了胡佛时代项目自行偿还

① J.S.Smith, *Building New Deal Liberalism: The Political Economy of Public Works*, 1933 — 1956 (Cambridge University Press, 2006), p.2.

② W.Foster and W.Catchings, *The Road to Plenty* (Boston: Houghton Mifflin, 1928).

③ Smith, *Building New Deal Liberalism*, pp.27, 136.

④ A.J.Badger, *The New Deal: The Depression Years*, 1933 — 1940 (New York: Hill & Wang, 1989), p.83.

的要求,变化只停留在纸面上。公共工程署宣称,项目将根据其社会和经济的"愿望"、与预先存在计划的匹配程度、工程技术的"健全程度"、申请人财务的稳定性,以及由联邦政府购买的任何债券的"法律强制性"进行选择,旨在为该项目提供资金支持。然而事实上,只有最后的 3 个因素——技术、法律和财务稳定性——由公共工程署正式估量并审查。[1]

对伊克斯的有条不紊的批评从一开始就十分普遍,以《商业周刊》的编辑点评作为例证:"伊克斯先生在一个良好的、健全的投资银行中运行一个消防部门。"[2]在这之后,约翰·肯尼斯·加尔布雷思在 1940 年正式的审核报告中估计,由公共工程署和相关的联邦建设项目产生的"场外和现场就业人数"在 1934~1938 间平均略少于 120 万,在这段时期最开始的时候失业人口超过 1 000 万。很多工作归因于,公共工程署是源于建筑材料需求的间接结果;没有基于数学乘法的计数。

罗斯福对这样的计算没有耐心,并不是只有他一个人有这种想法:对公共工程署对失业的有限直接影响感到沮丧,这直接导致 1935 年 6 月公共事业振兴署下达行政命令,公共事业振兴署必须提供作为直接工作机会的工具。公共事业振兴署为创造公共工程的价值做出了广泛的贡献,也为资助没有经济价值的废弃物("劳民伤财的无用物")和政治庇护受到了连续的攻击。尽管如此,再次根据加尔布雷思的估计,平均来看,它成功地创造了 160 万个就业岗位。[3]

---

① Smith, *Building New Deal Liberalism*, p.86.

② Smith, *Building New Deal Liberalism*, p.99.

③ Smith, *Building New Deal Liberalism*, p.101.

　　罗斯福新政通过会计编造手法维持了一个平衡预算的谎言,公共工程署和公共事业振兴署的应急方案被排除在外。事实上,联邦政府累计财政赤字在 1936 年达到 32 亿美元;GDP 在大萧条时触碰 564 亿美元的低点后,每年平均以 10% 保持增长;失业人数从罗斯福总统就职时接近 1500 万的峰值,下降到 1937 年夏天的 500 万。仍有 10% 左右的人在失业或在找工作,英国大体也是如此。[①]

　　政府然后通过对财政正统观点的积极转变的方式转败为胜。削减开支和增加税收——其中包括 14 亿美元,第一年的社会保障税收没有产生抵消收益的影响,复苏停滞并且产生的经济衰退使得 1938 年失业人数回升超过了 1 100 万。[②] 只有当美联储主席马里纳·埃克尔斯(Marriner Eccles)主导了"凯恩斯样本"第二新政,罗斯福才被说服明确承诺兑现财政刺激,这体现在 37.5 亿美元的支出计划中。[③] 两年后,当欧洲战争从"假"的阶段爆发,到希特勒在法国的闪电战,美国紧随英国进入全面战争动员,秘密重整军备在 1940 年总统选举期间也是一种政治上的需要。[④]

第三帝国

　　以德国为例。在其政权刚建立时,希特勒需要秘密行动,通过军备

　　① See www.nber.org/databases/macrohistory/rectdata/08/m08084a.dat.

　　② Among my father's first career-making insights as an apprentice economic analyst was his anticipation of the " Roosevelt recession." See M.C.Janeway, *The Fall of the House of Roosevelt*：*Brokers of Ideas and Power from FDR to LBJ*（New York：Columbia University Press,2004）,p.93.

　　③ Badger, *The New Deal*,pp.111—113.

　　④ See R.J.Gordon and R.Krenn,"The End of the Great Depression,1939—1941：Policy Contributions and Fiscal Multipliers," National Bureau of Economic Research Working Paper 16380 (2010).

投资带动经济的复苏。受制于《凡尔赛条约》对陆军、海军和空军力量的限制,第三帝国采用了来自魏玛共和国的最后一任政府的平民"工作创造"计划,并积极宣扬它的重要性。[①] 但是,作为第三帝国的著名经济史学家的亚当·图兹(Adam Tooze)写道:"为了创造就业机会和解决失业,'凯恩斯主义'从未在希特勒政府的议程中像通常假设的那么突出。"[②]

拨付款项确认了作战能力与民用公共工程投资的相对大小。这两个创造就业的"莱因哈特工程"(Reinhardt Programs)批准于 1933 年,总耗资约 15 亿德国马克。[③] 即使被大肆赞扬的高速公路建设计划,因其国防的重要性而被明确合法化,但是其经济重要性与希特勒在 1933 年 6 月进行的隐秘的为期 4 年的 350 亿帝国马克的重整军备计划相比是微乎其微的。在同一时间,德国还宣布暂停外债偿还。"除了在宣传的其他各个方面,"图兹写道,"1933 年的创造就业措施,这个决定与重整军备和外债相比完全相形见绌。军事开支一揽子计划远远超过了任何用于创造就业机会的计划。"尽管继续在促进"就业战役",图兹说,"在 1934 年或在这之后的任何时间点,没有一个德国马克被分配到为国家创造就业机会中"。[④]

像克虏伯和西门子这样的主要工业企业的创造性得到了由预算外

---

① R.Evans, *The Third Reich in Power* (New York:Penguin,2005),p.329.

② A.Tooze, *The Wages of Destruction*:*The Making and Breaking of the Nazi Economy* (London:Allen Lane,2006),p.38.

③ A.Tooze, *The Wages of Destruction*:*The Making and Breaking of the Nazi Economy* (London:Allen Lane,2006),pp.42—48.

④ A.Tooze, *The Wages of Destruction*:*The Making and Breaking of the Nazi Economy* (London:Allen Lane,2006),p.55,59.

信贷提供的资金支持,并由政府支持的融资工具进行偿还,重整军备是德国经济复苏的引擎。这种支出在 1933 年占国民收入的 1%,在 1935 年达到了 10%,1938 年超过 20%,到 1938 年国民收入在 1933 年 430 亿德国马克的水平上翻一番。[①] 布特勒的"四年计划"完全没有受制于英国或美国提出的民用公共工程的测试,或者更确切地说,在德国,该计划造成了经济上的不协调和混乱,因为武装力量对劳动力和材料的争夺:第一次实行价格管制,早在 1937 年就实行食品消费配给,"到 1939 年,原料短缺给普通德国人的日常生活带来了严重的后果"。[②] 与政权优先考虑的事务更相关的是,在 1937~1938 年之间,飞机产量是下降的。[③] 但是,为了回应军备迅猛的开支,经济成果又被操控的统计数据所放大,报道称失业人数从大萧条 1932~1933 年冬季 600 万的峰值减少到 1937 年的 100 万。[④]

平行的故事

考虑到与英国政策完全不同的路径,在美国和德国,人们注意到,英国通过更早的脱离金本位,超越了其工业竞争对手,然后,其可怕的后果是,德国抓住动员战争作为其经济动力超越了英国和美国。在工党和英国政府脱离金本位不到 10 年的时间里,政府加大支出,刺激最

---

① A. Tooze, *The Wages of Destruction: The Making and Breaking of the Nazi Economy* (London: Allen Lane, 2006), p.53, 62—63.

② Evans, *The Third Reich in Power*, pp.363—364.

③ Evans, *The Third Reich in Power*, p.362.

④ Evans, *The Third Reich in Power*, p.333.

终需求,并且为了消除失业提供贷款融资。通过重整军备对经济的影响在国家之间的不同表现,也被观察清楚。从 1937 年到 1942 年,英国的"公共机构"关于商品和服务的经常性支出从 5.36 亿英镑,即国民生产总值的 10.5%,上升到 45.81 亿英镑,占国民生产总值的 47.3%。[①] 同期,失业率从 10.8% 下降到 0.6%。[②]

不足为奇的是,美国的情况也是相似的。1929 年,美国各级政府总支出占国内生产总值仅为 9%;其中,联邦开支只有 1.7%。公共部门的份额在 1933 年增长到 15.4%,由于国内生产总值崩溃的影响,以当时价格计算,公共部门的支出不低于 46%,从 1 036 万美元到 564 亿美元。联邦行政经费支出微弱增加,从 17 亿美元增加到 23 亿美元,超过由州和地方政府开支的下降所抵消的部分。政府总储蓄确实从 26 亿美元下降至 5 亿美元赤字——其中 2/3 是在联邦层面;31 亿美元贡献给了最终需求,占据了私营部门固定资产总投资灾难性下跌额的 1/5,私营部门固定资产总投资额下降超过了 90%,从 165 亿美元下降至 17 亿美元,成为经济收缩的罪魁祸首。[③]

1964 年夏天,我在普林斯顿这座老牌银行金融学校,给杰出的莱斯特·钱德勒教授担任研究助理。钱德勒正准备出版《美国货币政策,1929—1941》(*American Monetary Policy*, *1929 — 1941*)[④],该书有益

---

① B.R.Mitchell, *British Historical Statistics* (Cambridge University Press, 1988), p.834.

② "Labour Force 8: Adjusted Estimate of Overall Percentages Unemployed 1855—1965 and Percentages of Insured Unemployment 1913—1980," ibid.124.

③ Bureau of Economic Analysis, US Department of Commerce, National Economic Accounts, tables 1.1.5, 1.1.10, 3.1 and 3.2. Available at www.bea.gov/national/nipaweb.

④ L.V.Chandler, *American Monetary Policy*, 1929 — 1941 (New York: Harper & Row, 1971). The published work does not refer to the back-of-the-envelope exercise Chandler conducted with me.

地——这种说法有些低估——修正了米尔顿·弗里德曼(Milton Friedman)和安娜·雅各布森·施瓦茨(Anna Jacobson Schwartz)所著的更出名的《美国货币史》(*Monetary History of the United States*)[①],其将大萧条归因于货币政策。当时,充分就业预算赤字的概念由经济顾问委员会来定,作为当年肯尼迪—约翰逊减税的理由。钱德勒教授引导我通过保守计算,去估算 1933 年联邦赤字的幅度,这将与重返充分就业大体保持一致。我记得,我们算出的数字近似为 1932 年联邦政府总支出规模的 3 倍。

这两个国家公共部门的规模与私营部门经济活动崩溃程度不成比例。在美国,就像和英国一样,战争动员表现出政府刺激的巨大的经济潜力。政府总支出从 1938 年的 138 亿美元(占 GDP 的 16%,其中联邦政府支出不到一半),上升至 1943 年的不低于 627 亿美元(或本身其总量已翻了一番的 GDP 的 48%),失业率从 1938 年 6 月的 20%降至 1942 年 6 月的 0.2%。[②] 1940 年 7 月,凯恩斯以悔恨的口吻在《新共和国》(*New Republic*)上发表了一篇文章,其中写道:"那是,现在看来,在政治上资本主义民主不可能大规模组织支出来证明我的案例,那是一项巨大的实验——除了在战争条件下。"[③]

从今天大衰退的角度看,对大萧条时期跨国财政和货币政策的经济效果分析最全面的作者们大致同意:

———————————

① M.Friedman and A.J.Schwartz, *A Monetary History of the United States*, *1867—1960* (Princeton University Press, 1963).

② See www.nber.org/databases/macrohistory/data/08/m08292a.db.

③ J.M.Keynes, "The United States and the Keynes Plan," New Republic (July 29, 1940), in E. Johnson and D.Moggridge (eds.), *The Collected Writings of John Maynard Keynes*, vol.22 (Cambridge University Press and Macmillan for the Royal Economic Society, 1978, p.149.

在 20 世纪 30 年代,财政政策几乎没有发挥什么作用,因为它没有在必要的规模上被实施部署,并不是因为它是无效的……真正的凯恩斯主义的刺激,当它来到,将与第二次世界大战期间的军费开支有关,在像美国这样的国家产生非常迅速的增长。我们认为,和平时期的经济刺激计划,可能暂停了失业率的上升,但最终导致了希特勒的当选……战争的刺激可能更为有效。[①]

这恰恰就是为什么 1930 年和平时期的经济刺激计划的审查力度是如此重要。当国家坚持分配资源以追求充分就业的主张被阻碍时,它该如何在正常情况下,在市场经济中将国家干预合法化? 与凯恩斯相呼应,巴杰(Badger)问到了 1930 年在时间和空间的影响范围更广的与美国相关的权利问题:

20 世纪 30 年代的决策者能否制定花费足够的资金来确保充分的经济复苏的方法? 是否存在比公共工程署运行更大的公共工程计划的专业知识和机制? 赤字需要多大来确保充分就业? 这样大的赤字能否在顽固的商业对立面做到政治上可行并取得经济上的成功? 凯恩斯主义的经济政策只在战时有用吗?[②]

---

① M.Almunia,A.S.Bénétrix,B.Eichengreen,K.S.O'Rourke and G.Rua,"From Great Depression to Great Credit Crisis:Similarities,Differences and Lessons," National Bureau of Economic Research Working Paper 15524 (2009),p.25.

② Badger,*The New Deal*,p.117.

12

容忍浪费

效率是经济学的精髓。根据定义,在有效市场中,资源以最佳方式分配并反映和满足个人偏好。自由竞争和价格机制确保在持续的一般均衡中没有浪费产生。但这只是一种想象中的经济,要么不去考虑时间因素,要么一劳永逸地困在阿罗一德布鲁一般均衡模型之中,或者这个模型假设所有交易的可能性已经确定,或者在一个假想的稳定状态中不断重复自己的状态。在任一假设的情况下,创新根本不可能发生。40 年前,我放弃了经济学术研究,是因为我内心无法接受有效一般均衡的概念竟然作为对经济现实的合理表述,更无法到处去传播这样的理念。

当然,经济效率低下不是自身的问题。而且,经济学家们长期以来已经意识到市场机制失灵。外部经济与不经济的研究和规模报酬递增引起的不完全竞争的研究,已经被学术界探讨了很久。最近获得诺贝尔经济学奖的理论家是研究分析市场参与者之间的信息不对称的因果关系和评估曾被排除在学科领域以外的问题,即市场参与者的心理偏差。关注不完全信息条件下的市场活动主体的行为已成为广泛的认识,例如在金融经济学领域,大量相关研究认为,市场中充满异质个体,他们期望永远不完美,并且他们对抗市场的时间和程度的能力是非常有限的。然而,在金融资产和真实的商品、服务等市场中,没有浪费也就没有高效的产出,已成为主流观点。

浪费的必要性

在这方面,认真对待经济浪费是必要的,并且具有挑战性。我在此是作为理论家和一个从业者,关注历史现实中两种非常不同的经济浪费。首先,我的博士研究是关于大萧条经济政策的制定,提出的问题有关凯恩斯陈述的普遍的浪费。在短期,总需求水平不足导致资源分配不足,就业不充分。以我从事风险投资 40 多年来的经验观察,认为浪费对长期的、供应侧的市场经济有积极的必要性:它推动了过去 150 年的技术创新和科学发展,促进创新技术向商业用途转化。我所指的大量的浪费是根据熊彼特创新经济模型中的创造性破坏而言,有意无视熊彼特有关场市场经济中所有政治干预的指责。

这是令人感到讽刺的地方。同样的经济效率呼吁合理化宽容凯恩斯主义的浪费,限制熊彼特浪费,两种效应互相影响并重合在一起形成双向影响。凯恩斯主义的浪费效用不明显,尤其是在高增长、充分就业的经济中;熊彼特浪费所产生的结果可能是,更具创造性而且破坏性较小。更多的创新带来更多收益,在传统行业的资本和人力就会更迅速地重新调配,反之亦然。

论文《内生增长和周期》讨论并探索这种互动,它由约瑟夫·斯蒂格利茨于 1993 年发表。它始于批判熊彼特的"奥地利学派"的观点,他探讨了经济收缩的有益后果:

> 熊彼特强调增强经济长期运行效率以应对经济低迷。在不考虑研发的有害影响下,我们认为他低估了经济衰退的负面影响,全面的宏观经济政策更可能稳定经济,有利于长期经济增长。①

斯蒂格利茨承认,由于金融市场不一定完整,公司"不能完全忽视其所面临的全部风险"。② 因此在经济紧缩时期,风险最大的支出是最有可能被削减的。此外,通过学习而提高的生产率很可能会低于高增

---

① 　J.Stiglitz,"Endogenous Growth and Cycles," in Y.Shionnoya and M.Perlman(eds.), *Innovation in Technology*, *Industries and Institutions*: *Studies in Schumpeterian Perspectives* (Ann Arbor, MI: University of Michigan Press, 1994), p.5.Although Schumpeter did, indeed, share the Austrian view of the cleansing properties of periodic recessions, writing in 1939 he conceded that once recession had spiraled into self—reinforcing depression:"There seems in fact to be an element of truth in the popular opinion that there must be help from outside of the business organism, from government action or some favorable chance event for instance, if there is to be recovery at all or, at any rate, recovery without a preceding period of complete disorganization and of indefinite length." J.A.Schumpeter, *Business Cycles*: *A Theoretical*, *Historical and Statistical Analysis of the Capitalist Process*, 2 vols. (London: McGraw-Hill, 1939), vol.1, p.154.

② 　Stiglitz,"Endogenous Growth and Cycles," p.10.

长时期。[1] 考虑到过去研发开支与其关联的当前的产出和收入,和当前研发与未来产出和收入的正反馈过程,斯蒂格利茨能够构建一个简单的模型,说明:

> 经济波动的实际成本远远超出产量的暂时损失和未使用的资源造成的经济浪费:它们对未来经济的生产效率提升产生不利影响。长期来看,这些损失可能比任何因成本削减而获得的临时收入更为显著。[2]

最近,一组由乔瓦尼·多西(Giovanni Dosi)领导的经济学家继续深入研究斯蒂格利茨的创造性尝试——"探索影响总需求的因素和其驱动技术变革的反馈"。[3] 我认为这项工作非常有意义,有三个原因。首先,多西和他的同事综合斯蒂格利茨的简单模型的重要功能,特别是针对不完美的资本市场。他们还致敬了乔治·阿克洛夫(George Akerlof)的"梦想",即以凯恩斯的《通论》一书中的原创精神,发展一种"行为宏观经济学",该书强调"心理和社会因素的作用,如认知偏差、互惠主义、

---

[1]　In imperfect support of Schumpeter's position, it should be noted that Alexander Field has mobilized evidence to suggest that the greatest measured increase in US total factor productivity occurred during the Great Depression, when industrial laggards took advantage of the proven benefits of electrification and when public investment in road building enabled major improvements in transportation and distribution. However, Field's data do not capture the consequences for future growth in productivity of a forced reduction in discretionary corporate spending on R&D.A.J.Field, *A Great Leap Forward: 1930s Depression and US Economic Growth* (New Haven, CT: Yale University Press, 2011), pp.19—41.

[2]　Stiglitz, "Endogenous Growth and Cycles," p.44.

[3]　G.Dosi, G.Fagiolo and A.Roventini, "Schumpeter Meeting Keynes: A Policy-Friendly Model of Endogenous Growth and Business Cycles," *Journal of Economic Dynamics and Growth*, 34 (2010), pp. 1748—1767.

公平、自由和社会地位"①,继而发展出逃避理性预期假说。最后,为了探索行为结果的系统性模式,他们构建基于代理模拟的序列,我发现这个观点如此熟悉,几乎同我 40 年前的体会一样。

多西的工作正在进行中,经过严谨的经验数据模型输出的比较,印证了下面的直觉判断:

> 熊彼特解决创新活动的政策主张和凯恩斯主义的需求管理政策之间有很强的互补性。这两种类型的策略对经济的长期可持续增长似乎是很必要的。熊彼特政策有可能促进经济增长,但它似乎并不能单独产生持续的长期增长……同样的道理,需求冲击承受的产出水平、增长率和创新率的持久影响,在最简单的情况下,由政府的财政政策来引导。凯恩斯主义的政策不仅对产出波动性和失业有强烈影响,也似乎是长期经济增长的必要条件。②

海曼·明斯基在其著作《稳定不稳定的经济》中描述国家的战略作用,显示当政府部门关闭时,"短期内经济会经历更大的波动和更高的失业率"。他批判道:

> 产出的增长从长期角度来看接近于零。反周期的凯恩斯

---

① G.A.Akerlof,"Behavioral Macroeconomics and Macroeconomic Behavior," *American Economic Review*,92(3)(2002),p.411.

② Dosi,Fagiolo and Roventini,"Schumpeter Meeting Keynes," p.1750; emphasis in original.

主义政策……在事实行为上就是作为经济衰退期间的一个降落伞，维持消费，并间接地刺激在需求方面的投资。然而，它们也承担对供应侧的长期影响：特别反映在，生产效率和产出的增长率……会进入从低产出到低研发投入、低创新率的恶性反馈循环。[①]

因此，暂且不去讨论国家对市场经济的引领作用，国家参与经济创新，确保所需资源维持市场经济的存在，也是一个合法的政治存在状态。拥有现金及控制权，这两点是一个国家在不确定世界中的立足点。现金和控制权是允许独立的政策形成的保障，即使当它们遵循市场原教旨主义提出的对重商主义的指控。但是，德国得到某种授权，强迫整个欧元区财政紧缩和凯恩斯主义浪费是有悖常理的。同样拥有现金及控制权的中国，继续推行积极投资于太阳能科学和工程，建设多条高速铁路等政策，即熊彼特浪费。

在全球金融经济中，各国的力量是不对等的。力量体现在不同的国内政治利益的平衡、独特的政治文化的演变和可感知到的国家目标：经济发展、金融控制、军事安全或社会正义。那些享受弗雷德·阿德勒的"运营正现金流"——我们常说的国际收支经常账户盈余——的国家，它们享受这种自由选择的权利，暂且不管它们自己或者它们邻居的好坏。

---

① Dosi，Fagiolo and Roventini，"Schumpeter Meeting Keynes，" p.1763；emphasis in original.

大萧条和大衰退

在 20 世纪 30 年代,实用性和富有成效的民用公共工程项目是抵消私人投资不足的有力举措,但是对投资失败风险的顾虑限制了政府的能力。那些借来的钱,"从信心论"上来说,已经浪费在太多细枝末节上,他们反对凯恩斯建议的债务融资的财政刺激政策,罗斯福新政也停止相似路线的探索。因为事实上,无能和虚假资源配置在各国的历史中都是经常发生的。所以它不是无缘无故被称为"陋规",这发生在英国维多利亚时代早期。在 1933 年,美国海军石油储备地也爆发了蒂波特山(Teapot Dome)油田盗窃丑闻,几十年来令人记忆犹新。因此,只有当英国和美国参加第二次世界大战并广泛征兵,才能够解决失业问题,这也是经济浪费的终极引擎。

2007～2009 年的世界金融危机和大衰退时期,世界经济体制改革不断发展,现在已经不再是 20 世纪 30 年代的世界。1936 年,凯恩斯表示他对英国和平时期无力应对大萧条感到失望,他在其著作《就业、利息和货币通论》第 24 章"略论《通论》及其相关社会哲学"中说道:

> 因此,我感觉到,某种程度上全面的投资社会化将会成为取得充分就业的唯一手段;当然,这并不排除一切形式的折衷方案,而通过这种方案,国家当局可以和私人的主动性结合起来。①

① J.M.Keynes, *The General Theory of Employment, Interest and Money*, in E.Johnson and D.Moggridge (eds.), *The Collected Writings of John Maynard Keynes*, vol.7 (Cambridge University Press and Macmillan for the Royal Economic Society, 1976[1936]), p.378.

　　"社会化"一词听起来具有革命色彩。而在历史上,正如凯恩斯所说的事情已经发生了:也就是国家规模性地参与私营部门的投资,政府开支已经引发关于私人投资的一场革命。我感到震惊的是,现在有大量研究专注对比 20 世纪 30 年代的大萧条和始于 2008 年的大衰退,但是很少有人注意到这里最明显、最重要的事实。

　　在今天的英国,政府一般支出超过私营部门固定资本投资,而且这种现象已经持续了多年。[①] 在美国,联邦、州和地方政府的支出也超过私人国内固定资产领域的投资总额。[②] 因此,公共部门的规模缓冲了最易波动的私人部门的支出骤然减少。在这两种情况下,没有考虑到社会福利转移支付的宏观经济角色,它们对私营部门的收入和就业合同起到了自动稳定器的作用。反观大衰退的影响,美国政府开支从 2006 年占国内生产总值 31%(联邦占到其中 2/3),增长到 2009 年占 35% 以上,几乎所有联邦层面的支出都呈现实质性的增长。在此比较中,失业救济等开支都已考虑在内,因为私营部门收入的来源相对于宏观经济变化是较为稳定的。[③] 美国公共部门作为国家经济的组成部分,其规模超过其他发达国家或大量新兴经济体的规模。

　　即使增加公共部门的规模和范围,去改造并稳定市场经济的体制结构,其合法性依然受到质疑。市场原教旨主义在 20 世纪 80 年代,即罗纳德·里根—撒切尔时代重新得势,在世界金融危机的 2007～2009

―――――――――――

　　①　*United Kingdom National Accounts* (The Blue Book) (2008), table C1.

　　②　United States Bureau of Economic Analysis, National Economic Accounts, table 1.1.5. Available at www.bea.gov/national/nipaweb.

　　③　United States Bureau of Economic Analysis, National Economic Accounts, tables 3.1, 3.2 and 3.3.

年间达到顶峰。它的起源,很大程度是政治领导人的雄心勃勃,但结果却是失败带来的负面反应,尤其是在华盛顿。在那里,林登·约翰逊的"伟大社会"主张国家权威应跨越广阔领域:争取已被遗弃的公民权利;设立医疗保险作为美国社会保障建立以来福利的第一次扩展;并对贫困的家庭和国民提供保障措施,提出著名的"向贫穷开战"的口号。而越战外交政策的失败以及内政的失败导致林登·约翰逊的自由联合政府解散。

对政策失败教训的批判性加快了经济理论的创新。1973年爆发了第一次全球石油危机,并引发了经济的滞胀,根据菲利普斯曲线计算的通货膨胀和失业率之间的平衡似乎要崩溃。通货膨胀率和失业率同步上升,另外好像所有刺激或约束的经济政策都已失败。①

基于菲利普斯曲线中明显的缺陷,芝加哥大学的罗伯特·卢卡斯(Robert Lucas)创建了一个具有历史意义的学术开端。自20世纪60年代末开始,卢卡斯和他的同事们一直在努力完善新古典主义理论,展示市场经济的理性个体,通过改变他们的行为来应对国家的干预措施,使任何政策措施无效。对这些理性个体的期望可能主导政策制定者的目标设定。

当然,期望的核心主张是,凯恩斯经济学核心也是卢卡斯经济学的主要内涵。凯恩斯认为,期望一定不稳定,因此行为也是不稳定的。卢卡斯理论根据固定的新古典主义模型认为,期望是理性的,假设所有主体行动者共有期望且此假设是真实的。有效市场的参与者被定义为要具有理性

---

① As recounted in Chapter 2, this was the shock to macroeconomic theory and econometric practice that drove me to discover computers.

预期,只有未预料到经济危机的冲击才会对经济有短暂的影响。

"卢卡斯批判"理论反映了它坚持宏观经济学应从微观基础上派生的观点。理性预期是内部一致的,但与现实生活中明显的不一致和不确定性完全背离。理论从理性个体底层的微观基础出发,最大限度地发挥它们的各种效用,生产函数用于消费和生产的研究,卢卡斯和他的同事们创造替代宏观经济学的理论,正是因为他们的理性预期精准的一致性。①

宏观经济学应用卢卡斯的微观构造理论,允许金融系统在一定范围内产生内源性的冲击,如泡沫形成、增长和破裂。它的逻辑是,国家的宏观经济干预不会对市场经济有实际、持续的影响。任何国家的干预只会低效扭曲资源的均衡配置。

因此出现了致命的破坏新古典综合派"混蛋凯恩斯主义者"。对于凯恩斯的追随者——英国剑桥大学的保罗·萨缪尔森——及其在马萨诸塞州剑桥的同事们来说,这只是触及凯恩斯经济学可自由支配的宏观经济政策的表面,所有的资源可能都是希望确保充分就业。

现在,在实践中面对滞胀的凯恩斯主义宏观经济政策已经失败,致使凯恩斯主义宏观经济理论易受内部不一致性的指责。

而广泛接受的理性预期革命证明了因雄心勃勃而失败的 20 世纪 70 年代的两个案例。在美国,理查德·尼克松实行和平时期工资和价

①　See R.E.Lucas Jr, "Nobel Lecture: Monetary Neutrality," *Journal of Political Economy*, 104 (4) (1996), pp.661—682.For accessible and insightful reviews of the rise of the Rational Expectations Hypothesis as the capstone of the Efficient Market Hypothesis, see J.Cassidy, *How Markets Fail: The Logic of Economic Calamities* (New York: Farrar, Straus and Giroux, 2009), pp.97—107 and P.Mehrling, *The New Lombard Street: How the Fed Became the Dealer of Last Resort* (Princeton University Press, 2010), pp.88—89.

格管制,前所未有的措施促成了他在 1972 年取得了压倒性的连任优势。在英国,几年后,工党政府利用权力试图通过"收入政策"抵御通货膨胀,该政策取决于其联盟的工会自愿克制。这两项举措在寻求国家合法化和自由意志方面都失败了,米尔顿·弗里德曼最有效地推广这个理论,这个理论在英国撒切尔政府和美国里根政府时期,得到了不同程度的执行。

这是一种具有历史性的讽刺,其意义超出了学术的经济理论:在第一次石油危机时,少数分析师和评论家——其中之一是哈佛大学的理查德·库珀(R.Cooper)①——正确解读石油输出国组织各国政府卡特尔主义将石油价格翻了四倍,相当于将大规模的消费税强加给能源消费者,无论是先进的工业化国家,还是工业企业和居民,从根本上增加成本——推高工资,生产商试图维持利润率,由此抬高了做生意的成本,也抬高了价格和生活费用。但它是一种税:现金流出能源赤字经济体,消费偏好较高,流到经济欠发达的生产国,所以全球总需求是受压制的。失业率和通货膨胀率同步升高。

降低这一影响,取决于增加能源价格需求弹性——提高能源生产和消费的效率。相应地也取决于在新产品和新工艺上的投资,而不是经济下滑之后伴随而来的投资下滑,利率与通货膨胀率上升。甚至银行受到激励,使石油美元流回发达世界的金融系统,例如,政府倡议汽车最低燃料标准,多年来一直如此。所以,知识革命从市场经济的驱逐状态下变为合法化,这是国家采取经济对策针对欧佩克(Organization

① See R.Cooper, "Oil and the International Monetary System," in Patrick Boarman and David Tuerck (eds.), *World Monetary Disorder* (New York: Praeger, 1976).

of Petroleum Exporting Countries, OPEC) 组织,这是有人刚愎自用造成的。

一个长久的、可敬的、日益有影响力的理论挑战着理性预期假说。在我看来,最有成效的是将博弈论与方法从其他社会科学领域逐步纳入去理解人类行为。它创建了允许个体知道自己行为的结果取决于他人行为的一种严谨模型。在这个学术领域,哈希姆·匹萨任于 1987 年定义了"有限的理性预期":

> 用稳定的概率函数来描述外生的不确定性是可能的……个人通过自己的行动不能影响到数据生成过程。不幸的是,当不确定性的来源是行为,不能做出这样的推论。[①]

尽管如此,新古典主义依然主导理论经济学。两种不同政策导向的宏观经济学由此派生出来。

新古典学派和新凯恩斯学派

新古典学派,即"淡水经济学家",主要是位于美国的中西部,以芝加哥大学和明尼苏达州作为根据地,合理化回归到自由放任政策。他们的实体商业周期理论认为,无摩擦、自我调节的市场体系只会受到外生性冲击的干扰,如自然灾害或科学技术新的发现或国家典型的错

---

① H.Pesaran, *The Limits to Rational Expectations* (Oxford: Basil Blackwell, 2007), p.15. See also Akerlof, "Behavioral Macroeconomics."

误干预措施。在明斯基过程理论层面，在 20 世纪 80 年代和 90 年代盛行的所谓的宏观经济波动的大稳健时期——由"大政府"资本主义制度和对应的在实体经济中金融体系的超级泡沫的自我重复干预的结果——鼓励出现排除国家储蓄作为外源性中断来源的宏观经济学。[①]

新凯恩斯学派，即"咸水经济学家"，通常位于美国的东海岸和西海岸，在马萨诸塞州和加州大学伯克利分校，他们致力于研究宏观经济政策，以及在经济下滑后政府干预如何表现得更好。他们是实用主义者，他们把各种各样的摩擦，特别是具有粘性的价格和工资，纳入他们的模型。因此，他们的模型是能够证明不一致的集体性成果，协调失灵的特点是失业，失业是一种特有宏观经济生活。[②]

无论是新古典学派还是新凯恩斯学派，只在有限的范围内将货币纳入他们的模型。货币供应量是固定的，由体制外中央银行提供，而不是由金融体系内源性生成。因此，他们的模型只为增加流动性提供了边际供给，但是面对需求和供给的不确定性，流动性偏好会加剧对实体经济和资金的相对可用性及信贷成本的影响。因此，他们通常没有预料到 2008 年金融危机的真正经济后果：在那一年第四季度末，他们预测 2009 年实际经济会有所增长。

这场危机的直接影响是：第一，怀疑真实经济周期理论；第二，将金融摩擦进一步失衡的根源引入精密的新凯恩斯主义模型中。对于第一

---

① I owe this insight to Ira Katznelson of Columbia University.

② For a positive view of "modern macro," presented just as the Crisis of 2008 was gathering force, see M. Woodford, "Convergence in Macroeconomics: Elements of the New Synthesis," prepared for the annual meeting of the American Economics Association, January 4, 2008. Available at www.columbia.edu/~mw2230/Convergence_AEJ.pdf. For a negative view, see P. Krugman, "How Did Economists Get it so Wrong?" *New York Times Magazine* (September 2, 2009).

点,我承认人类的知识又进步了。而对于第二点,我们在探讨新的理论,就像当年推翻托勒密的地心说那样。

在普林斯顿大学,金融理论家和经济学家工作彼此接近,意义更深远的成就已变得十分显著。[①] 这需要利用创新办法重建宏观经济学的核心来理解外围金融市场的行为。里卡多·卡瓦列罗(Ricardo Caballero)指出:

> 在当前经济和金融危机的背景下,外围给了我们框架性的理解,如投机泡沫、杠杆周期、降价销售、投资高质量的资产、保证金和抵押品约束螺旋式增长、流动性挤兑,等等——这些将世界经济推到了大萧条的边缘。这些文献也为制定遏制危机的政策框架提供了依据。[②]

所面临的挑战仍然是:构建金融经济综合模型,即参与者都认识到自己行为的知识和条件是有限的和脆弱的,其他人的行为也有同样的意识。是否有可能从这种现实的微观基础产生一般均衡,仍然是一个悬而未决的问题。通过明确表示这些异构主体的模型去探索潜在宏观经济领域,这个诉求可能会有很大的阻力,但我认为这是有建设性的。

---

① An example of such research is M.K.Brunnermeier and Y.Sannikov, "A Macroeconomic Model with a Financial Sector." Available at http://scholar.princeton.edu/markus/files/macro_finance.pdf.

② R.J.Caballero, "Macroeconomics after the Crisis, Time to Deal with the Pretense-of-Knowledge Syndrome," *Journal of Economic Perspectives*, 24(4)(2010), p.88.

2008 年后的刺激和紧缩

2008～2009 年冬季,世界上主要的政府根据历史经验普遍转向财政刺激——对于 20 世纪 30 年代大萧条研究颇深的学者(如本·伯南克、巴里·艾肯格林和彼得·泰等)评价文化上根深蒂固的经验,他们合理参照新凯恩斯宏观经济模型。再次,"大政府资本主义"证明,政府有能力为金融危机时期的经济寻找支撑。在 21 世纪初的制度背景下,成功地将发达国家失业率控制在 8%～10%,而大萧条时期失业率攀升到了25%～30%。不应令人惊讶的是,监管在某些程度上也减弱了。有人可能会说,对于 25% 的失业率,你得到的是《格拉斯—斯蒂格尔法案》;而对于 10% 的失业率,你只得到《格雷厄姆—多德法案》。

整个世界,中央银行实行降低利率的政策至"下限"(短期利率,他们直接控制),那就是,大约为零。主要国家的央行——美联储、英格兰银行、欧洲中央银行、日本银行——增强常规宽松货币政策力度与"量化宽松",一般是直接购买期限相对较长的政府债务。这种现象被保罗·克鲁格曼有先见之明地描述为"萧条回归时期的经济学"。[①] 大量避险情绪的增加和流动性偏好导致人们纷纷行动,避免流动性陷阱,因此资本进入消费和投资的政策效果并不见效。为了解决传统政策莫名其妙的失灵,世界各国的央行承诺致力于推进一系列的资产变卖。

最初,全球化本身就是对全球金融危机最激进的反应。特别是东

---

① P.Krugman, *The Return of Depression Economics* (New York: W. W. Norton & Company, 2009).

亚和南亚地区,以中国为首的新兴国家表现出意愿和能力来为自己赤
裸裸地推行重商主义的贸易和货币政策辩护:现金和控制权在国家层
面被调用。它们经历了 20 世纪 90 年代末在金本位时期通货紧缩,相
当于以华盛顿共识名义强制被国外征税的威胁。现在这些国家通过多
年努力积累了外汇储备,现在它们知道如何使用它们的外汇储备:它们
实施了在和平时期前所未有规模的财政刺激和信贷扩张的计划。它们
不担心资本市场会否定这些政策,中国已经证实了凯恩斯经济学应对
今天经济危机的实用性:

> 　　根据惠誉评级公司调查,越南财政刺激计划占国内生产
> 总值的比例达 6.9%,泰国的比例为 7.7%,新加坡的比例为
> 8%;中国的比例为 13.5%,日本的比例高达 14.6%。中国台
> 湾的比例相对温和,为 3.8%,为其 2 300 万居民的每个居民发
> 100 美元的消费券,包括罪犯。新加坡政府为保持员工就业稳
> 定的企业提供补助。在中国,政府经济刺激政策高达 5 850 亿
> 美元,甚至更多资金通过国有银行增加信贷投入经济体中。

不像在西方,亚洲关于刺激措施的效果几乎没有争辩的声音,这很
壮观。①
事实上,卢卡斯很不情愿地在 2008 年至 2009 年冬季承认,"每个

---

① 　D.Pilling,"Asia's Keynesians Take Pride in Prudence," *Financial Times* (July 21,2010).

人都是凯恩斯主义者,每个人都是躲在自己的散兵坑中"。①② 由第二次世界大战的生存率证明显示了,卢卡斯的隐喻比他的预期更恰当。

然而,在西方,世界刚刚从第二次大萧条的威胁中被拯救出来,主权债务危机让步履蹒跚的经济复苏陷入泥潭。首先在柏林,然后在伦敦,政治家们呼吁财政整顿;然后,更明确地提出财政紧缩政策,抢占资本市场,仍然为空前的最低利率的国家借贷提供资金。然而,除了原教旨主义边缘的辩论,对刺激性的公共政策的攻击并没有表示回撤到困惑的模型,根据定义,所有的资源必须始终充分利用。③ 相反,它是一种由休伯特·亨德森所倡导的信心导向的论调:一方面,财政赤字规模需将会传导到债券和外汇市场,依据詹姆斯·卡维尔的观点,对挥霍无度的国家进行惩罚;另一方面,公共部门严格遵守财政纪律,会刺激私营部门信心的恢复。

无论是德国柏林和法兰克福的严格纪律信奉者,还是流淌着牛津蓝色血液的威斯敏斯特宫或是美国本土茶党积极分子,对务实的拯救金融资本主义和市场经济的干预政策都进行了激进的批判,最好的理解是,这是国家干预合法范围与市场经济自我调节的一种方式。当然,这种论证是政治的实质内容。国家利益已经从属于私人利益,经济利益仿佛已是一种垄断特权,对于当代希腊来说,这或许是合适的目标。

---

① Quoted in J.Fox,"Bob Lucas on the Comeback of Keynesianism,"*Time blog* (October 28,2008).http://business.time.com/ 2008/10/28/bob-lucas-onthe-comeback-of-Keynesianism.

② "每个人都是凯恩斯主义者"这句话最早是由弗里德曼于1965年提出的。不过他后来声称,他的话被断章取义了。但是,卢卡斯和弗里德曼的话反映了经济学家的一个共识;反周期的财政政策是应对经济周期的正确而且有效的方式。——译者注

③ Attempts to summon the hard-core Treasury dogma back into battle in 2008,notably by Eugene Fama and John Cochrane of the University of Chicago,played no substantive role in the policy debate.

但在美国和其他成熟的政治经济体,证明今天紧缩财政是预防过度的社会保障支出,服务只是要强调这种策略的政治内容。毕竟,12 年前迫在眉睫的美国政府财政危机,也威胁世界的金融市场,美国国债的偿还信用和一直以来作为无风险资产对待,是超过半个世纪以来金融系统的基础。财政刺激是不负责任,通过两次选择大规模减税,产生了不受控制的赤字螺旋式上升的威胁。里根和克林顿总统任期内适当的财政控制,也许长期会达到收支平衡。

在"三方玩家游戏"中,可以预见,调用金融市场作为政府法官及纪律执行者的后果很危险。卡门·莱因哈特和肯尼斯·罗格夫对几个世纪以来金融史的总结教训是:一有机会,金融市场将会走向极端。[①] 大约 20 年前,我妻子询问医生,是否可以让我们的猫陪她度过漫长的住院期间? 医生回复她:"你能保证它的行为?""可以,"她回答说,"它不会乖乖的。"

因此,传统经济理论显然已经失败了,在由内到外的重建过程中可以支持合理的容忍凯恩斯浪费,尽管物质上的规模比上次小。为防止国家的偿债能力减弱,政策性通过财政削减强制经济收缩很可能会弄巧成拙。财政紧缩将会产生经济扩张的案例,仅限于那些少数的相对较小和开放的经济体,这些经济体长期利率和其有效汇率能冲销其劣势,通常其主要的贸易伙伴正处于经济繁荣。20 世纪 90 年代早期[②]的

---

① C.M.Reinhart and K.S.Rogoff, *This Time is Different: Eight Centuries of Financial Folly* (Princeton University Press,2009).

② See the analysis by a chastened International Monetary Fund, "Will it Hurt? Macroeconomic Effects of Fiscal Consolidation," in *World Economic Outlook* (Washington,DC: International Monetary Fund,2010).Available at www.imf.org/external/pubs/ft/weo/ 2010/02/pdf/c3.pdf.Also D.Baker, *The Myth of Expansionary Fiscal Austerity* (Washington,DC: Center for Economic and Policy Research, 2010).

加拿大是一个典型的例子。2010 年初的美国却不是如此。到 2011 年年底,在欧洲,财政紧缩政策恶性循环,导致经济萎缩,税收收入下滑,更大的赤字和进一步削减的"逻辑"已经在英国和西班牙显现。①

　　英国在 1931 年倾向于主张财政纪律在有条件的情况下可以实行低息借款和低汇率,2011 年这种情况并不适用于今天的英国。但英国在 1815 年的历史却说明,通过创新经济的发展,引导经济增长加速可以有效解决惊人的高额公共债务。英国退出拿破仑战争时,国家债务不低于当时国民生产总值的 250%。不但没有违约风险,英国人发现其金边债券(政府债券)代表世界最高质量无风险资产,因为当时英国领导的第一次工业革命的经济以前所未有的速度增长。年复一年,随着经济规模扩大,公共债务下降到相对低点,虽然在 1860 年之后绝对值才有所下降。到了 1890 年,它已不到国民生产总值的 50%。② 60 年后,美国成为自第二次世界大战后不容置疑的工业、服务业及技术创新领导者,其公共债务几乎相当于 GDP 的 120%。在此情况下,经济增长的速度明显更快。到 1965 年,只有 20 年后,即使按绝对值计算,虽然

---

① For a thoughtful, concise summary of the lessons to be drawn from post—2007 experience for economic policy, see D. Romer, "What Have We Learned about Fiscal Policy from the Crisis?" paper presented to the International Monetary Fund Conference on Macro and Growth Policies in the Wake of the Crisis, March 2011. Available at www.imf.org/external/np/seminars/eng/2011/res/pdf/DR3presentation. pdf.

② Public Finance 7, "Nominal Amount of the Unredeemed Capital of the Public Debt of the United Kingdom at the End of Each Financial Year, 1691—1980" and National Accounts 2, "Gross National or Domestic Product by Sector of Origin, Great Britain, 1801—1924, and United Kingdom, 1920—80," in B. R. Mitchell, *British Historical Statistics* (Cambridge University Press, 1988), pp. 601—602 and 822, respectively.

增长了 20%,但美国国家债务同样下降到不到国内生产总值的 50%。[1]

19 世纪的英国和 20 世纪中叶的美国,是创新经济的明确领导者。而创新能力的增长也随着债务负担不断增长,被认为是十分严重的。采取财政紧缩政策,西方世界私人部门的去杠杆化和流动性偏好将提高发达经济体陷入日本失去的 10 年的可能性。尤其是美国,它也必将加速放弃其在创新经济中的领导地位。创新在微观经济学层面,财政紧缩将无疑减少基础科学和技术实验研究的"非生产性"资金扶持,而这些是发展创新经济的关键性基础设施。宏观经济层面,长期停滞的预期将会降低基础设施投资和投机性资金的活跃程度,创新经济将会出现停滞。

---

[1] United States Treasury,"Historical Debt Outstanding." Available at www.treasurydirect.gov/govt/reports/pd/histdebt/histdebt_histo3.htm .And Bureau of Economic Analysis,National Economic Accounts,table 1.1.5.

结 语

创新经济依靠科学发现与技术发明、基础研究与应用研究,以及人们对基础研究的追求和对实际应用的考虑等数对关系之间的互动得以发展。[1] 革命性的创新,比如蒸汽机、电、数字电子技术等通用技术由此诞生,这些通用技术的创新应用掀起了一轮又一轮的新经济浪潮。[2]

任何一个时期的发展都或多或少依赖于对未知世界的推测性探索。无论是政府决策者还是老牌的赢利企业,任何人都无法通过严格计算支出和预计收益来达到最佳管理目的。20 世纪前半叶的科技进步得到了大公司的资金支持;在这种情况下,预期财务回报模型无法合理

---

[1] See D.Stokes, Pasteur's Quadrant: *Basic Science and Technological Innovation* (Washington, DC: The Brookings Institution, 1997), pp.73, 79—80.

[2] See T.Bresnehan, "General Purpose Technologies," in B.H.Hall and N.Rosenberg (eds.), *Handbook of the Economics of Innovation*, 2 vols. (Amsterdam: North-Holland, 2010), vol.2, pp.761—791.

解释研究室的支出。美国国家科学基金会、美国国防部高级研究计划局、美国国家卫生研究所的情况亦是如此，这就解释了为什么它们要求在面临赢利压力时，将资源转移到明显可用的应用研究和技术发展上。

　　因此，创新经济的首要和关键因素就是资金来源，而且这个来源不能考虑短期的经济效益。就这一点而言，人们对科学的无限好奇和追求表现得十分明显，但这种研究可能只能在民族自信心爆棚的短暂瞬间，即经济竞争力似乎不太具有威胁性时，才能从国家获得完全支持。可惜，当国家竞争力削弱时，科学研究的投入很可能会面临挑战。

　　"霍尔丹原则"（Haldane Principle）的提出可以回溯到第一次世界大战，他是由英国人提出的，他要求将科研独立于政治压力。那个时候，英国还是日不落大英帝国。该原则于后帝国时期的 1971 年被《罗斯柴尔德报告》（Rothschild Report）彻底颠覆，以便明确区分基础研究和应用研究，并将后者置于合同制的客户—承包商的关系之下。①

　　在美国，万尼瓦尔·布什主张，科学领域的公共投资必须超越对近期收益的考虑，无论是经济收益还是政治收益。时隔两代人之后，美国国家卫生研究所和美国国家科学基金会正在合作（合作项目的缩写十分复杂——STAR METRICS，即"科学技术再投资：研究活动对创新、竞争力和科学的影响"），以应对"以科学方法记录科学投资的结果并衡量

---

①　Rothschild Report, *The Organisation and Management of Government Research and Development*, Cmnd.4814（London：HMSO），in Parliamentary Papers（House of Commons and Command），Session 2, November 1971—October 1972, vol.35, pp.747－775.Unsurprisingly, the Secretary of State for Education and Science who commissioned the report and drove the shift in policy toward marketlike discipline was Margaret Thatcher.

有多少工作与创新相关这一工作所面临的与日俱增的压力"。① 可以预见,如果试图以追求"金钱价值"为唯一目标来管理科研,那么这个行为必将削减其以创新思维探索未知领域的潜力。

据我了解,国家已经直接或间接地加速了技术平台的建设,从而为依托这些平台的企业家和资本家的投机行为提供支持。金融泡沫是熊彼特浪费的辅助动力,在金融泡沫中,收益已经与经济基本面相脱离。这里分享一些高效实施布置新的技术基础设施的例子:法国依据国家指导建设的铁路系统就是工程效率的范例,法国铁路系统与英国和美国的铁路系统同步发展,却没有像英国和美国那样出现重复浪费。但是,无论它们设计的网络多么具有革新潜力,它们的资金筹措还是利用了投资者必不可少也不可避免的羊群行为。此外,在创新经济的最后阶段,金融市场投机造成的浪费没有替代方法。

但是,无论具有多大的潜力,计划多么具有革命性,它们的融资是利用了投资者的本质和不可避免的羊群行为。而且,在创新经济的最后阶段,由于不可替代的金融市场投机的浪费和大量希望获取商业利润的投机蜂拥而入,从而打开了新经济的发展空间。

当伟大的科技公司仍然在资助他们实验室的基础研究,他们在市场上的垄断地位却抑制他们利用这些技术的能力。我直接观察到的这种失败的例子就有3起。在20世纪80年代,我目睹了"探索未来"中分析的施乐公司,施乐帕克研究中心(PARC)再也没有任何创新的收益

---

① J.Lane and S.Bertuzzi,"Measuring the Results of Science Investments," *Science*,331 (2011),p.678.

能达到稳如泰山而且拥有专利保护的复印机业务的收益水平。[①] 再如，作为客户端—服务器计算模型的早期投资者之一，我们都是间接受益者，原因就是，美国电话电报公司未能利用它的 Unix 系统实验创造出划时代的信息技术。在 BEA System 公司，我是美国电话电报公司发明的 Tuxedo 平台的直接受益者，同时期的 IBM 也不会以牺牲利润的价格战去竞争分布式计算机市场。约瑟夫·熊彼特认为，大企业在创新上相对于小企业更具有内在优势。[②] 但是，正如乔希·勒纳总结生物技术和互联网革命的经验时所说，"政府资助的学术机构和研究实验室开发了新的技术，但是这些小的初创公司，却可以抢占商业先机"。[③]

与熊彼特期望相反的是，创新经济并没有在大企业大量涌现出来。相反，它往往是由新的创业企业带入市场。但是，这些创业公司的资金依赖于投资人，而金融市场的融资容易出现过度投机。这是我的职业生涯，也是我对风险投资回报的研究总结得到的教训。它不仅是从最近的创新经济的迭代或从英国和美国经济的长期发展得出的一个推论。即使是在德国和日本的以银行为主导的工业经济体中，19 世纪末和 20 世纪初证券交易在投资激进的前沿技术中依然发挥了关键作用，

① D.K.Smith and R.C.Alexander, *Fumbling the Future: How Xerox Invented, then Ignored, the First Personal Computer* (San Jose, CA: Excel, 1999).

② J.A.Schumpeter, *Capitalism, Socialism and Democracy*, 4th edn. (London: Allen & Unwin, 2010 [1943]), pp.132-134.

③ J.Lerner, *Boulevard of Broken Dreams: Why Public Efforts to Boost Entrepreneurship and Venture Capital Have Failed-and What to Do about it* (Princeton University Press, 2009), p.46.

特别是最初的快速增长的几十年。[①] 德国和日本银行体系的大幅扩张为第二次世界大战之后经济复苏提供融资,而且也正是在那个时候,创新从重建经济体有形资产的明确任务中分离出来。

最近的新经济——数字经济——是通过国家资助的研究和提供融资支持的机构等综合力量创造的,把研究成果转化为商品和服务。但是林登·约翰逊总统的"伟大社会"在越战的背景下被抹黑,其次是20世纪70年代的滞胀,使得市场原教旨主义回归作为对国家计划的约束。同时,作为学术证明,一个"隐藏的发展型国家"已经悄悄地形成。弗雷德·布洛克(Fred Block)描述道:

> 美国走上"隐藏的发展型国家"道路,很大程度上是市场原教旨主义思想在过去30年间统治的结果。发展型政策一直不受关注,那是因为承认国家在促进技术变革的核心作用与市场原教旨主义主张私营部门应该自主和自发地对市场做出响应的理念不一致。[②]

缺乏政治合法性意味着,资金的持续性是不确定的,运用也是不协调的。这样带来的破坏性影响在从气候变化到绿色技术与低碳技术的

---

① See R.Tilly, "Public Policy, Capital Markets and the Supply of Industrial Finance in Nineteenth-Century Germany," in R.Sylla, R.Tilly and G.Torella, *The State, the Financial System and Economic Modernization* (Cambridge University Press, 1999), pp.134—157 and T.Hishi and K.Kashyap, *Corporate Finance and Governance in Japan: The Road to the Future* (Cambridge, MA: MIT Press, 2001), pp.3—27.

② F.Block, "Swimming Against the Current: The Rise of a Hidden Developmental State in the United States," *Politics and Society*, 36(2) (2008), p.170.

发明与部署等一系列的相关讨论中,明显显现出来。

在 30 年前,第一次石油危机似乎在能源独立的旗帜下为政府提供了调动资源的机会。当选总统卡特提出,在 1976 年底前设立能源部,我是其中的一个,鼓励时任部长詹姆斯·施莱辛格(James Schlesinger)制定强硬的能源政策,以应对"经济上的战争"。但是,这一举措伴随油价回落很快就失败了,并全面回调,一直延续到里根政府时期。

刚上任的奥巴马总统试图促进被边缘化的低碳新经济的科学和工程领域的广泛投资。奥巴马引用了"斯普特尼克时刻"(Sputnik Moment)这样的名词,但当时美国正处于财政紧缩的背景下,这一次遭遇到意识形态上的拒绝。2010 年 12 月底,著名的气候科学家访问了剑桥大学,召开他和共和党众议院关键成员会议,当年 11 月共和党在众议院选举中占多数:他们不仅谈论气候变化,而且讨论没有什么行为是完全有效的,因为"全球变暖将是上帝的旨意"。

然而,下一轮新经济已经有广泛的定义。像数字经济,我们目前仍然在学习如何利用和享受,低碳经济只能建立在大量国家投资的基础上,并制定公共和私营部门都同意的参与规则。为了推进所需创新,还有许多前沿科学研究有待完成。许多技术,比如太阳能电池和燃料电池等,需要更大的投资,以提高绝对性能和性能成本比。可替代、可再生的能源有待设计成可以单独部署,并能够更加方便接入智能电网的协议,协议需要像数字经济的网络和互联网协议那样标准化。[①]

然而,没有哪个私营部门愿意在新的基础设施领域投资,更不用说

---

① For one of many frustrated calls to action, see Bill Gates's guest editorial in *Science*: "The Energy Research Imperative," *Science*, 334 (2011), p.877.

需要大规模融资和投机资金的参与，投资收益的预期仍然活跃在传统能源市场的波动上。只有集体的国家行动可以保护新的替代能源技术，并加快热效率阶跃函数的增长，在无须国家补贴的情况下与传统能源竞争。同时，材料和信息技术的进步以减少消费品和服务的碳含量具有极大的需求，当然依然充满不确定性。

目前，几乎没有理由相信下一个新经济将在美国诞生。毫无疑问，50 年前我们也有类似经验，欧洲各国政府也有权攻击美国政府保护数字革命科技的行为。

2010 年，中国在清洁能源技术方面的投资估计达到 544 亿美元，超过美国投资规模 50%，虽然就经济规模而言，中国仅为美国的一半大小。美国所谓的核心计划如此重要，其实只是象征性的。[①] 第一年对于高级研究能源计划局（ARPA-E）的 4 亿美元经费被列入《2009 年美国复苏与再投资法案》（American Recovery and Reinvestment Act of 2009）；2011 年财政预算拨款时金额减少到 1.8 亿美元。[②] 但是，联邦科学预算将受到限制似乎是不可避免的，中国的领导层正在推动国家研究支出总和超过 GDP 的 2%，大约为第二次世界大战后美国所达到的水平。[③] 创新经济的下一位领导者可以借鉴美国的第二次世界大战的例子。

假设领导者必须首先有自主的壁垒：现金和控制权。一个国家只有这样定位，才可以持续地满足公共资金被部署在确实是"有益的和富

①   Pew Charitable Trusts, "Who's Winning the Clean Energy Race: Growth, Competition and Opportunity in the World's Largest Economies," in G20 *Clean Energy Factbook* (Washington, DC: Pew Charitable Trusts, 2011), fig.9 (p.11).

②   An overview of the United States Department of Energy, ARPA-E is available at arpae.energy. gov/About/FAQs/ARPAEOverview.aspx.

③   R.Stone, "China Bets Big on Small Grants, Large Facilities," *Science*, 331(2011), p.1251.

有成效的"项目的需求,以满足静态效率测试需求。创新经济依赖于企业型的国家,它可以根据需要扮演两个角色:在商业公司之前投资于探索性的科技以及他们的投资者可以获得一定的经济或财务收益,同时还要确保经济增长凯恩斯浪费的最小化。①

第一个挑战是公共财政资金投资时保持"腐败税"足够小,以免破坏整体运营,而且资金的使用可以自由分配并产生有实质性的效用。直截了当的贿赂并不是唯一的腐败形式。而政治上的科研经费拨款是柔性的版本。国家安全提供了美国在信息技术的领导地位的理由,这两种形式也被很好地管理起来,它们已经由美国国立卫生研究院管理了一段时间。尽管国会的努力与此相反,在美国,科学企业的完整性保持大致不变,它在欧洲和日本一样。

第二个挑战可以说更加困难,是放弃在两个维度上的控制。首先,由罗斯柴尔德勋爵 40 年前在英国倡导的将基础科学和应用科学的严格分离开来,科学研发的资金将受到影响。唐纳德·斯托克斯(Donald Stokes)指出,这样的分离令我们感到迷惑……根据历史资料我们得知,科学研究进程同时受认识目标和应用目标这双重目标的影响,基础研究与应用研究之间并不那么泾渭分明,而基础研究和应用研究的类别从根本上分开的目标是难免令人紧张。②

当以科学为基础的创新应用转向商业开发的时候,国家还需要放弃控制。它必须可以抵制指定某些公司作为可能赢家的特权诱惑,例如,在计算机世界,英国的国际计算机有限公司(ICL),法国的公牛

① For a useful attempt to "unpack the role of the state in fostering radical growth-enhancing innovations," see M.Mazzacuto, *The Entrepreneurial State* (London: Demos, 2011), p.21 and passim.
② Stokes, *Pasteur's Quadrant*, p.24.

(Bull)和德国的西门子都是失败的案例。①

　　从这个角度，延续东亚经济"奇迹"，从日本到中国，最初都是通过保护和补贴方式增长，一旦其竞争力到达成熟的程度，政策退出并且开放竞争。② 更具体地说，国家可资助开放式的试错方式去探索有潜力的创新科技的经济空间。

　　值得再次强调的是，上一代的美国国防机构是创新的数字技术提供慷慨资助的大客户。通过设置规范并对所有供应商开放来支持由国防部提供的科研经费推进前沿科技的竞争。相比之下，今天的由能源部贷款担保的计划是从根本上设计错误：针对高风险的公司——如索林卓(Solyndra)和特斯拉(Tesla)——的资金补贴的方案，同引导数字电子革命成功的方案是背道而驰的。

　　在这种情况下，回顾在美国构建数字经济基础的科技领域的知识产权制度与现行标准从根本上是不同的：软件不能被授予专利，业务流程甚至没有版权，更不用说专利；专利交叉许可非常普遍，并在某些情况下是强制性的；出于国家安全的考虑，迫使企业主动创造第二个方案。技术外溢是经济增长的关键，这一点早在凯恩斯的导师，阿尔弗雷德·马歇尔(Alfred Marshall)那一代人就已经认识到了，并成为新增长理论(New Growth Theory)的核心。③

---

①　For a summary of "a flagrant example of government incompetence in promoting innovative activities", the French government's support of established electronics and computer firms, see Lerner, *Boulevard of Broken Dreams*, pp.74—75.

②　D.Rodrik, *The Globalization Paradox: Why Global Markets, States, and Democracy Can't Co-exist* (New York: Norton, 2011), pp.142—156.

③　For an intellectual history of growth theory, see D.Warsh, *Knowledge and the Wealth of Nations: A Story of Economic Discovery* (New York: W.W.Norton and Company, 2006).

　　将部分回报用于创新投资以及资助新公司是必不可少的;在某些行业,如医疗设备,一个保护性的专利制度可能需要让新产品从新的公司诞生,如果没有资助,它连生存下去都有困难。但是,正如亚当·贾菲(Adam Jaffe)和乔希·勒纳(Josh Lerner)所指出的,在 20 世纪 80 年代的专利法改革催生了市场误入歧途,大量的申请专利和随之而来的与其相关的大量诉讼成为企业的负担。[①] 发现和发明可能加速一个国家对创新经济的急起直追,以中国为首的国家已经将过去众多企业纷乱的知识产权经费转变成国家政策的统一协调推进,让我们回忆一下塞缪尔·斯莱特(Samuel Slater)[②]和阿克赖特(Arkwright)专利的故事。

　　我们等待来自发达国家的市场经济体的一些外部推动,同时债务偿还的前景朦胧,并且大家都在四处搜寻和囤积现金储备,无论是消费者、企业,还是银行系统,都是如此。这被全球投资管理公司太平洋投资管理公司的 CEO 埃利安描述为"新常态"。[③] 我在 40 年前学的公司财务这门课中称这是"获利能力"的环境:最好远离威胁财务上开支过大的可选债务,但几乎没有一个公司愿意如此。西方的政治经济,工业界都已停滞:市场经济的复苏仍然是不完整的,金融过剩仍然存在,政治举措解决这些问题十分有限。

---

　　① See A.B.Jaffe and J.Lerner, *Innovation and its Discontents: How Our Broken Patent System is Endangering Innovation and Progress, and What to Do about it* (Princeton University Press, 2004). Whether the most recent reform of patent law—the America Invents Act of 2011—will materially reduce the cost remains to be seen.

　　② 塞缪尔—斯莱特(Samuel Slater)被美国人誉为"美国工业革命的奠基者",但英国人斥之为"叛国者"。他原是一名英国人,于 1793 年凭借记忆复制英国纺织机器样图,在美国罗得岛建立了美国第一家棉纺织厂,将纺织技术带到了美国。——译者注

　　③ See M.El-Erian,"Navigating the New Normal in Industrial Countries: Per Jacobsson Foundation Lecture," October 10, 2010.www.imf.org/external/np/speeches/2010/101010.htm.

我所工作和熟知的领域,创新经济的发展在发达经济体中也是停滞的。在现金匮乏的情况下,他们的领导人也连带失去了对他们的技术和未来经济的控制。80 年前规模小的资本主义国家从制度上约束激进的研究范围,英国也做出了令人沮丧的和多余的回应,而瘫痪是这个资本主义大国的第一次危机的政治后果。

同时,互联网经济、数字新经济仍有充足的空间发展。我们仍然处于利用媒介相互融合交流和交易方式的早期阶段,我们希望将来能够捕捉所有使用者的交易历史及数据,并智能地转化为商业价值的信息,这就要求创新科技在隐私和安全方面有更好的监管措施。

尤其耐人寻味的是,网络可以作为其工作实践嵌入透明的环境,甚至 Facebook 和 Twitter 是家庭集成的现实和虚拟的社会环境。在这种环境下,我们整整一代人,也许需要花费 1 万亿美元构建和部署参考数据的静态存储设备,绘制必要的实时通信,在移动环境中完成实际工作。随着技术基础设施的抽象和虚拟化为"云端",解决了很多开发人员关注的事情,更不用说创新应用的用户;这是一个经济大格局,其投资机会将持续几十年。

在我们被迫等待下一轮新经济的同时,资深的从业者仍须探索尝试性的工作,即使工作将变得越来越常规并且暴露在各类竞争中。其他的理论研究也在继续。我不期望我在剑桥大学 40 多年前学到的经济学知识——凯恩斯经济学,个人投资者、消费者、企业和政府层面的不确定性,以及在综合金融经济水平上的不稳定——再次变得彼此相关并得到学术界的广泛承认。30 年来,我从职业角度学会了谨慎地应用现金和控制,找到有效对冲的方法以应对不可预见的风险。在不到 3

年的时间里,世界各方学会了在危机时刻被迫追求现金和控制,度过金融市场瘫痪和市场经济不断紧缩的阶段。

在这种条件下,只有国家可以通过行政命令来确保金融和经济机构免遭连续性的现金攻击。结合金融和经济生活的这些现实,这些由数据构成的挑战是最苛刻、最直接的理论挑战。

在这种情况下,只有国家可以用行政手段获得所需的现金,以确保金融和经济机构的连续性。结合这些现实的金融和经济生活的模型,并用数据应对最苛刻的和最直接的理论挑战。明智的企业家会接受重塑金融经济学的挑战,在很大程度上是由于认识到金融经济的市场不是新古典理论的机械的自我调节系统。因此,国家可能会在宏观经济层面需要稳定内在不稳定的经济。如果在此范围内,国家在"三方玩家游戏"中并不是扮演一个积极的角色,那么金融经济学的重建是不容易完成的。在知识框架的构成中,熊彼特浪费可以由国家卓有成效的资助来克服,因此颠覆对凯恩斯浪费予以宽容的理论可能更加迫切。

参考文献

Aghion, P. and Howitt, P., *The Economics of Growth* (Cambridge, MA: MIT Press, 2009).

Akerlof, G. A., "Behavioral Macroeconomics and Macroeconomic Behavior," *American Economic Review*, 92(3) (2002), pp. 411–433.

Allen, F., Babus, A. and Carletti, E., "Financial Crises: Theory and Evidence," *Annual Review of Financial Economics*, 1 (2009), pp. 97–116.

Allen, F. and Gale, D., *Understanding Financial Crises* (Oxford University Press, 2007).

Almunia, M., Bénétrix, A. S., Eichengreen, B., O'Rourke, K. S. and Rua, G., "From Great Depression to Great Credit Crisis: Similarities, Differences and Lessons," National Bureau of Economic Research Working Paper 15524 (2009).

Angeletos, G.-M., Lorenzoni, G. and Pavan, A., "Beauty Contests and Irrational Exuberances: A Neoclassical Approach," National Bureau of Economic Research Working Paper 15883 (2010).

Arrow, K. J., "Economic Welfare and the Allocation of Resources for R&D," in K. J. Arrow (ed.), *Essays in the Theory of Risk-Bearing* (New York: American Elsevier, 1971 [1962]), pp. 144–163.

Arrow, K. J. and Debreu, G., "Existence of an Equilibrium for a Competitive Economy," *Econometrica*, 22 (1954), pp. 265–290.

Badger, A. J., *The New Deal: The Depression Years, 1933–1940* (New York: Hill & Wang, 1989).

Bagehot, W., *Lombard Street: A Description of the Money Market* (New York: Charles Scribner's Sons, 1999 [1873]).

Baker, D., *The Myth of Expansionary Fiscal Austerity* (Washington, DC: Center for Economic and Policy Research, 2010).

Bannerjee, A. and Duflo, E., "Growth Theory Through the Lens of Development Economics," in P. Aghion and S. N. Durlauf (eds.), *Handbook of Economic Growth* (Amsterdam: Elsevier North-Holland, 2005).

Barro, R., "The Coming Crises of Governments," *Financial Times*, August 3, 2011.

Baumol, W. J., *Welfare Economics and the Theory of the State*, 2nd edn. (Cambridge, MA: Harvard University Press, 1969).

BBC News, "The 19th Century iPhone," May 17, 2010. http://news.bbc. co.uk/1/hi/technology/8668311.stm.

Benzel, R. F., *Yankee Leviathan: The Origins of Central State Authority in America, 1859–1877* (Cambridge University Press, 1990).

Berle, A. and Means, G., *The Modern Corporation and Private Property* (New York: Macmillan, 1932).

Black, F. and Scholes, M., "The Pricing of Options and Corporate Liabilities," *Journal of Political Economy*, 81(3) (1973), pp. 637–654.

Blanchard, O. and Watson, M., "Bubbles, Rational Expectations and Financial Markets," National Bureau of Economic Research Working Paper 945 (1982).

Block, F., "Swimming Against the Current: The Rise of a Hidden Developmental State in the United States," *Politics and Society*, 36(2) (2008), pp. 169–206.

Blyth, M., *Great Transformations: Economic Ideas and Institutional Change in the Twentieth Century* (Boston: Beacon, 2002).

Bond, P., Edmans, A. and Goldstein, I., "The Real Effects of Financial Markets," National Bureau of Economic Research Working Paper 17719 (2012).

Braudel, F., *Afterthoughts on Material Civilization and Capitalism* (Baltimore, MD: Johns Hopkins University Press, 1977).

The Wheels of Commerce, trans. Sian Reynolds, vol. 2 of *Civilization and Capitalism, 15th–18th Century*, 3 vols. (New York: Harper & Row, 1982).

Bresnehan, T., "General Purpose Technologies," in B. H. Hall and N. Rosenberg (eds.), *Handbook of the Economics of Innovation*, 2 vols. (Amsterdam: North-Holland, 2010), vol. 2, pp. 761–791.

Brooks, J., *The Go-Go Years: When Prices Went Topless* (New York: Ballantine, 1974).

Brown, J. R., Fazzari, S. M. and Petersen, B. C., "Financing Innovation and Growth: Cash Flow, External Equity, and the 1990s R&D Boom," *Journal of Finance*, 64(1) (2009), pp. 151–185.

Brunnermeier, M. K. and Sannikov, Y., "A Macroeconomic Model with a Financial Sector." Available at http://scholar.princeton.edu/markus/files/macro_finance.pdf.

Bush, V., *Science, the Endless Frontier: A Report to the President on a Program for Postwar Scientific Research* (Washington, DC: US Office of Scientific Research and Development, 1960 [1945]).

Caballero, R. J., "Macroeconomics after the Crisis: Time to Deal with the Pretense-of-Knowledge Syndrome," *Journal of Economic Perspectives*, 24(4) (2010), pp. 85–102.

Cambridge Associates LLC and National Venture Capital Association, "Difficult Q3 2011 Did Not Slow Improvements in Long Term Venture

Performance," press release, January 24, 2012. Available at www.nvca. org/index.php?option=com_content&view=article&id=78&Itemi d=102.

Carret, P. L., *The Art of Speculation* (Columbia, MD: Marketplace Books, 2007 [1927]).

Carroll, P., *Big Blues: The Unmaking of IBM* (New York: Crown, 1993).

Carter, S. B., Gartner, S. G., Haines, M. R., Olmstead, A. L., Sutch, R. and Wright, G. (eds.), *Historical Statistics of the United States*, millennial edn. (Cambridge University Press, 2006).

Cassidy, J., *How Markets Fail: The Logic of Economic Calamities* (New York: Farrar, Straus and Giroux, 2009).

Chancellor, E., *Devil Take the Hindmost: A History of Financial Speculation* (New York: Penguin, 1999).

(ed.), *Capital Account: A Money Manager's Reports from a Turbulent Decade, 1993–2002* (New York: Thomson Texere, 2004).

Chandler, A. D., *Scale and Scope: The Dynamics of Industrial Capitalism* (Cambridge, MA: Harvard University Press; Belknap Press, 1999).

The Visible Hand: The Managerial Revolution in American Business (Cambridge, MA: Harvard University Press; Belknap Press, 1977).

Chandler, L. V., *American Monetary Policy, 1929–1941* (New York, Harper & Row, 1971).

Chernow, R., *The House of Morgan: An American Banking Dynasty and the Rise of Modern Finance* (New York: Atlantic Monthly Press, 1990).

Christiansen, C., *The Innovator's Dilemma: When New Technologies Cause Great Companies to Fail* (Cambridge, MA: Harvard University Press, 1997).

Coenen, G., Erceg, C. J., Freedman, C., Furceri, D., Kumhof, M., Lalonde, R., Laxton, D., Lindé, J., Mourougane, A., Muir, D., Mursula, S., de Resende, C., Roberts, J., Roeger, W., Snudden, S., Trabandt, M. and in't Veld, J., "Effects of Fiscal Stimulus in Structural Models," *American Economic Journal: Macroeconomics*, 4(1) (2012), pp. 22–68.

Conant, J., *Tuxedo Park: A Wall Street Tycoon and the Secret Palace of Science that Changed the Course of the Second World War* (New York: Simon & Schuster, 2002).

Connell, J., *Biographical Sketches of Distinguished Mechanics* (Wilmington, DE: Porter and Eckel, 1852).

Cooper, R., "Oil and the International Monetary System," in Patrick Boarman and David Tuerck (eds.), *World Monetary Disorder* (New York: Praeger, 1976).

Davidson, P., *John Maynard Keynes* (New York: Palgrave Macmillan, 2007).

Defense Advanced Research Projects Agency, "Our Work." www.darpa.mil/our_work.

Defoe, D., *The Anatomy of Exchange Alley; Or, a System of Stock-Jobbing* (Stamford, CT: Gale ECCO, 2010 [1719]).

DeLong, J. B., "Profits of Doom," *Wired*, 11(4) (April 2003).

DeLong, J. B., Shleifer, A., Summers, L. and Waldmann, R., "Noise Trader Risk in Financial Markets," *Journal of Political Economy*, 98(4) (1990), pp. 703–738.

Dobbin, F., *Forging Industrial Policy: The United States, Britain and France in the Railway Age* (Cambridge University Press, 1994).

Dosi, G., *Further Essays on Economic Organization, Industrial Dynamics and Development* (Cheltenham: Edward Elgar, forthcoming).

Dosi, G., Fagiolo, G. and A. Roventini, "Schumpeter Meeting Keynes: A Policy-Friendly Model of Endogenous Growth and Business Cycles," *Journal of Economic Dynamics and Growth*, 34 (2010), pp. 1748–1767.

Dosi, G. and Nelson, R. R., "Technical Change and Industrial Dynamics as Evolutionary Processes," in B. H. Hall and N. Rosenberg (eds.), *Handbook of the Economics of Innovation*, 2 vols. (Amsterdam: North-Holland, 2010), vol. 1, pp. 51–127.

Dreyfus, H. and Dreyfus, S. E., *Mind over Machine* (New York: The Free Press, 1986).

Eatwell, J., "Useful Bubbles," in J. Eatwell and M. Milgate (eds.), *The Fall and Rise of Keynesian Economics* (Oxford University Press, 2011).

Eichengreen, B., *Golden Fetters: The Gold Standard and the Great Depression, 1919–1939* (Oxford University Press, 1992).

El-Erian, M., "Navigating the New Normal in Industrial Countries: Per Jacobsson Foundation Lecture," October 10, 2010. www.imf.org/external/np/speeches/2010/101010.htm.

Epstein, J. M., *Generative Social Science: Studies in Agent-Based Computational Modeling* (Princeton University Press, 2006).

Evans, R., *The Third Reich in Power* (New York: Penguin, 2005).

Fabrizio, K. R. and Mowery, D. C., "The Federal Role in Financing Major Innovations: Information Technology During the Postwar Period," in N. R. Lamoreaux and K. L. Sokoloff (eds.), *Financing Innovation in the United States, 1870 to the Present* (Cambridge, MA: MIT Press, 2007), pp. 283–316.

Farmer, J. D. and Foley, D., "The Economy Needs Agent-Based Modeling," *Nature*, 460 (2009), 685–686.

Federal Reserve, Flow of Funds Accounts, L. 129, 1965–2009. www.federalreserve.gov/releases/z1/Current/data.htm.

Field, A. J., *A Great Leap Forward: 1930s Depression and US Economic Growth* (New Haven, CT: Yale University Press, 2011).

Fildes, D. C., "City and Suburban," *The Spectator*, October 3, 1998.

Fogel, R., *Railroads and American Economic Growth: Essays in Econometric History* (Baltimore, MD: Johns Hopkins Press, 1964).

Foster, W. and Catchings, W., *The Road to Plenty* (Boston: Houghton Mifflin Company, 1928).

Fox, J. "Bob Lucas on the Comeback of Keynesianism," *Time* blog, October 28, 2008. http://business.time.com/2008/10/28/bob-lucas-on-the-comeback-of-Keynesianism.

Frehen, R. G. P., Goetzmann, W. N. and Rouwenhorst, K.G., "New Evidence on the First Financial Bubble," Yale International Center of Finance Working Paper 09–04 (2009).

Friedman, M. and Schwartz, A. J., *A Monetary History of the United States, 1867–1960* (Princeton University Press, 1963).

Frydman, R. and Goldberg, M., *Beyond Mechanical Markets: Asset Price Swings, Risk, and the Role of the State* (Princeton University Press, 2011).

  "The Imperfect Knowledge Imperative in Modern Macroeconomics and Finance Theory," in R. Frydman and E. Phelps (eds.), *Micro-Macro: Back to the Foundations* (Princeton University Press, forthcoming).

Gaddis, J. L., *The Landscape of History: How Historians Map the Past* (New York: Oxford University Press, 2004).

Galbraith, J. K., *The Great Crash, 1929* (New York: Houghton Mifflin, 1988 [1954]).

Garber, P. M., "Famous First Bubbles," *Journal of Economic Perspectives*, 4 (1990), pp. 35–54.

Gates, B., "The Energy Research Imperative," *Science*, 334 (2011), p. 877.

Geanakoplos, J., "The Leverage Cycle," in D. Acemoglu, K. Rogoff and M. Woodward (eds.), *NBER Macroeconomic Annual 2009*, vol. 24 (University of Chicago Press, 2010), pp. 1–65.

Gompers, P. A. and Lerner, J., *The Venture Capital Cycle*, 2nd edn. (Cambridge, MA: MIT Press, 2004).

Gompers, P. A., Lerner, J., Scharfstein, D. and Kovner, A., "Performance Persistence in Entrepreneurship and Venture Capital," *Journal of Financial Economics*, 96(1) (2010), pp. 18–32.

Gordon, R. J. and Krenn, R., "The End of the Great Depression, 1939–1941: Policy Contributions and Fiscal Multipliers," National Bureau of Economic Research Working Paper 16380 (2010).

Grossman, S. J. and Stiglitz, J., "On the Impossibility of Informationally Efficient Markets," *American Economic Review*, 70(3) (1980), pp. 393–408.

Haacke, C., *Frenzy: Bubbles, Busts and How to Come Out Ahead* (New York: Palgrave Macmillan, 2004).

Haldane, A., "Patience and Finance," paper presented to Oxford China Business Forum, Beijing, September 9, 2010, p. 15. www.bis.org/review/r100909e.pdf.

Harris, R., "The Bubble Act: Its Passage and its Effects on Business Organization," *Journal of Economic History,* 54(3) (1994), pp. 610–627.

Harrod, R., *The Life of John Maynard Keynes* (New York: Harcourt Brace, 1951).

Hart, D. M., *Forged Consensus: Science, Technology and Economic Policy in the United States, 1921–1953* (Princeton University Press, 1998).

Hausman, W. J., *The Historical Antecedents of Restructuring: Mergers and Concentration in the US Electric Utility Industry, 1879–1935*, report prepared for the American Power Association (1937).

Hishi, T. and Kashyap, K., *Corporate Finance and Governance in Japan: The Road to the Future* (Cambridge, MA: MIT Press, 2001).

Hobbes, T., *Leviathan*, ed. R. Tuck (Cambridge University Press, 1993 [1664]).

Hoover, H., *The Memoirs of Herbert Hoover: The Great Depression, 1929–1941* (New York: Macmillan, 1952).

Hughes, T. P., *Networks of Power: Electrification in Western Society, 1880–1930* (Baltimore, MD: Johns Hopkins University Press, 1993).

Hume, D., *An Enquiry Concerning Human Understanding* (Oxford University Press, 2007 [1777]).

Hutton, W. and Schneider, P., "The Failure of Market Failure: Towards a 21st Century Keynesianism," National Endowment for Science, Technology and the Arts, Provocation 08 (November 2008).

International Monetary Fund, "Will it Hurt? Macroeconomic Effects of Fiscal Consolidation," in *World Economic Outlook* (Washington, DC: International Monetary Fund, 2010). Available at www.imf.org/external/pubs/ft/weo/2010/02/pdf/c3.pdf.

Investment Company Institute, *2010 Investment Company Fact Book* (Washington, DC: Investment Company Institute, 2010).

IPO Task Force, "Rebuilding the IPO On-Ramp: Putting Emerging Companies and the Job Market Back on the Road to Growth," presented to the US Department of the Treasury, October 20, 2011.

Jaffe, A. B. and Lerner, J., *Innovation and its Discontents: How Our Broken Patent System is Endangering Innovation and Progress, and What to Do about it* (Princeton University Press, 2004).

James, H., *The End of Globalization: Lessons from the Great Depression* (Cambridge, MA: Harvard University Press, 2001).

Janeway, E., *The Struggle for Survival: A Chronicle of Economic Mobilization in World War II* (New Haven, CT: Yale University Press, 1951).

Janeway, M. C., *The Fall of the House of Roosevelt: Brokers of Ideas and Power from FDR to LBJ* (New York: Columbia University Press, 2004).

Janeway, W. H., "Doing Capitalism: Notes on the Practice of Venture Capital (Revised and Extended)," in W. Drechsler, R. Kattel and E. S. Reinert (eds.), *Techno-Economic Paradigms: Essays in Honour of Carlota Perez* (London: Anthem Press, 2009), pp. 171–188.

"The Economic Policy of the Second Labour Government: 1929–1931," unpublished Ph.D. thesis, University of Cambridge (1971).

Jensen, M. C. and Meckling, W. H., "Theory of the Firm: Managerial Behavior, Agency Costs and Ownership Structure," *Journal of Financial Economics*, 3(4) (1976), pp. 305–360.

Johnson, E. and Moggridge, D. (eds.), *The Collected Writings of John Maynard Keynes*, 30 vols. (Cambridge University Press and Macmillan for the Royal Economic Society, 1971–1989).

Kahn, R. F., "The Relation of Home Investment to Unemployment," *Economic Journal*, 41(163) (1931), pp. 173–198.

Kahneman, D. and Tversky, A., "Prospect Theory: An Analysis of Decision under Risk," *Econometrica*, 47 (1979), pp. 263–291.

Kaplan, S. V. and Schoar, A., "Private Equity Performance: Returns, Persistence and Capital Flows," *Journal of Finance*, 60(4) (2005), pp. 1791–1823.

Kay, J., "The Failure of Market Failure," *Prospect* (137), August 1, 2007.

Keynes, J. M., *The Economic Consequences of the Peace* (New York: Harcourt, Brace and Howe, 1920).

Essays in Biography, in E. Johnson and D. Moggridge (eds.), *The Collected Writings of John Maynard Keynes*, vol. 10 (Cambridge University Press and Macmillan for the Royal Economic Society, 1972 [1933]).

The General Theory of Employment, Interest and Money, in E. Johnson and D. Moggridge (eds.), *The Collected Writings of John Maynard Keynes*, vol. 7 (Cambridge University Press and Macmillan for the Royal Economic Society, 1976 [1936]).

"The General Theory of Employment," *Quarterly Journal of Economics* (February 1937), in E. Johnson and D. Moggridge (eds.), *The Collected Writings of John Maynard Keynes*, vol. 14 (Cambridge University Press and Macmillan for the Royal Economic Society, 1973 [1937]).

"How to Pay for the War: A Radical Plan for the Chancellor of the Exchequer," *Essays in Persuasion*, in E. Johnson and D. Moggridge (eds.), *The Collected Writings of John Maynard Keynes*, vol. 9 (Cambridge

University Press and Macmillan for the Royal Economic Society, 1972 [1940]).

"The United States and the Keynes Plan," *New Republic*, July 29, 1940, in E. Johnson and D. Moggridge (eds.), *The Collected Writings of John Maynard Keynes*, vol. 22 (Cambridge University Press and Macmillan for the Royal Economic Society, 1978).

Keynes, J. M. and Henderson, H., "Can Lloyd George Do It?" in E. Johnson and D. Moggridge (eds.), *The Collected Writings of John Maynard Keynes*, vol. 9 (Cambridge University Press and Macmillan for the Royal Economic Society, 1972 [1929]).

Khan, B. Z., "Premium Inventions: Patents and Prizes as Incentive Mechanisms in Britain and the United States, 1750–1930," p. 24. Available at www.international.ucla.edu/economichistory/conferences/khan.pdf.

Kindleberger, C. P. and Aliber, R. Z., *Manias, Panics and Crashes: A History of Financial Crises*, 6th edn. (New York: Palgrave Macmillan, 2011).

Kregel, J., "Financial Experimentation, Technological Paradigm Revolutions and Financial Crises," in W. Drechsler, R. Kattel and E. S. Reinert, *Techno-Economic Paradigms: Essays in Honour of Carlota Perez* (London: Anthem, 2009), pp. 203–220.

Kressel, H., *Competing for the Future: How Digital Innovations are Changing the World* (Cambridge University Press, 2007).

Kressel, H. and Lento, T. V., *Investing in Dynamic Markets: Venture Capital in the Digital Age* (Cambridge University Press, 2010).

Krugman, P., "The Fall and Rise of Development Economics" (1994). Available at http://web.mit.edu/krugman/www/dishpan.html.

"How Did Economists Get it so Wrong?" *New York Times Magazine* (September 2, 2009).

The Return of Depression Economics (New York: W. W. Norton & Company, 2009).

Kurz, M., "Rational Beliefs and Endogenous Uncertainty," *Economic Theory*, 8(3) (1996), pp. 383–397.

Kynaston, D., *Golden Years: 1890–1914*, vol. 2 of *The City of London*, 4 vols. (London: Pimlico, 1995).

A World of its Own: 1815–1890, vol. 1 of *The City of London*, 4 vols. (London: Pimlico, 1995).

Lamoreaux, N. R., *Insider Lending: Banks, Personal Connections, and Economic Development in Industrial New England* (Cambridge University Press, 1994).

Lamoreaux, N. R. and Sokoloff, K. L., "Inventive Activity and the Market for Technology in the United States, 1840–1920," National Bureau of Economic Research Working Paper 7107 (1999).

Lamoreaux, N. R. and Sokoloff, K. L. (eds.), *Financing Innovation in the United States: 1870 to the Present* (Cambridge, MA: MIT Press, 2007).

Lamoreaux, N. R. and Sokoloff, K. L., "Introduction," in N. R. Lamoreaux and K. L. Sokoloff (eds.), *Financing Innovation in the United States: 1870 to the Present* (Cambridge, MA: MIT Press, 2007).

Lamoreaux, N. R., Sokoloff, K. L. and Sutthiphisal, D., "Reorganization of Inventive Activity in the United States during the Early Twentieth Century," National Bureau of Economic Research Working Paper 15440 (2009).

Lane, J. and Bertuzzi, S., "Measuring the Results of Science Investments," *Science*, 331 (2011), p. 678.

Lawson, T., *Reorienting Economics* (New York: Routledge, 2003).

"The (Confused) State of Equilibrium Analysis in Modern Economics: An Explanation," *Journal of Post Keynesian Economics*, 27(3) (2005), 423–444.

Lerner, J., *Boulevard of Broken Dreams: Why Public Efforts to Boost Entrepreneurship and Venture Capital Have Failed – and What to Do about it* (Princeton University Press, 2009).

Lerner, J. and Tufano, P., "The Consequences of Financial Innovation: A Counterfactual Research Agenda," paper presented to a meeting of the Commission on Finance and Growth, Watson Institute for International Studies, Brown University, December 10, 2010.

List, F., *The National System of Political Economy*, trans. Sampson S. Lloyd (New York: Augustus M. Kelly, 1966 [1841]).

Lucas Jr, R. E., "Nobel Lecture: Monetary Neutrality," *Journal of Political Economy*, 104(4) (1996), pp. 661–682.

Macdonald, J., *A Free Nation Rich in Debt* (New York: Farrar, Straus and Giroux, 2003).

MacKenzie, D., *An Engine Not a Camera: How Financial Models Shape Markets* (Cambridge, MA: MIT Press, 2008).

McKenzie, M. D. and Janeway, W. H., "Venture Capital Fund Performance and the IPO Market," Centre for Financial Analysis and Policy, University of Cambridge Working Paper 30 (2008).

"Venture Capital Funds and the Public Equity Market," *Accounting and Finance*, 51(3) (2011), pp. 764–786.

Mackay, C., *Extraordinary Popular Delusions and the Madness of Crowds* (Petersfield: Harriman House, 2009 [1841]).

Markowitz, H. M., "Portfolio Selection," *Journal of Finance*, 7(1) (1952), pp. 77–91.

Marx, K., *Capital*, vol. 1, trans. S. Moore and E. Aveling (Moscow: Foreign Language Publishing House, 1964 [1887]).

Capital, vol. 3 (Moscow: Foreign Language Publishing House, 1962 [1894]).

Mazzucato, M., *The Entrepreneurial State* (London: Demos, 2011).

Meadows, D. H., Meadows, D. L., Randers J. and Behrens III, W. W., *The Limits to Growth: A Report for the Club of Rome's Project on the Predicament of Mankind* (New York: Universe Books, 1974).

Mehrling, P., *The New Lombard Street: How the Fed Became the Dealer of Last Resort* (Princeton University Press, 2010).

Mendoza, E. G., "Sudden Stops, Financial Crises and Leverage," *American Economic Review*, 100(5) (2010), pp. 1941–1966.

Merton, R. C., "Theory of Rational Option Pricing," *Bell Journal of Economics and Management Science*, 4(1) (1973), pp. 141–183.

Merton, R. K., "The Unanticipated Consequences of Purposive Social Action," *American Sociological Review*, 1(6) (1936), pp. 894–904.

Minsky, H. P., *Can "It" Happen Again?: Essays on Instability and Finance* (New York: M. E. Sharpe, 1982).

Stabilizing an Unstable Economy (New Haven, CT: Yale University Press, 1986).

"The Financial Instability Hypothesis," The Levy Economics Institute of Bard College Working Paper 74 (1992).

Mitchell, B. R., *British Historical Statistics* (Cambridge University Press, 1988).

Moody, J., *The Truth about the Trusts: A Description and Analysis of the American Trust Movement* (New York: Moody Publishing Company, 1904).

Mowery, D. C., "Military R&D and Innovation," in B. H. Hall and N. Rosenberg (eds.), *Handbook of the Economics of Innovation*, 2 vols. (Amsterdam: North-Holland, 2010), vol. 2, pp. 1219–1256.

Mowery, D. C. and Rosenberg, N., *Technology and the Pursuit of Economic Growth* (Cambridge University Press, 1989).

Murphy, A. L., *The Origins of English Financial Markets: Investment and Speculation before the South Sea Bubble*, Cambridge Studies in Economic History, 2nd series (Cambridge University Press, 2009).

Nanda, R. and Rhodes-Kropf, M., "Financing Risk and Innovation," Harvard Business School Working Paper 11–013 (2010).

The National Academies, "The NAS in the Late Nineteenth Century" (Washington, DC: The National Academies, n.d.). www7.nationalacademies.org/archives/late19thcentury.html.

"Organization of the National Research Council" (Washington, DC: The National Academies, n.d.). www7.nationalacademies.org/archives/nrcorganization.html.

National Institutes of Health, "Chronology of Events" (Bethesda, MD: National Institutes of Health, n.d.). www.nih.gov/about/almanac/historical/chronology_of_events.htm.

National Venture Capital Association, *2010 Yearbook* (New York: Thomson Reuters, 2010).

2011 Yearbook (New York: Thomson Reuters, 2011).

Neal, L., "The Financial Crisis of 1825 and the Restructuring of the British Financial System," *Federal Reserve Bank of St. Louis Review* (May/June 1998), pp. 53–76.

Neal, L. and Davis, L. E., "Why Did Finance Capital and the Second Industrial Revolution Arise in the 1890s?" in N. R. Lamoreaux and K. Sokoloff (eds.), *Financing Innovation in the United States: 1870 to the Present* (Cambridge, MA: MIT Press, 2007), pp. 129–162.

Nelson Jr, J. R., "Alexander Hamilton and American Manufacturing: A Reappraisal," *Journal of American History*, 65(4) (1979), pp. 971–995.

Nelson, R. R., "The Simple Economics of Basic Scientific Research," *Journal of Political Economy*, 67 (1959), pp. 297–306.

Nelson, R. R., Peck, M. J. and Kalacheck, E. D. (eds.), *Technology, Economic Growth and Public Policy* (Washington, DC: The Brookings Institution, 1967).

Nelson, R. R. and Winter, S. G., *An Evolutionary Theory of Economic Change* (Cambridge, MA: Belknap, 1982).

Nye, J., *Electrifying America: Social Meanings of a New Technology* (Cambridge, MA: MIT Press, 1992).

Odlyzko, A., "Collective Hallucinations and Inefficient Markets: The British Railway Mania of the 1840s" (2010). Available at www.dtc.umn.edu/~odlyzko/doc/hallucinations.pdf.

"This Time is Different: An Example of a Giant, Wildly Speculative, and Successful Investment Mania" (2010). Available at www.dtc.umn.edu/~odlyzko/doc/mania01.pdf.

Ofek, E. and Richardson, M., "DotCom Mania: The Rise and Fall of Internet Stock Prices," *Journal of Finance*, 58(3) (2003), pp. 1113–1138.

O'Sullivan, M., "Funding New Industries: A Historical Perspective on the Financing Role of the US Stock Market in the Twentieth Century," in N. R. Lamoreaux and K. L. Sokoloff (eds.), *Financing Innovation in the United States: 1870 to the Present* (Cambridge, MA: MIT Press, 2007), pp. 163–215.

Park, A. and Sabourian, H., "Herding and Contrarian Behavior in Financial Markets," *Econometrica*, 79(4) (2011), pp. 973–1026.

Perez, C., *Technological Revolutions and Financial Capital: The Dynamics of Bubbles and Golden Ages* (Cheltenham: Edward Elgar, 2002).

"Finance and Technical Change: A Neo-Schumpeterian Perspective," in H. Hanusch and A. Pyka, *Elgar Companion to Neo-Schumpeterian Economics* (Cheltenham: Edward Elgar, 2007).

Pesaran, H., *The Limits to Rational Expectations* (Oxford: Basil Blackwell, 2007).

"Predictability of Asset Returns and the Efficient Market Hypothesis," in A. Ullah and D. E. Giles (eds.), *Handbook of Empirical Economics and Finance* (Boca Raton, FL: Chapman and Hall/CRC, 2010), pp. 281–312.

Pesaran, H. and Smith, R., "Keynes on Econometrics," in T. Lawson and H. Pesaran (eds.), *Keynes' Economics: Methodological Issues* (London: Croom Helm, 1985).

Pew Charitable Trusts, "Who's Winning the Clean Energy Race: Growth, Competition and Opportunity in the World's Largest Economies," in *G20 Clean Energy Factbook* (Washington, DC: Pew Charitable Trusts, 2011).

Pigou, A. C., *The Economics of Welfare*, 2 vols. (New York: Cosimo Classics, 2010 [1920]).

Pilling, D., "Asia's Keynesians Take Pride in Prudence," *Financial Times* (July 21, 2010).

Pisano, G., *Science Business: Promise, Reality, and the Future of Biotechnology* (Boston: Harvard Business School Press, 2006).

Polanyi, K., *The Great Transformation: The Political and Economic Origins of Our Times* (Boston: Beacon, 2001 [1944]).

Reinhart, C. M. and Rogoff, K. S., *This Time is Different: Eight Centuries of Financial Folly* (Princeton University Press, 2009).

Rodrik, D., *The Globalization Paradox: Why Global Markets, States, and Democracy Can't Coexist* (New York: Norton, 2011).

Romer, D., "What Have We Learned about Fiscal Policy from the Crisis?" paper presented to the International Monetary Fund Conference on Macro and Growth Policies in the Wake of the Crisis, March 2011. Available at www.imf.org/external/np/seminars/eng/2011/res/pdf/DR3 presentation.pdf.

Rothschild Report, *The Organisation and Management of Government Research and Development*, Cmnd. 4814 (London: HMSO), in Parliamentary Papers (House of Commons and Command), Session 2, November 1971–October 1972, vol. 35, pp. 747–775.

Roubini, N. and Mihm, S., *Crisis Economics: A Crash Course in the Future of Finance* (New York: Penguin, 2010).

Rueschemeyer, D. and Evans, P. B., "The State and Economic Transformation: Toward an Analysis of the Conditions Underlying Effective Intervention," in P. B. Evans, D. Rueschemeyer and T. Skocpol (eds.), *Bringing the State Back In* (Cambridge University Press, 1985).

Scheinkman, J. and Xiong, W., "Advisors and Asset Prices: A Model of the Origins of Bubbles," *Journal of Financial Economics*, 89 (2008), pp. 268–287.

"Overconfidence and Speculative Bubbles," *Journal of Political Economy*, 111(6) (2003), pp. 1183–1220.

Schlesinger, A. M., Jr., *The Age of Jackson* (Boston, MA: Little, Brown, 1945).

"The Ages of Jackson," *New York Review of Books*, 36(19) (1989), pp. 49–50.

Schularick, M. and Taylor, A. M., "Credit Booms Gone Bust: Monetary Policy, Leverage Cycles and Financial Crises, 1870–2008," *American Economic Review*, 102(2) (2012), 1029–1061.

Schumpeter, J. A., *Business Cycles: A Theoretical, Historical and Statistical Analysis of the Capitalist Process*, 2 vols. (London: McGraw-Hill, 1939).

Capitalism, Socialism and Democracy, 4th edn. (London: Allen & Unwin, 2010 [1943]).

Shin, H. S., *Risk and Liquidity* (Oxford University Press, 2010).

Shleifer, A. and Vishny, R., "The Limits of Arbitrage," *Journal of Finance*, 52(1) (1997), pp. 32–55.

Simeonov, S., "Metcalfe's Law: More Misunderstood than Wrong?" *HighContrast* (blog) (July 26, 2006). http://blog.simeonov. com/2006/07/26.

Simon, H. A., "Rationality as a Process and Product of Thought," *American Economic Review*, 68(2) (1978), pp. 1–16.

"Rationality in Psychology and Economics, Part 2: The Behavioral Foundations of Economic Theory," *Journal of Business*, 59(4) (1986), pp. 209–224.

"Smith, Adam," *The Money Game* (New York: Random House, 1967).

Smith, A., *The Wealth of Nations* (New York: Random House, 1937 [1776]).

Smith, D. K. and Alexander, R. C., *Fumbling the Future: How Xerox Invented, then Ignored, the First Personal Computer* (San Jose, CA: Excel, 1999).

Smith, J. S., *Building New Deal Liberalism: The Political Economy of Public Works, 1933–1956* (Cambridge University Press, 2006).

Soete, L., Verspagen, B. and ter Weel, B., "Systems of Innovation," in B. H. Hall and N. Rosenberg (eds.), *Handbook of the Economics of Innovation*, 2 vols. (Amsterdam: North-Holland, 2010), vol. 2, pp. 1159–1180.

Soros, G., *The Soros Lectures at the Central European University* (New York: Public Affairs, 2010).

Stiglitz, J., "Endogenous Growth and Cycles," in Y. Shionnoya and M. Perlman (eds.), *Innovation in Technology, Industries and Institutions: Studies in Schumpeterian Perspectives* (Ann Arbor, MI: University of Michigan Press, 1994).

Stokes, D., *Pasteur's Quadrant: Basic Science and Technological Innovation* (Washington, DC: The Brookings Institution, 1997).

Stone, R., "China Bets Big on Small Grants, Large Facilities," *Science*, 331 (2011), p. 1251.

Sylla, R., "The Political Economy of Early US Financial Development," in S. Haber, D. C. North and B. Weingast (eds.), *Political Institutions and Financial Development* (Palo Alto, CA: Stanford University Press, 2008), pp. 60–91.

Sylla, R., Tilly, R. and Torella, G., *The State, the Financial System and Economic Modernization* (Cambridge University Press, 1999).

Tett, G., *Fool's Gold: How the Bold Dream of a Small Tribe at J. P. Morgan was Corrupted by Wall Street Greed and Unleashed a Catastrophe* (New York: Free Press, 2009).

Thomson Reuters and National Venture Capital Association, "Venture Capital Firms Raised $5.6 billion in Fourth Quarter, as Industry Continued to Consolidate in 2011," press release, January 9, 2012, available at www.nvca.org/index.php?option=com_content&view=article&id=78&Itemid=102.

Tilly, R., "Public Policy, Capital Markets and the Supply of Industrial Finance in Nineteenth-Century Germany," in R. Sylla, R. Tilly and G. Torella, *The State, the Financial System and Economic Modernization* (Cambridge University Press, 1999).

Tinbergen, J., *An Econometric Approach to Business Cycle Problems* (Paris: Herman & Cie, 1937).

Tirole, J., "Asset Bubbles and Overlapping Generations," *Econometrica*, 53(5) (1985), 1071–1100.

Tobin, J., and Brainard, W. C., "Asset Markets and the Cost of Capital," in R. Nelson and B. Balassa (eds.), *Economic Progress: Private Values and Public Policy, Essays in Honor of William Fellner* (Amsterdam: North-Holland, 1977), pp. 235–262.

Tooze, A., *The Wages of Destruction: The Making and Breaking of the Nazi Economy* (London: Allen Lane, 2006).

United Kingdom National Accounts (The Blue Book) (Basingstoke: Palgrave Macmillan, 2008).

United States Bureau of Economic Analysis, National Economic Accounts. Available at www.bea.gov/national/nipaweb.

Usselman, S. W., "Learning the Hard Way: IBM and the Sources of Innovation in Early Computing," in N. R. Lamoreaux and K. L. Sokoloff (eds.), *Financing Innovation in the United States, 1870 to the Present* (Cambridge, MA: MIT Press, 2007).

Warsh, D., *Knowledge and the Wealth of Nations: A Story of Economic Discovery* (New York: W. W. Norton and Company, 2006).

"We Can Conquer Unemployment," *Memoranda by Ministers on Certain Proposals Relating to Unemployment*, Cmd. 3331 (London: HMSO, 1929).

Woodford, M., "Convergence in Macroeconomics: Elements of the New Synthesis," prepared for the annual meeting of the American Economics Association, January 4, 2008. Available at www.columbia.edu/~mw2230/Convergence_AEJ.pdf.

Zachary, G. P., *The Endless Frontier: Vannevar Bush, Engineer of the American Century* (New York: The Free Press, 1997).

Zweig, J., Introduction to F. Schwed Jr., *Where Are the Customers' Yachts? or A Good Hard Look at Wall Street* (Hoboken, NJ: John Wiley, 2006 [1940]).

译后记

美国是创新经济的代名词,那么美国创新经济如此成功的根本原因是什么？本书作者作为闻名全球的风险投资机构——华平投资科技事业部——的合伙人,他用一系列亲身经历告诉我们关于美国创新经济的秘密。威廉·H. 詹韦教授在《资本"主义":市场、投机和政府如何推动创新经济发展?》一书中,通过学术性和故事性兼备的方式为我们娓娓道来,他认为美国的创新经济是在资本"主义"的游戏框架下,政府、金融资本还有投机资金共同作用的结果。这个观点非常新颖,市场上绝大部分的著作都是强调企业家的作用,他们对政府的作用视而不见或者羞于谈起,好像肯定政府的作用就同所谓的"普世价值"背道而驰,作者斥之为"市场原教旨主义"。对于投机资本,我们绝大部分金融家称之为"噪音交易者",甚至直接斥以"蠢货"这样的侮辱性字眼,而作者则充分肯定了投机的意义,正是投机为新兴技术的大面积推广筹集了足够多的资金,其中的泡沫和浪费是难以完全避免的。正是出于对作者观点的欣赏,而且希望能有更多的读者可以借助中文译本了解这些真知灼见,我在自知英文水平是如此勉强的情况下毛遂自荐担任译者。由于没有经验,我直接联系了剑桥大学出版社希望购买中文版权,当时我并不清楚他们不可以把版权出售给个人。后来有幸得到上海财经大学出版社的出手相助,我还要感谢出版社总编辑黄磊先生的耐心,他足足等了我 4 年时间。经过这次"教训",我终于知道翻译一本书和在咖啡馆随手翻阅一本外文杂志完全是两回事。幸好 2016 年我受上海市委组织部委派在美国学习,我终于有充裕的时间完成这趟"始于仰望的跋涉"。为了这趟"跋涉",我牺牲了不少本应陪伴家人和宝贝女儿的周末时间。另外还要感谢上海留学人员联合会的王晓冉、王玏、范鹏学长分别帮我翻译了 8~9 章、10~11 章和 12 章及"结语"部分的初稿,马圣楠学长在书稿翻译过程中帮忙统筹、跟进,在此一并表示感谢。当然译稿最终均由我审校确定,因此所有文责都由我来承担。在此,我还要感谢上海留学人员联合会为本书出版提供了经费支持。

　　1964 年美国约翰逊总统发表演说宣称:"美国不仅有机会走向一个富裕和强大的社会,而且有机会走向一个伟大的社会。"我想把这句话送给我的祖国,同美国一样,"中国不仅有机会走向一个富裕和强大的社会,而且有机会走向一个伟大的社会"。我们需要在政府大规模投入的支持下,培育一批基础性、引领性的关键技术创新;我们需要真正改变国家的金融体系和资本运行方式；我们需要不断完善我们的制度，包括经济、社会和政治制度；我们需要改革我们的教育现状，在互联网时代，常识性的知识已经唾手可及，我们不能再用"知识短缺"的理念来填鸭式地培养我们的孩子……如此种种，都是创新经济必要的土壤条件。

最后我再次引述作者的真知灼见，创新经济是在以资本为纽带的游戏框架下，政府、金融资本还有投机资金集体行动的成果。也就是说，硅谷是华尔街和华盛顿相向而行、共同努力的结果。

是为记。

俞林伟

2017 年 5 月 12 日